基督教文化研究丛书

主编 何光沪 高师宁

九编 第 **14** 册

浪漫的神学：英国基督教浪漫主义略论

张 欣 著

花木兰文化事业有限公司

国家图书馆出版品预行编目资料

浪漫的神学：英国基督教浪漫主义略论／张欣 著 —— 初版 ——
新北市：花木兰文化事业有限公司，2023〔民 112 〕
目 2+190 面；19×26 公分
（基督教文化研究丛书 九编 第 14 册）
ISBN 978-626-344-229-0（精装）
1.CST：神学 2.CST：浪漫主义 3.CST：英国
240.8　　　　　　　　　　　　　　　　　111021873

ISBN-978-626-344-229-0

基督教文化研究丛书
九编　第十四册　　　　　　　ISBN：978-626-344-229-0

浪漫的神学：英国基督教浪漫主义略论

作　　　者 张　欣
主　　　编 何光沪、高师宁
执行主编 张　欣
企　　　划 北京师范大学基督教文艺研究中心
总 编 辑 杜洁祥
副总编辑 杨嘉乐
编辑主任 许郁翎
编　　　辑 张雅淋、潘玟静　美术编辑 陈逸婷
出　　　版 花木兰文化事业有限公司
发 行 人 高小娟
联络地址 台湾 235 新北市中和区中安街七二号十三楼
　　　　　电话：02-2923-1455 ／ 传真：02-2923-1452
网　　　址 http://www.huamulan.tw 信箱 service@huamulans.com
印　　　刷 普罗文化出版广告事业
初　　　版 2023 年 3 月
定　　　价 九编 20 册（精装）新台币 56,000 元　　　版权所有 请勿翻印

浪漫的神学：英国基督教浪漫主义略论

张欣 著

作者简介

张欣，女，北京大学文学博士，北京师范大学文学院副教授，北京师范大学基督教文艺研究中心副主任，主要研究领域为西方基督教文学、古代晚期跨文化研究。主持国家社科基金、教育部项目若干。近期出版的专著有《20世纪英国天主教小说》（花木兰文化出版社，2016年）；发表的论文有 "St. Macrina's Prayer: A Case Study of Transcultural Dialogue and Innovation"（Comparative Literature & World Literature, 2020）、《为喜悦所惊，如风般不安》（载《读书》2017年第3期）等。

提　　要

基督教浪漫主义是19、20世纪欧洲神学在现代思潮的冲击下，逐渐失去公共空间和话语权的一次信仰和神学冲动。它的方案虽然不完美，但给我们留下了永远难以磨灭的文学遗产。本书的主体部分研究英国基督教浪漫主义的两位重要作家——柯尔律治和麦克唐纳。通过分析他们各自的代表作如何结合了基督教与浪漫主义的元素，讨论这一谱系存留至今的遗产是什么，以及其意义如何。文末三篇书评，乃应橡树出版之邀而作，分别涉及切斯特顿和路易斯的代表性著作。他们都是英国基督教浪漫主义谱系的一份子，故一并收入。

"基督教文化研究丛书"总序

何光沪 高师宁

基督教产生两千年来，对西方文化以至世界文化产生了广泛深远的影响——包括政治、社会、家庭在内的人生所有方面，包括文学、史学、哲学在内的所有人文学科，包括人类学、社会学、经济学在内的所有社会科学，包括音乐、美术、建筑在内的所有艺术门类……最宽广意义上的"文化"的一切领域，概莫能外。

一般公认，从基督教成为国教或从加洛林文艺复兴开始，直到启蒙运动或工业革命为止，欧洲的文化是彻头彻尾、彻里彻外地基督教化的，所以它被称为"基督教文化"，正如中东、南亚和东亚的文化被分别称为"伊斯兰文化"、"印度教文化"和"儒教文化"一样——当然，这些说法细究之下也有问题，例如这些文化的兴衰期限、外来因素和内部多元性等等，或许需要重估。但是，现代学者更应注意到的是，欧洲之外所有人类的生活方式，即文化，都与基督教的传入和影响，发生了或多或少、或深或浅、或直接或间接，或片面或全面的关系或联系，甚至因它而或急或缓、或大或小、或表面或深刻地发生了转变或转型。

考虑到这些，现代学术的所谓"基督教文化"研究，就不会限于对"基督教化的"或"基督教性质的"文化的研究，而还要研究全世界各时期各种文化或文化形式与基督教的关系了。这当然是一个多姿多彩的、引人入胜的、万花筒似的研究领域。而且，它也必然需要多种多样的角度和多学科的方法。

在中国，远自唐初景教传入，便有了文辞古奥的"大秦景教流行中国碑颂并序"，以及值得研究的"敦煌景教文献"；元朝的"也里可温"问题，催生了民国初期陈垣等人的史学杰作；明末清初的耶稣会士与儒生的交往对话，带来了中西文化交流的丰硕成果；十九世纪初开始的新教传教和文化活动，更造成了中国社会、政治、文化、教育诸方面、全方位、至今不息的千古巨变……所有这些，为中国（和外国）学者进行上述意义的"基督教文化研究"提供了极其丰富、取之不竭的主题和材料。而这种研究，又必定会对中国在各方面的发展，提供重大的参考价值。

就中国大陆而言，这种研究自 1949 年基本中断，至 1980 年代开始复苏。也许因为积压愈久，爆发愈烈，封闭越久，兴致越高，所以到 1990 年代，以其学者在学术界所占比重之小，资源之匮乏、条件之艰难而言，这一研究的成长之快、成果之多、影响之大、领域之广，堪称奇迹。

然而，作为所谓条件艰难之一例，但却是关键的一例，即发表和出版不易的结果，大量的研究成果，经作者辛苦劳作完成之后，却被束之高阁，与读者不得相见。这是令作者抱恨终天、令读者扼腕叹息的事情，当然也是汉语学界以及中国和华语世界的巨大损失！再举一个意义不小的例子来说，由于出版限制而成果难见天日，一些博士研究生由于在答辩前无法满足学校要求出版的规定而毕业受阻，一些年轻教师由于同样原因而晋升无路，最后的结果是有关学术界因为这些新生力量的改行转业，后继乏人而蒙受损失！

因此，借着花木兰出版社甘为学术奉献的牺牲精神，我们现在推出这套采用多学科方法研究此一主题的"基督教文化研究丛书"，不但是要尽力把这个世界最大宗教对人类文化的巨大影响以及二者关联的方方面面呈现给读者，把中国学者在这些方面研究成果的参考价值贡献给读者，更是要尽力把世纪之交几十年中淹没无闻的学者著作，尤其是年轻世代的学者著作对汉语学术此一领域的贡献展现出来，让世人从这些被发掘出来的矿石之中，得以欣赏它们放射的多彩光辉！

2015 年 2 月 25 日
于香港道风山

目

次

塞缪尔·柯尔律治

近年来，柯尔律治与宗教（在当时的英国语境中一般指基督教）的关系越来越受到学界的瞩目。除去和华兹华斯或其他浪漫主义文学家、思想家并列的研究不计，2000 年以来仅纯粹考察柯尔律治个人与基督教的关系的专著就有超过十部：如《崇高的柯尔律治：〈巨著〉》（*Sublime Coleridge : the Opus Maximum*）[1]，《想象与上帝的嬉戏：塞缪尔·泰勒·柯尔律治对人类想象定义的神性含义》（*Imagination and the Playfulness of God: The Theological Implications of Samuel Taylor Coleridge's Definition of the Human Imagination*）[2]，《柯尔律治与自由宗教的思考：浪漫主义、科学与神学传统》（*Coleridge and Liberal Religious Thought: Romanticism, Science and Theological Tradition*）[3]，《柯尔律治 1827-1834 年笔记中的身体与灵魂：'生命是什么？'》（*Body and Soul in Coleridge's Notebooks, 1827-1834: 'What is Life?'*），[4]《柯尔律治、圣经与宗教》（*Coleridge, the Bible, and religion*）[5]，《柯尔律治的宗教主张：关于〈巨著〉的论文》（*Coleridge's Assertion of Religion: Essays on the Opus*

1 Murray J. Evans, *Sublime Coleridge: The Opus Maximum*, New York: Palgrave Macmillan, 2012.
2 Robin Stockitt, *Imagination and the Playfulness of God: The Theological Implications of Samuel Taylor Coleridge's Definition of the Human Imagination*, Eugene, Or.: Pickwick Publications, 2011.
3 Graham Neville, *Coleridge and Liberal Religious Thought: Romanticism, Science and Theological Tradition*, London: I.B. Tauris, 2010.
4 Suzanne E. Webster, *Body and Soul in Coleridge's Notebooks, 1827-1834: 'What is Life?'*, Basingstoke, England; New York : Palgrave Macmillan, 2010.
5 Jeffrey W. Barbeau, *Coleridge, the Bible, and Religion*, New York: Palgrave Macmillan, 2008.

Maximum）[6]，《柯尔律治、哲学与宗教：〈协助反思〉与灵魂之镜》（*Coleridge, Philosophy and Religion: Aids to Reflection and the Mirror of the Spirit*）[7]，柯尔律治文选系列中的一卷《关于宗教和心理学》（*On Religion and Psychology*）[8]，其中除了最后两部是整理柯尔律治写作的和宗教相关的文字（因为散见于他的讲座、信件、报刊文章乃至未发表的笔记中），余下都是专论，而其中他晚年未完成的《巨著》尤其受到关注。

这些关注为本章的研究价值提供了有力的支撑。它首先预示了一个清晰的转向，就是当代西方学界对柯尔律治的宗教维度具有强烈的兴趣，而且其中不乏来自学界重镇耶鲁和剑桥的学者。在这种转向的背后，首先是西方人文学界自身对神学的兴趣提升。其次，是学界对柯尔律治这种断片式的不成体系的宗教论述的兴趣提升。因为虽然有志于成为系统的宗教思想家，柯尔律治在留下的相关文献中最完整的不过是《协助反思》（*Aids to Reflection*），即对苏格兰神秘主义者罗伯特·雷顿（Robert Leighton，1611-1684）语录的注释。他生命中最后 15 年孜孜在念的《巨著》只留下极少的残段。他的宗教思想明显缺乏体系或者完整的表述，但学者却尝试寻找他的"断片"的意义，除了公开出版物之外，从他的笔记、书信、手稿中发现挖掘他的思想的当代性。这种努力还在继续之中。对于本章的任务而言，作为一个比较文学的跨学科研究课题，我们的重心是在文学方面。但是，笔者同意在西方学界近年来渐渐形成的一个共识，即如果需要理解真实的柯尔律治及其思想的价值，必须理解他思想中贯穿始终的宗教线索。牛津大学英语系教授约翰·比尔（John Beer）于 2002 年编辑出版了《柯尔律治论宗教与心理学》，该书与另外几本（如《论政治学与社会》、《论人类》、《论语言》）共同组成"柯尔律治的写作"（Coleridge's Writings）系列丛书。这部丛书旨在为研究柯尔律治的人提供导读，这种编纂方式充分说明了柯尔律治关心范围之驳杂，以及思考涉猎之深度。该书中收录的片段摘自柯尔律治正式出版的著作、笔记、信件、谈话录等等，仅主题就表现出柯尔律

6　Samuel Taylor Coleridge, *Coleridge's Assertion of Religion: Essays on the Opus maximum*, Ed. Jeffrey W. Barbeau, Dudley, Mass.: Peeters, 2006.

7　Douglas Hedley, *Coleridge, Philosophy and Religion: Aids to Reflection and the Mirror of the Spirit*, Cambridge: Cambridge University Press, 2000.

8　Samuel Taylor Coleridge, *On Religion and Psychology*, Ed. John Beer, Houndmills, Basingstoke, Hampshire: Palgrave, 2002. 类似著作在 2000 年以前也有一些，比如 Mary Anne Perkins, *Coleridge's Philosophy: The Logos as Unifying Principle*, Clarendon Press, 1994.

治思考的前瞻性。比尔在前言中写道："柯尔律治生平驳杂的兴趣中宗教可以说是最深刻、持久的一项。起初这一兴趣是面向教会的，但一生中他长期专注于对这一主题的思考，尤其在晚年。即使他的诗歌——他最为人所知的——如果不考虑这一基础也是难以完全理解的。"[9]

对于文学研究界来说，尤其是汉语的学界，在浪漫主义标签背后的柯尔律治仍有待更进一步的细察和评估，而这能够有助于我们更清晰地探寻浪漫主义这场奠定了现代审美原则的思想和文学运动的价值与意义。

汉语学界目前关于柯尔律治的研究非常少，在文学方面出版的仅有董琦琦的《启示与体验：柯尔律治艺术理论的神性维度》[10]和李枫的《诗人的神学：柯勒律治的浪漫主义思想》[11]两部。这两部著作角度比较接近，都关注了柯尔律治的文论、宗教、哲学之间的关系，她们的论述在国内学界具有填补空白的突破性意义，尤其是李枫的专著，较为注重柯尔律治的一些重要观念的学术源流，并流畅地辨析解读了他的一部分诗歌。但是这两部作品对柯尔律治生平与宗教信仰的复杂性没有清晰的辨别，而是力图将他驳杂、充满变化发展的思想整合成某种体系。[12]而众所周知，柯尔律治青年、中年和晚年对许多问题的看法相去甚远。以宗教信仰为例，他在青年时期信仰独一神论，这一宗派被基督教正统视为异端，因为它不承认三一神论，即不承认耶稣是神。而晚年的柯尔律治回归到正统教义中，而此时他也认为自己不能够毫无保留地认同任何已有教派。所以柯尔律治的"基督教"思想，在某种意义上，具有鲜明的非典型性。但这也是柯尔律治的宗教思想虽然不成体系却很有生命力（因而受到当代关注）的重要原因之一，他是通过自身的体验和反思皈依正统，并始终保持了独立的思考，这其中蕴含着现代的信仰路径。因此，笔者在本文中，将不仅考

---

9 Samuel Taylor Coleridge, *On Religion and Psychology*, Ed. John Beer, Houndmills, Basingstoke, Hampshire : Palgrave, 2002, Foreword, 1.

10 董琦琦，《启示与体验：柯尔律治艺术理论的神性维度》，光明日报出版社，2010。

11 李枫，《诗人的神学：柯勒律治的浪漫主义思想》，社科文献出版社，2008。

12 这两部专著的另一个共同问题是没有处理柯尔律治自身思想及其思考的问题的复杂性（比如艺术和信仰的关系究竟是什么？自然、语言与神性之间的关系又是什么？），对柯尔律治的思考和他所处时代的关系，尤其是柯尔律治的思潮竭力反对的一些当时的流行思潮，都基本没有梳理。两书均——尤其是董琦琦的专著——努力将柯尔律治不同时期、场合的思考整理成一个看上去比较完整的体系，不免忽略了柯尔律治思想的发展历程及其变化的原因，也最终导致没能把握他的思想深度。

察柯尔律治思想的流变，而且尝试结合这种流变探讨他的思想的复杂性，并进一步考察他关心的问题背后携带的问题。

本章的研究聚焦柯尔律治的早期和中期，因为这是他的文学作品和文论产出的主要时期。具体分成以下几个板块：1. 柯尔律治早期、中期的思想发展轨迹，尤其是他的宗教和哲学思想；2. 柯尔律治这两个时期的文学创作；3. 柯尔律治的文论概念"想象"。虽然我们不得不将它们按照主题区分成三条线索，但是在描述和分析中，彼此的交叉不可避免，因为它们原本就牢牢缠绕在一起。而这也是柯尔律治思想的魅力之一，即他的思想虽然从未完成建构，却同时兼备深度和广度，他的思考涉及各种学科，面对着现代性形成中许多突出的精神问题，在呈现出巨大张力、缺憾和部不完整性的同时也表现出了生命力和原创性。

第一章　柯尔律治早中期思想评传

1772 年 10 月 21 日，塞缪尔·泰勒·柯尔律治出生于德文郡奥特里-圣玛丽镇上，他的父亲是一位英国国教牧师——约翰·柯尔律治（John Coleridge，1719-1781），塞缪尔·泰勒·柯尔律治是家中最小的孩子，家中共有 9 名男孩（其中一名夭折）和 1 名女孩。约翰·柯尔律治牧师毕业于剑桥大学，精通古典学和希伯来语，曾经出版数部与希伯来语、圣经注释、拉丁语等相关的学术著作，是一位有建树的学者、受人尊敬的校长和敬虔的牧师。1781 年他因心脏病意外辞世，但是家中的教育足以使这些男孩子们成年后大体都获得了不错的出路，他们当中有学者、牧师、医生和军官。

柯尔律治自幼就是一个敏感的孩子，喜欢阅读和幻想。他对奇幻文学的热爱最早受到《一千零一夜》的激发，成年后他多次回顾了自己 6 岁时阅读这些阿拉伯故事的强烈感受："其中一个故事（讲述一个人被迫去寻找一个真正的处女）给我留下了极为深刻的印象（我是在晚上读它的，当时妈妈正在补袜子），以致我在黑暗中总是会恐惧幽灵的纠缠。我清楚地记得那种急不可耐、心怀畏惧的渴望，我常常带着这种心情看窗户，书就放在那上面，只要太阳一照到书上，我就抓住它，靠着墙，晒着太阳阅读。"[13] 柯尔律治的回忆中不止一

13　Samuel Taylor Coleridge, *Collected Letters of Samuel Taylor Coleridge*, 6 vols, Ed. E. L. Griggs, Oxford, 1956-71, vol. 1, 347.

次提及这个细节，他需要在阳光中才有勇气去阅读对他具有极强吸引力的神秘奇幻故事。即使这段童年经历是真实的，作为成人的柯尔律治的这段童年回忆中很可能带有刻意建构的部分。他的多次回忆也说明，他一直尝试建立恐惧、神秘和黑暗，阅读和光明之间的关系。后来他的代表诗作《古舟子咏》、《忽必烈汗》和《克里斯托蓓尔》，都明显地使用了光和暗的意象。《古舟子咏》中恐怖惩罚的场景一直在夜晚发生；《克里斯托蓓尔》中邪恶的势力总是在黑夜登场并显出原形。柯尔律治以一个诗人的敏锐捕捉到了奇幻文学中具有心理原型意义的意象组合，光明与黑暗，正义与邪恶。这些意象的基督教化，要待到托尔金的《指环王》才能够最终完成，而它们在柯尔律治诗歌和文论中的使用和探索，则具有发展方向不明的多重可能性。尤其耐人寻味的是，最初诱发了柯尔律治对奇幻世界的兴趣的作品，是东方异教世界的文化元素和象征符号。

1782 年，由于父亲去逝，家境陷入贫困之中。10 岁的柯尔律治受到一些资助，离家进入基督慈善学校，在其中度过了八年寄宿学习的生活。这所学校和只有特权阶层才能进入的公立学校截然不同。与柯尔律治差不多同时代的雪莱（伊顿）、拜伦（哈罗）和骚塞（威斯敏斯特）等人均因为出身原因上公学。而基督慈善学校是非常保守的慈善机构，注重宗教信仰和培养学生的实践能力，并不十分强调独立自由的思考。但是早慧的柯尔律治在校期间就曾经沉湎于抽象的宗教哲思。也是在此期间，诗人鲍尔斯的作品使柯尔律治的感性得到了丰富的培育和启迪，同时，学校扎实的古典教育为他后来涉猎哲学、政论、文论、宗教思考等诸多领域打下了基础。在离开这所学校的时候，柯尔律治在同学中脱颖而出，不仅以优秀的成绩毕业，而且得到了进入剑桥大学的奖学金。寄宿学校中的同学有后来的著名作家兰姆，是柯尔律治终身的好友和支持者。从寄宿学校毕业前一年，正值 1789 年法国大革命爆发，对于这一代欧洲人，法国大革命是一个永远的转折点。随着 7 月巴士底狱被攻占，革命的第一波浪潮甚至蔓延到了柯尔律治所在的保守的慈善学校。16 岁的柯尔律治慷慨激昂地写下了人生第一首诗《巴士底狱的陷落》（The Fall of the Bastille），诗中颂扬"高卢岸边"人们自由的"呼声"，想象农民眼中"自由的精神"：

> ……为远方农民狂喜的眼睛打上印迹；
>
> 他安全地观看自己的收获成长；
>
> 心灵不再有可耻的枷锁，

雄辩将无畏地闪耀……[14]

革命爆发之初，上百首类似的颂歌铺满英国报刊杂志的版面，欧洲知识分子欢欣鼓舞。而正在剑桥读本科的华兹华斯，则决定在暑期亲赴法国，一览大革命的风采。

1791年秋天，19岁的柯尔律治进入了剑桥耶稣学院。在第二学年，他卷入了弗兰德审讯事件。威廉·弗兰德（William Frend，1757-1841）是社会改革思想家，时任耶稣学院导师，深受法国革命早期理性主义的影响，是剑桥激进思想的代表。弗兰德原本是正式按立的国教牧师，后来公开皈依独一神论。学院对他审讯的罪名是"煽动叛乱和诽谤国教"，弗兰德最终被开除。这场审讯导致了学院中许多骚动，因为有不少学生乃至老师同情他的言行。柯尔律治在当时是所谓"弗兰德派"的重要组织者之一，人们在他的房间里高谈阔论政治和文学议题直至深夜。在第二学年，尽管成绩还不错，也保住了一份奖学金，但是未能获得克拉文奖学金（Craven Scholarship），贫寒的柯尔律治家庭显然比较失望了，因为他已经很难从事家人原本期待的学院研究工作。由于接触了多种英国雅各宾派的思想，此时柯尔律治也已经对正统基督教信仰产生怀疑，像弗兰德一样转向了独一神论。当时的耶稣学院显然还不允许学生公开这样的信仰。秘密的信仰使他也无法谋求传统的耶稣学院学生的出路——成为一名国教牧师。由于种种不适应，不久，柯尔律治从剑桥辍学，开始谋求作家的职业，以文为生。才华横溢的他写作诗歌、评论、戏剧、宗教思考和形而上学，出版报纸，也在一些独一神论教堂布道或者进行公开的讲座，并一度考虑成为独一神论一间教堂的牧师。但是柯尔律治一生受自己的不稳定性所累。由于早年丧父，和母亲的关系也不亲密，类似孤儿的经历使柯尔律治异常渴求亲密关系，却又不知道如何建立稳定现实的人际关系。他一生中在亲情、爱情、友情方面都不断受挫，中年与妻子分居，与曾经挚友的骚塞和华兹华斯都走到决裂的边缘。青年时为了治疗风湿痛过度使用鸦片（当时人们对鸦片的副作用还没有清晰认识），导致终生难以脱离的鸦片成瘾，再加上不够明智地选择了和自己并不情投意合的萨拉结婚，导致家庭生活的灾难，这一切使他人生的不稳定性加剧。晚年的柯尔律治只能长期寄居在帮助他控制鸦片瘾的医生家中。这种似乎相当"失败"的人生的结果之一就是柯尔律治的遗作大多是碎片式的，不

---

14 "mark yon peasant's raptur'd eyes; Secure he views his harvests rise; No fetter vile the mind shall know, And Eloquence shall fearless glow…"

够完整，往往散落在他的演讲中，未能充分展开的文论作品和诗稿中，以及桌边谈话、书信、日记等里。他生前的出版物也往往是在严重拖延的情况下，朋友强有力的激励和支持中，在较短时间内异常紧张地完成，因此也常常是不完整的。

1794年4月，柯尔律治第一次在信中向哥哥乔治·柯尔律治坦白了自己在信仰上的疑惑：他"喜爱才智的光辉，喜爱辩论的微妙"，阅读了伏尔泰和爱尔维修，他们将他引入"宗教的黄昏"之中；他依然热爱福音书中的耶稣，但是"我的理性不允许我去敬拜"。[15] 受到启蒙思想和理性主义的影响，虽然柯尔律治没能在剑桥拿到学位，但是他激进的思想和展露的才华已经成为同学中的极端分子，并吸引了一批追随者，不少人对他接下来的作为拭目以待。1794年夏天，他在牛津遇见了志同道合的骚塞，后者和他一样拒绝成为国教牧师，热爱卢梭、歌德的《少年维特之烦恼》和鲍尔斯的诗歌，一样未获学位就离开了大学，自称无神论者和民主党。两人结为挚友，病认为英国社会已经无可救药地堕落了，梦想着一同移居美洲。在当时，移民美国是一个潮流，不只一家报刊杂志在鼓吹各种移民计划。数千名独一神论者、贵格会信徒和其他理想主义的自由思想者已经出发，其中最有名的就是约瑟夫·普利斯特利，他在宾夕法尼亚的诺森伯兰郡建立了一个科学院，直至1804年去世都住在那里。在接下来的几年中，柯尔律治信奉一种激进的政治观念，他希望在北美建立平等的大同社会（Pantocracy）[16]。为了推广、实践这一乌托邦式的极端社会改革计划，他举办公开讲座筹措资金，并以报纸作为宣传这些政治主张和宗教观念的阵地。

柯尔律治的大同社会融汇了卢梭及其开创的回归自然运动，葛德汶及其理想共产主义的无政府主义社会，大卫·哈特利及其人类行为和智力的心理学，约瑟夫·普利斯特利及其美洲移民运动。所有这些组合成了柯尔律治的实验社会构想：生活在与世隔绝的田园中，财产共有，劳动，自治，所有成年男女平权；这个"大同社会"是当时进步理想主义的大杂烩。柯尔律治在信中描述道："大同社会的指导思想是，通过根除一切导致邪恶的动机——一切可能的诱惑——使人们必然地行出美德……每个个体都有公正的责任，因为这是

---

15 Samuel Taylor Coleridge, *Collected Letters of Samuel Taylor Coleridge*, 6 vols, Ed. E. L. Griggs, Oxford, 1956-71, vol. 1, 130.
16 柯尔律治杜撰的词，来自希腊语词根 pan-socratia，即一个全民统治的社会。

他的利益。认识这一点，并以之为一个抽象前提赞同它，是件容易的事——但是它需要最具有反思能力的心智的最警觉的注意力，在所有时刻将它们付诸实践。——我们把它一次性囫囵吞下是不够的——心灵应当被哺以真理，就像昆虫被哺以叶子一般——直到它染上了叶子的颜色，在每根纤维中显出它的食物来。"[17]

为了实现大同世界的梦想，柯尔律治试图通过举办系列言说的方式筹美洲之行所需的基本款项，虽然未获成功，但是他作为一名优秀的演说家已经崭露头角。他倡导社会改革但反对流血革命，是非暴力的激进民主主义者。他的政治理念和独一神论信仰结合在一起。独一神论是一种基督教的近代衍生信仰，兴起于18世纪下半叶，受到理性主义和进步主义的影响，这种"基督教信仰"去除了三位一体、原罪论、地狱里的惩罚等教义，留下唯一的神，普遍的爱。柯尔律治没有像同时代的葛德汶一样彻底抛弃基督教信仰，成为无神论者，他的思想中始终具有鲜明的新柏拉图主义印记，即认为自然和人类之间具有使彼此和谐相应的背后统一原则，这使此时柯尔律治的有神论带有泛神论色彩。正统基督教信仰所宣扬的爱的教义是具有超越维度的理想主义，在独一神论和柯尔律治此时的思想中，这种理想主义与一种世俗的理想主义的界限模糊了，尽管这在当时也是一种潮流。

柯尔律治的系列讲座以"启示宗教"为题，副标题是"它的腐朽与政治观点"，其核心主题是基督教的基本信念与穷人、受压迫者的相关性。在这些讲座中，年轻的柯尔律治显示了处理复杂问题的独立思考能力，比如他认为将对暴力的恐惧在英国被转化成一切对革命的恐惧是错误的；他严厉攻击激进分子的无神论（如葛德汶），尽管自己也是社会改革的激进分子，但是他从不像葛德汶等人一样诉诸"人权"，而是在宣扬理想社会的时候诉诸耶稣的教导，比如财富的虚浮和此世权力的短暂，人类的兄弟关系等。对于柯尔律治来说，宗教信仰是必须的，因为它为一切美好理念的合法性提供最终的根基，也是人作为道德的实践者的前提。即使在政治上最激进的早期，柯尔律治也始终反对葛德汶式的"廉价的无神论"。1796年他在信中写道，基督教的核心"显然以最明确的词汇教导人的权利，人类拥有智慧的权利，人类在自然的馈赠下平等分享的权利；它命令门徒四处传播这些权利……"[18]柯尔律治的激进政治主张

---

17 *Collected Letters of Samuel Taylor Coleridge*, vol. 1, 115.
18 *Collected Letters of Samuel Taylor Coleridge*, vol. 1, 282.

具有浓厚的宗教关怀和理想主义色彩，因此绝难实现，同时也几乎没有志同道合者。他强调的个人的慈善和家庭生活的神圣性都具有基督教思想的影响。由于思想中的这些传统因素，使他早期许多看上去非常时髦的想法具有一种张力，维持住了一种深厚的人文主义的基本原则。

他和骚塞的美洲计划很快夭折。除了筹款不利之外，主要原因之一是骚塞打算结婚，因此必须为家庭生活的经济来源进行长久的打算，从而退出了移民计划。这是他离开剑桥之后受到的第一个重大打击。由于骚塞的退出，柯尔律治也被迫放弃了这个计划，1795 年他在克莱文郡的海边找到一处田园式的居所，并结识了威廉·华兹华斯，十月他与萨拉·弗里克（Sara Fricker）结婚，成为骚塞的连襟，并移居至华兹华斯家附近。在新婚静谧的田园生活中他完成了两首谈话诗《对离开一处隐居之所的沉思》（Reflections on having left a Place of Retirement）和《风瑟》（The Eolian Harp）。《对离开一处隐居之所的沉思》一诗首先描写了他们可爱的小屋，被鲜花和云雀的鸣叫环绕，组成一首幸福之歌，然后写诗人登临远望，感到此处的自然是全能的上帝建造的一座神殿。接着，诗人的笔锋一转，来到他的现实关切之中：

> 啊！幽谷！亲切的茅屋，庄严的山峰！
> 我被迫辞别你们。可这是对的，
> 当我无数的弟兄们劳苦流血，
> 我却虚耗时光，
> 在玫瑰花叶环绕的床榻上，放纵懦夫的心
> 流连于纤细无用的情感？
> 那滴落在他自尘土中扶起的
> 人的脸上的泪水何等地甜；
> ……

诗人随即表示，不愿过为悲惨叹息却躲避可怜的人，在精致的隐居中享受的生活，要告别那种慵懒的爱与脆弱的同情心，"离开，使用头脑、心灵与双手，／积极而坚定地参与，为那不流血的／科学、自由与基督里的真理之战而战斗。"[19]

柯尔律治和华兹华斯刚结识的时候，华兹华斯是一个共和主义者，信奉葛

---

19 Samuel Taylor Coleridge, *The Collected Works of Samuel Taylor Coleridge: Vol. 16. Poetical Works: Part 1. Poems*, Ed. J. C. C. Mays, 2001, 263.

德汶的政治学，至少是半个无神论者。虽然不赞同华兹华斯的政治和宗教观念，但是柯尔律治感到华兹华斯可能是同时代最好的诗人。二人一见如故，惺惺相惜，虽然后来因为性格等原因分道扬镳，但是华兹华斯始终信任柯尔律治的诗歌鉴赏和评价能力。柯尔律治对他的诗才的鼓励和肯定，二人高密度的精神交流，令华兹华斯获益匪浅。[20]

1797 年当柯尔律治第一次到威廉·华兹华斯家去拜访他和多萝西·华兹华斯时，他离开大路，跃过一扇门，从没路的草地上走径直来到他们家门口，给兄妹俩留下了深刻的印象，擅于观察和表达的多萝西·华兹华斯在信中记下了对他的第一印象：

"他是个绝妙的人！他的谈话充满了灵魂、心灵和精神。他还非常慷慨、好脾气、欢快，而且就像威廉一样，对每件小事充满了兴趣。⋯⋯

他的眼睛大而饱满，不是黑色的，而是灰色的；这样的眼睛仿佛能从一颗忧愁的心中接收最阴暗的表情；但是它表达出他活跃的心灵的每一种情绪；这是我见过的最像'疯狂转动的诗人的眼睛'。"[21]

由于柯尔律治学识渊博，在二人交往早期，他处于智力上更优越的一方。他很快就引导华兹华斯放弃了天真的激进主义和葛德汶的社会进步说，并指引他回归更传统的宗教信仰。柯尔律治具有明显的人格魅力，他期待向所有人成为一切人，但是大多数时候并不能够持续保持人们对他的第一印象。因为其思想的活跃性和人格魅力，和华兹华斯相比，他更像英国第一代浪漫主义诗人的灵魂人物。华兹华斯的诗歌成就斐然，而柯尔律治的言行举止、长相做派，仿佛浪漫主义精神的具体形象。这一形象当然有柯尔律治刻意的营造在其中，但是也确实表现出了他在英国浪漫主义运动中的地位。

柯尔律治与华兹华斯毗邻而居、其乐融融之际，他努力召唤其他朋友，如葛德汶，来加入他们的小团体，希望形成一个具体而微的大同世界：生活在这

---

20 柯尔律治的传记作者理查德·赫尔墨斯（Richard Holmes）在书中曾经这样评价华兹华斯和柯尔律治的早期友谊："柯尔律治给予了华兹华斯的作品慷慨的、批评式的认可，而且极大地影响了他作品的方向；而华兹华斯在情感上支持了柯尔律治，通过肯定他的摇摆不定的自我认同和天才感。华兹华斯最想成为伟大的诗人，而柯尔律治最想实现诗性的绝妙和智性的启迪，华兹华斯表明了其真实性。他们彼此给予了对方理想的自我，这就是浪漫主义的友谊的本质。"Richard Holmes, *Coleridge: Early Visions*, New York: Viking Penguin, 1989, 150.

21 Samuel Taylor Coleridge, *The Early Letters of William and Dorothy Wordsworth*, Edited by E. de Selincourt, Oxford, 1935; revised 1970, I, 168.

里的人们精神上互相勉励，心灵相通，被友爱与亲情环绕。柯尔律治渴望在日常生活中实现某种理想王国，这种向往中带有浓郁的浪漫主义气质。因为浪漫主义的本质并非逃离世界，而是对日常生活的理想化或者说神圣化。在这神圣化的过程中，诗歌与生活彼此参照，生活经诗歌的叙事统一。田园，伙伴，小社会／小王国，都表现出柯尔律治大同世界的信念。这种对日常生活的神圣化向往或者说叙事，有着基督教的世俗化印迹。

耶稣在福音书中的比喻和使徒在书信中的比喻，显然将教会视作一个突破血缘界限的灵性上相连的大家庭，在基督教会里，所有信徒都是弟兄姐妹，以共同连于元首基督的方式彼此连接，在人和人之间确立一种兄弟情谊。但教会作为一个宗教团体和世俗世界之间始终存在着张力。这种张力的现实性在于一个基督徒同时也是世俗社会的成员。历史上的基督教不断面对这种张力，如耶稣在福音书中曾经就纳税的问题说"上帝的归上帝，凯撒的归凯撒"，既没有取消门徒的世俗身份，又要求区分两者。中世纪修道制度和天主教的教阶体系建立了一个超越世俗身份的群体，以此保持神职人员和教会系统的纯洁性。但是宗教改革者认为，圣职人员也因此成为了信仰上的特权阶层，把持了原本给予所有人的宗教权利；特权有可能导致腐败，并且阻隔了大多数人通向真实信仰的道路。因此，宗教改革者取消了一种信仰假设，就是拥有世俗身份会成为一个人完全追求上帝，成为圣洁的障碍，而代之以另一种假设和理想主义，即在尘世生活和身份中践行信仰，追求成圣，即一种所谓的"新教伦理"。这样就要求每个信徒在日常生活中实践对上帝和对人的爱，面对自己的罪，成为一个"新造的人"。由于这种信仰伦理不依附于教会制度，具有强烈的个人维度，因而在一定意义上催生了所谓的现代性。但即使在新教中，圣俗之间的张力也是始终存在的，可以说，它在某种意义上也是信仰动力的来源之一：如何在生活中实践信仰始终是身为基督徒的核心问题。

基督徒是弟兄姐妹的紧密灵性关系，如果再加上每周一次的礼拜天教会集会，可以形成相当亲密的实体关系。新教的清教传统，敬虔派传统，都很注重在家庭、职场、社区中建构灵性群体，将个人、家庭、职场乃至公共伦理与基督信仰，与《圣经》紧密结合在一起。当然，这些建构会面临许多张力和失败。对新教而言，在个人层面上，这种建构从某种意义上是成功的。但是近代社会的一个重要标志却是信仰从公共空间隐退。欧洲宗教战争的血腥教训迫使公共空间建立了政教分离原则，理性主义、实用主义逐渐成为近代政治理论和哲学的主流。民族国家兴起，使人们获得了强有力的世俗认同身份；再加上启蒙思想的流行，许多知识分子开始接受没有宗教信仰的公共伦理乃至个人伦理。但是，在世俗时代，除了功利主义原则之外，人类社会彼此之间相处是否还应该有其他原则呢？如果人作为物质的个体必然是分离的，什么能够将人类在精神层面连接在一起？最重要的是，能否在社会组织的形式层面，通过共有财产，建立有别于立足于工具主义、利己主义立场的制度，同时还有效地保障人们的物质福利？这是近代以来各种乌托邦构想的出发点。在这样的历史背景中，我们发现，柯尔律治的"大同世界"构想其实很有个人特征：它是一种泛化的基督教团契，吸收了启蒙思想的许多政治理想，如平等、民主、平权，但又带有强烈的原始基督教色彩，如财产共享，将私有制作为人类不平等的根源，人们互助友爱。虽然美洲未能成行，但是柯尔律治在他的人生中不止一次希望将好友们聚集在一处田园乡间，共享精神的盛宴。这种精神上的相契合，在一定程度上体现了他心目中某种原基督教的理想状态，人们不仅分享物质，而且灵性相通。但是，将基督教的末世盼望转移至当下的理想王国的实现（即使是小范围的），事实上混淆了神圣与世俗的重要区分，这使基督教的终末视野有消失的危险，而此世则被无限地神圣化、泛灵论化，混淆了现世与精神的区别。这也是同时在德国发展的基督教浪漫主义，如诺瓦利斯、施莱尔马赫等人的思想的问题。在 20 世纪上半叶出现的以巴特为代表的新正统派神学，正是对这一基督教思潮的强烈纠偏。

1796 年，柯尔律治开始着手一份激进的基督教报刊，名为《守望者》（The Watchman）。他期待通过这份报纸为独一神论者与温和的民族派提供交集，将他们培育打造成他希望出现的知识群体。他将整整五个月的时间投入这份报纸的各项工作之中：从纂稿直到发行。报纸很快因为入不敷出不久草草结束。在此期间柯尔律治突然爆发的旺盛创作力十分惊人，在应付不理想的资金回收、人手严重不足等各方面困难的同时，他写作了大量应对英国国内、国际政治的文章，坚持书写自己的独立见解，不依附于任何现有派别，致力于培育民众的思考和国家的自由气氛。

柯尔律治自始至终非常看重对国民的培育，在给兄长乔治信中他曾经说："我所献身的这些作品并非基于反社会激情——在诗歌中，提升想象，并使情感与充满无生命之物的美一致，就像使一个活着的灵魂与生命的存在一致——在散文中，使寻求与耐心以及一个极其缓慢的心智相一致……我们的才干是什么，以及它们能够成为什么。——我喜爱田地、森林与山脉，几乎是一种异象般的喜爱——因为我发现，当这种喜爱增加地适合，仁慈与平静也在我心中增长，因此我希望成为将它植入他人心中的途径。"[22]

1798 年他在一封给华兹华斯的信中也写道："我亲爱的朋友，……我希望你可以写一首诗，用无韵体，面向这样一些人，他们由于法国大革命的彻底失败的结果，已经抛弃了所有人类的改善的希望，正在下沉入伊壁鸠鲁式的自私，用家庭忠诚的软标题来伪装，鄙视远见的哲学。它将带来极大的益处，或可构成'The Recluse'的一部分，因为就目前我的想法，我完全反对出版任何小的诗歌。"[23]华兹华斯采纳了这一建议，表现在他描述了自己在革命乌托邦和自然之间的自传式见证。

欧洲浪漫主义早期是一个发现自然的时期。部分受到卢梭的影响，欧洲知识分子狂热地喜爱沉浸于山野之中，培育自身的感性。柯尔律治常常和朋友一起或者独自一人行在山野中长途跋涉。在华兹华斯兄妹的陪伴下领略湖区旖旎的风光，尤其令他炫目不已：湖区的沼地、岩石瀑布、广阔的水域、以及它不可思议的光、云倏忽更迭。他的笔记里就充溢着新鲜的观察和反思：'格里塔河即将下降汇入提兹河——水在巨大的绿石斜坡上冲刷飞溅——白色的漩涡玫瑰在激流下在扇形开满，阵发与开始，复活中的顽梗——这就是我们的生活。'[24]"高山之灵——在我经过时高山之形抓住了我的躯体&变成了现实——我成了一个灵，直至我夺回自己的本质。"闪光的雾上升、下降，仿佛"柏拉图的发光的阴郁"。他在追寻和探求中检验自己的感受……

如华兹华斯所希望的，柯尔律治被湖区深深震撼，决定将家搬到附近。他在给多萝西的信中写道："我们陪着约翰越过 Helvellyn 的分叉，那一天，光与暗同时大片共存，大地和天空是一体！自然以其最伟大的偶然中为我们而生。我们在一个荒凉的山中小湖中与他告别，恰好得以一瞥阴郁的厄尔斯沃特（Ulswater）。你的约翰兄弟是你们当中的一员，他独立地使用自己的智力，情感深厚，精细机智，对真理与美有敏锐的直觉。"[25]

1797 年 10 月，在给 Thelwall 的信中，柯尔律治写道："我*有时*强烈地感受到，你所描绘的美，在于它们自身，而且也为了它们自身——但是更常见的

---

22 *Collected Letters of Samuel Taylor Coleridge*, vol. 1, 397.
23 *Collected Letters of Samuel Taylor Coleridge*, vol. 1, 527.
24 *Collected Letters of Samuel Taylor Coleridge*, vol. 1, 496.
25 *Collected Letters of Samuel Taylor Coleridge*, vol. 1, 543.

是，*一切事物*都显得渺小——一切能够被获取的知识，都不过是孩子的游戏——
—宇宙本身——难道不只是*渺小事物*的巨大累积吗？……我的心因观看、明
了*伟大之物*而痛切——某种整*一的、不可分割的*——正是因为对此的确信，岩
石、瀑布、高山、洞穴，才能够给予我崇高或庄严之感！[26]

1798 年，柯尔律治从约西亚·韦奇伍兹（Josiah Wedgwoods）处获得一笔
不菲的年金资助，他在给一位朋友埃斯特林（Estlin）的信中替自己辩护道：
"如果我希望获得成为一名哲学家的知识和成为一名诗人的声望，我祈祷能够
够[从神]有这样的恩典，即让我持续有这样的感动，我希望成为前一种和后一
种人的最大原因是，我能够有力地为宗教辩护。"[27]

《抒情歌谣集》初版的时候，两位合作者很清楚，它会带来挑战，因为这
些诗歌希望考察"……社会中下阶层的语言是否能够产生诗歌愉悦的结果"
（《抒情歌谣集》的广告用语）。[28]诗歌素材是乡野的，甚至表现疯癫、奇幻，
而它的风格、形式却是大胆的朴素。这些诗歌对"自然"的推崇显然同时具有
文学和政治意味，可以说合法化了一个全新的阶层，中下层乃至底层人。诗歌
的形式、内容、主题都一反流行的古典主义，即一种适中的、理性的上层社会
的趣味。在当时，城市有闲阶层和乡绅阶层当时仍然是诗歌的主要读者。《抒
情歌谣集》中的诗并不整齐划一，但是两位年轻诗人的天赋和诗才却无法否
认。围绕诗歌及其《序言》产生了激烈的争议，持续十余年，在此期间，新一
代青年的感性得到了培育，"湖畔诗派"将下层人士乃至边缘群体，女性、儿
童、乞丐作为描写对象，将他们与自然融为一体，创造了新的诗歌语言和感受
方式。这些诗歌的政治趋向无疑与启蒙同脉，但是为普通人民辩护的却不再是
常识、理性，而是自然与感性。下层人民及其朴素的生活具备了强烈的美感，
诗歌的情感境界也被拓宽了。这些都深深影响了下一代年轻人。

《抒情歌谣集》并不平衡，第一版中华兹华斯有其中 19 首，而柯尔律治
只有 4 首，即《古舟子咏》（The Rime of the Ancyent Marinere），《养母的故事》
（The Foster-Mother's Tale），《留在湖畔紫杉木下凳子上的诗行》（Lines left upon
a Seat in a Yew-tree which stands near the Lake of Esthwaite），以及《夜莺：一首
谈话诗》（The Nightingale, a Conversational Poem）。四首诗歌的主题和风格迥

---

26 *Collected Letters of Samuel Taylor Coleridge*, vol. 1, 349.
27 *Collected Letters of Samuel Taylor Coleridge*, vol. 1, 372.
28 Cited in *Coleridge: Early Visions*, 188.

异，既有乡间的"现实"展现，超自然的罪与罚故事，也有沉思的谈话诗。《古舟子咏》这首奇谲之诗被放在诗集的开头，共 210 行，并且占了 17 页。但是在第二版中，华兹华斯坚持将它移至诗集的末尾，并且坚决拒绝将柯尔律治的《克里斯托贝尔》（Christabel）的第一部（1797）放进诗集中，这件事使两人的友情出现了最初的裂痕。对柯尔律治而言，则是巨大的打击。终其一生他始终未能完成《克里斯托贝尔》，华兹华斯对他诗歌的否定，以及华兹华斯本人诗歌的成功，使他深深怀疑自己的诗才，决定转向哲学思考。

1798 年，柯尔律治使用韦奇伍兹的年金奔赴德国完成他的哲学学习，席勒的戏剧，康德哲学，德国的民谣，都吸引着他，他和华兹华斯兄妹一同起航，醉心于最新的哲学和文学之中，进行了长达 10 个月的游学。柯尔律治在自己的灵魂中发现了某种条顿特征。他后来的整套"批评"理念，即将哲学概念应用于想象性文学更多是欧洲而非英国的。后来在关于文学与政治之间的争论中，他也认为宗教的、哲学的观念是最重要的，这深刻地反映了浪漫主义的反应与神秘主义的氛围，当时正在德国的大学中传播。柯尔律治一生的阅读量广泛而惊人，骚塞曾经佩服地写道，柯尔律治"累积的知识足以媲美任何活着的当代人，他坚实的哲学优越于眼下或之前任何时代任何人所拥有……"[29]

1799 年 12 月柯尔律治回到伦敦，再次投身新闻报刊工作。他写作当时的公众人物：皮特，波拿巴、华盛顿、福克斯等，尝试将《晨报》新的温和的、反内阁的立场基于"一些确定的公开原则"。他强烈地批评了当时在英国升温的狂热情绪，包括雅各宾与反雅各宾派，从政治和心理上分析这种现象。他预言左翼极端主义鼓励了右翼极端主义，终将导致强势与镇压。他呼吁赞同自由的人们中归向一种新的现实主义，以及呼吁创建一种自由观点的温和的有凝聚力的团体。也是在这一段时间，柯尔律治与葛德汶的关系日渐亲密，他们谈论政治、神学问题到深夜，直至往日坚定的无神论者慢慢改变了他的观点。葛德汶后来说，柯尔律治是他生命中"四位主要口头导师"之一，引导他对一切中的神圣性有了新的领悟，"我的有神论，如果可以这样称呼它的话，在于对宇宙体系中美丽的、高大的或神秘的一切的一种怀着敬意和慰藉的沉思。"[30]

---

29 Robert Southey, *New Letters of Robert Southey*, 2 vols, Ed. Kenneth Curry, New York, 1965, I, 537. Cited in *Coleridge: Darker Reflections, 1804-1834*, London: HarperCollins Publishers, 1998, 203.

30 Don Locke, *A Fantasy of Reason: The Life and Thought of William Godwin*, Routledge, 1980, 181-2.

　　但是在诗歌创作方面，柯尔律治却几乎一蹶不振。他别具特色的谈话诗与乌托邦幻想相连，总是以共同体的方式呈现：展现友谊、家庭、自然、启示之间的联系。显然，华兹华斯对他诗才的否定，以及随之出现友谊的裂痕，严重影响了他的自我认识，随之一起遭到质疑的还有他的小乌托邦梦想。1801 年前后，他在给赛沃尔（Thelwall）的信中写道："我已经彻底放弃了诗歌，确信我从不具备真正的诗歌天赋，我将强烈的愿望误认作原创的能力。"[31]也在这个时期，他的思想也渐渐趋向基督教正统。

　　"如果我不是在严重自欺的话，我已经完全摆脱了时间和空间的概念，也推翻了哈特利的联想论，以及所有现代异教徒的不敬虔的形而上学——尤其是必然性理论。我已经完成了这些，但是我相信我还将做更多的事，即我将能够从一种感觉里演绎出五种感觉，陈述它们的生长和它们差异的原因，并在这一演绎中解决生命与意识的过程问题。"[32]此后萦绕他终身的愿望是，完成一部形而上杰作，协调唯心主义与基督教的启示与救赎教义之间的关系。

　　在 1801 年三月 25 日，他给威廉·葛德汶写了一封信，信的主题是他诗才的丧失："比喻的所有声音在我的头脑里彼此远离，我已经忘记了如何押韵——我观看高山（那可见的全能神从我的每扇窗外看进来）我观看高山，只是为了它们轮廓的曲线；我注视星空，将它们构成三角形——我的手上留有一只猫咪的爪痕，因为我在黑暗中挠它的背，想看看棱镜是否能够折射火花。我里面的诗人死了——我的想象（或者某种曾经是想象的东西）躺下了，就像铜烛台边沿一根冷却的烛心，连一点提醒你它一度被火苗包裹的油脂味儿都没有。它逝去了！——我曾经是金叶上的一册，驰骋于幻想的每一次呼吸之上——但是我已经将自己打回至重量和密度之中，现在我在水银中下沉，在飓风中蹲伏、挤入泥土之中，这场飓风使橡树和稻草在离地 50 码的高空的恶劣天气中一同起舞。"[33]

　　在这些自我分析的漫长冬夜中和形而上学的云雾里，他的创造性想象理论的轮廓开始以哲学的方式出现了。他在给普尔（Poole）的信中写道：

　　'我的观点是——深刻的思考只能由具有深刻感受的人获得，一切真理都是一种启示。我对伊萨克·牛顿阁下的作品越理解，就越大胆地对你讲述我

---

31 *Collected Letters of Samuel Taylor Coleridge*, vol. 1, 656.

32 *Collected Letters of Samuel Taylor Coleridge*, vol. II, 706.

33 *Collected Letters of Samuel Taylor Coleridge*, 713-4.

自己的想法，即我相信 500 个伊萨克·牛顿阁下的灵魂可以构成一个莎士比亚或者弥尔顿……牛顿只是一个唯物主义者——在他的系统中心灵永远是被动的——一个懒惰的外在世界的旁观者。如果心灵不是被动的，如果他真的是按照上帝的形象造的，并且是在最崇高的意义上——创造主的形象——就有理由怀疑，任何建立在心灵的被动性上的体系，作为一个体系，都必然是错误的。'34"

这期间他最重要的诗歌是《沮丧颂》（Dejection: an Ode）（第一版为《给萨拉·哈钦森的信》（"Letter to Sara Hutchinson"）探讨了希望和创造力的丧失。该诗回应了华兹华斯的信念，表达了对外在自然的治愈力量的不信任。在《给萨拉的信》中，他更直接表达了不再相信鲜活的、主动的、仁慈的宇宙。

> 哦，萨拉！我只能获得我们给予的，
> 自然只在我们的生命中存在。
> 我们的生命是她的婚纱，她的寿衣。

这首诗柯尔律治引以为傲，认为他的写作是为了"真理而非诗歌"。1802年 7 月至 9 月，他在给苏式比（Sotheby）的六封长信中第一次清晰地表达了他和华兹华斯之间一个"根本的差异"。他清晰地描述了他在《沮丧颂》中提出的哲学问题。他现在认为，诗人是一位形而上学家，主动地参与自然，诗人走出自身，追寻他人的存在。柯尔律治在信写道：

"用我们的思想和情感包裹虚构的存在是容易的，但是将我们发送出自身，用和我们的环境完全不同的存在的思想和情感来思考，需要这方面的努力，谁能做到呢？或许只有莎士比亚。我亲爱的先生，形而上学是一个你不太喜欢的词，但是你会赞同我的意见，诗人必须含蓄地是，如果不明显地是，一位深刻的形而上学者。他的头脑和舌头之间或许没有逻辑的一致性，但是他必须有一个野蛮阿拉伯人在寂静的沙漠中聆听的耳朵，有北美印第安人在森林的落叶上追踪敌人脚印的眼睛，以及盲人感受一个可爱的孩子的脸蛋的触觉。"35

在另一封信中，他讲述了自己和华兹华斯关于《抒情歌谣集》《序》的一些想法的差异。首先，这些想法部分来自他的笔记，他们有许多相一致的看法，原本《序》计划由柯尔律治来写，但是对诗歌中的强烈情感（passion），柯尔

34 *Collected Letters of Samuel Taylor Coleridge*, 709.
35 *Collected Letters of Samuel Taylor Coleridge*, 810.

律治认为，"在我看来，每个词，每个比喻，每次拟人，都应该有为之辩护的条款，要么是源自诗人心中的强烈情感，要么是诗人描绘的角色的强烈情感。但是韵律自身就隐含着一种强烈情感，即一种诗人心中的兴奋状态，也部分期待读者心中具有同样的状态；但是，虽然我对华兹华斯说了这些，他某种程度也在他的序言中说了，可是却说得不够公道，我以为，也没有充分地回应这个问题。在我看来，诗凭借诗获得其正当性，独立于其他强烈情感，有些是语言和其他强烈情感的新组合，有些是语言和省略其他创作中允许的许多其他东西的命令的新组合。而华兹华斯，至少我判断，他的体系中未能充分地承认前者，而在他的实践中太常违反后者。事实上，我们在这个问题上近来略有些争议，我们开始猜测，我们的观点之间存在一些或者是根本性的差异。"[36]

柯尔律治已经意识到了文学作为语言符号独立于日常语言。这在某种程度上是对华兹华斯在《序》中表达的诗歌理论的一种回应或抗议，因为华兹华斯在其中声称他"*选择人们的真实语言*"，"*尽可能地模仿和采用这些人使用的语言*"（这些人指的是山野村夫），华兹华斯还提出"*散文的语言和韵文的语言之间，既不存在也不可能拥有本质差别*"。可以说，柯尔律治的评价是公允的。华兹华斯的诗歌理论不仅作为一种理论过分单薄，以偏概全，而且甚至不适用于他自己的诗歌创作，就像柯尔律治后来在《文学生涯》中详细论证的一样。

1804 年 4 月，柯尔律治离开英国前往马耳他为英国政府工作，两年半后（1806 年 8 月）回到英国。但由于恐惧和妻子相处，他不敢回家，经朋友斡旋，最终永久性分居，此后，他很长时间都住在伦敦等大城市中，努力以文人作为职业谋生。在他处理自己婚姻问题的最后几周，他帮助妻子萨拉的兄弟乔治·（George Fricker）解决精神危机，和他探讨信仰问题。柯尔律治对这样的失落的年轻人尤为耐心，就如他在信中真诚而直率地说："我毫不奇怪，见到你所见的，经历了你所经历的，你会打开你的灵魂，感受到我们堕落的本性，以及人无法治愈自己。我的观点也许不是在所有方面都和你一致，但是我也经历了相似的转变。"[37]悲惨的婚姻状况，对萨拉·哈钦森无望的爱，难以克服的鸦片瘾及其带来的罪恶感，充满梦想的青年时期逝去了，苦难和罪使他的思想

---

36 *Collected Letters of Samuel Taylor Coleridge*, 812.
37 Samuel Taylor Coleridge, *Coleridge's Writings: On Religion and Psychology*, Ed. John Beer, Hampshire : Palgrave, 2002, 87.

转向更正统的基督教信仰。他感到，来自自然界的设计论的上帝证明，正在新的机械论的文化中制造"亵渎"。他在给福音派朋友托马斯·卡拉克森（Thomas Clarkson）的长信中探讨了围绕三个主要问题：上帝是谁？灵魂是什么？以及康德的更高"理性"（Vernunft）与逻辑的、科学的思想或"理解"（Verstandt）之间有什么差别？

他在文中再次反对了机械论的观点。上帝只能被看做一个柏拉图的观念（Platonic idea），一切活着的事物的"原型"（Archetype），用一种位格的三一来表达，位格三一的存在对每个人都有直接的影响。否则，"上帝就只是一个钟黑暗中的力量，甚至像重力一样，而不是一种具有实践影响力的道德宗教，我们只能用一种物理理论来满足理念的好奇心。"同样，灵魂也就只能被设想为一种机械实体，只不过通过自然的等级制上升形成"自反意识"的进程。

赫尔墨斯评论道："这一想法，显然受到他对谢林的阅读的启发，深刻影响了柯尔律治后来对科学进化论的反对。人的灵魂不同于其他动物意识的层次，首先在于它能够反思自己，然后制造一个'持续的'道德意识；其次通过它能够被其他人类存在'修改'，朝向某种更伟大的统一或精神同一性。这种神秘主义的观念可以被看做对他早期'一个生命'的诗性概念的强化，曾在他的谈话诗和他给 Sotheby 的信中得到美好的展示。这是他过去的泛神论的混合体，现在与基督身体里的灵性合一的传统基督教义结合在一起。"[38]

柯尔律治用一个简单的对比来描述他观察到的人的社会性："一只公虎和母虎不论生活在适合他们的旷野中，还是和其他 1000 对老虎在一起，不会有什么变化。可是人会因为与其他人共存而真的发生改变；他的才干无法独自一人发展。因此，人类不是在一个大胆的比喻的层面上，而是在崇高的现实意义上，接近并可能成为，以基督（逻各斯）为头的一个身体。"[39]用人类学的语言来说，"整个种类都可以被视作一个个体"。

柯尔律治相信人的语言世界依赖于认知的整个结构，这个语言世界由人的社会经验，以及最终由宗教信念产生。因此，语言像灵魂一样，是将人的意识和集体性统一起来的独一无二的形式，动物无法做到这一点。因此，在什么

---

38 *Coleridge: Darker Reflections, 1804-1834*, 73.
39 *Collected Letters of Samuel Taylor Coleridge*, vol. II, 1197. "以基督（逻各斯）为头的一个身体"在《圣经·新约》中有多处提及，如《以弗所书》4:4-15 "身体只有一个……建立基督的身体……连于元首基督。"

意义上它从自然"演化"而来，或者是上帝（逻各斯）给予的一个礼物，或者二者兼而有之，常常在柯尔律治的思考中来回变化，并相应常常在他的诗歌和哲学论文中有不同的表达。[40]

　　1807 年八月底，柯尔律治收到了皇家学院的讲座邀请，他接受了邀请，决定以"诗歌的原则"为主题，做一件对于英语批评来说全新的事：在系统哲学的基础上，将创造性想象的心理学独立出来并加以定义。柯尔律治的核心议题是诗性想象（poetic imagination）的概念，将它作为一切创造性艺术的统一之力。这个观念将成为浪漫主义的教义。部分受到当时科学发展的影响，如汉弗莱·戴维（Humphrey Davy）[41]当年秋天在皇家学院的精彩系列讲座中发表了关于能量和物质的性质，柯尔律治写道：戴维"的伟大发现，关于电和化学吸引的统一性"，为宇宙中一种能量的统一理论开辟了道路。"戴维假设在感官世界中只有一种力；它向化学吸引力一样工作……当这得到了证明，剩下的就只是将这个方法适用到生命智力的某些规律中去———一切人类只是都将成为科学，而形而上学将成为唯一的科学。"[42]

　　柯尔律治的这种设想带有鲜明的时代特征，以及他自身的柏拉图主义印记。这种时代的局限性很可能也是他最终未能完成自己的"巨著"的主要原因之一，因为他尝试在科学、哲学、启示宗教等各个领域建构统一的原则和体系。而其中有着无法协调之处。并非仅仅是因为从自然科学到人文科学之间的界限和链接无法完成，而且因为从理性主义的遗产中对人的认知等能力的假设，无法和特殊启示，即信仰的逻辑相链接，柯尔律治企图做整一性的工作，却最终必然性地失败了。在笔者看来，这种失败也说明了柯尔律治的诚实。在理论上，这种证明宇宙最后一切动力，甚至是统一自然科学和人文科学的动力的努力显然有悖于基督教思想中的启示、理性之间的巨大张力乃至裂隙，在另一方面，它也有悖于日常生活的感性认识，具有脱离实践之用的巨大危险。

　　皇家学院于 1799 年建立，由私人募捐，很快就获得了仅次于皇家协会（Royal Society）的声誉。它的讲座项目起初限定为艺术和科学，戴维 1802 年

---

40 *Coleridge: Darker Reflections, 1804-1834,* 73.

41 汉弗莱·戴维（Humphry Davy），1778-1829，英国著名化学家、发明家，当时因为在皇家协会的科学主题演讲名声大震，于 1820 年成为皇家化学会主席。他安排了柯尔律治在皇家协会的文学、哲学系列讲座，正是这些讲座确立了柯尔律治作为文学批评家的最初声誉。

42 *Collected Letters of Samuel Taylor Coleridge,* vol. II, 30.

的讲座令其声名鹊起。1808 年的项目包括戴维的化学、柯尔律治的诗学、其他人的植物学、建筑、德国音乐、机械学和波斯文学。在这一系列讲座中，柯尔律治确立了他在当时英国文学评论界的声望。柯尔律治是表演型、谈话型的思想家，具有即兴发挥的演说天赋，能够敏锐地抓住听众的注意力，与他们互动，从不介意表露自己的情感，获取与听众的情感共鸣。

在 1808 年 3 月 30 日第三讲中，柯尔律治直接切入他对诗歌原则的心理学探索，以莎士比亚的《维纳斯和阿多尼斯》为例。柯尔律治认为，即使在莎士比亚成为一个戏剧家之前，他已经显示出了卓越的想象力，他联系举了八个例子，展现"使一切都向想象呈现的诗歌力量"，其中包：1. 美感；2. 远离自己的情感；3. 热爱自然的事物；4. 幻想，或者增加的力量，举《维纳斯和阿多尼斯》中的诗句为例，"款款拉住他的手 / 百合花囚在雪白的牢间"）Full gently now she takes him by the hand, A lily prison'd in a gaol of snow）；5. 一位活着的诗人（指华兹华斯）雍容而恰当的……力量或活力——举例"它们在我的心灵中闪现 / 是孤寂中的福祉"（They flash upon that inward eye/ Which is the bliss of solitude"（《我孤独地漫游，像一朵云》）——使一切通过一系列意象呈现；6. 想象：通过前后相继的意象或情感，修饰一个意象或一种情感的力量；7. 通过恰当地用人类的情感包裹自然事物来描绘它们"看，这柔情的云雀""Lo, here the gentle lark"；8. 思想的活力、深度和活跃，没有这一项，不过能成为一个取悦人的诗人，但永不会成为伟大的。随带介绍了丹尼斯（Dennis）的"诗歌批评的基础"，最终以查普曼（Chapman）的"荷马"结束。[43]

在第四讲 4 月 2 日中，他开始更详细地分析缔造异象（vision）的天赋和想象的力量。这种"力量带着读者的眼睛，使他几乎忘记了所用的词——让他看见一切……没有描述的分解性。这种效果是通过将一系列视觉转化成一种单一的、统一的情感："通过将多融汇成一"。

他讲道：想象"这种最伟大的人类心灵才能"，使用语言模仿自然界本身中的一种塑成性原则。它在人的心灵之眼中打造了一个内在的风景，用一种统合性的视角。诗歌"甚至像自然这位最伟大的诗人"一样工作，"当我们打开我们的眼睛注视一幅展开的景观时作用于我们"。柯尔律治再次诉诸莎士比亚的《维纳斯和阿多尼斯》举例，描述当阿多尼斯黄昏时分离开维纳斯的时候：

看哪！一颗多么明亮的星在天空照射着他，

---

[43] *The Collected Works of Samuel Taylor Coleridge*, I, 67-8.

他在维纳斯注视的夜晚里这般滑翔。[44]

柯尔律治精致地分析了这两句诗歌中的美好："多少意象与情感在此处被连缀在一起——我们努力的成果毫无不和谐之感——阿多尼斯的美——他飞行的迅捷——迷恋的注视者的渴望与无望——一个阴影般的理想角色抛弃了整体——或者它通过对人类的情感加诸无生气的事物的印象来工作……"[45]他在讲座中一再回到想象的心理学，经常找到原创性的、本土的类比。

第四场讲座是华兹华斯第一次出席柯尔律治的系列讲座。他聆听了这场对想象的浪漫主义原则的历史性宣告。第二天晚上二人彻夜长谈，从想象的观念，一直到柯尔律治使用华兹华斯的"水仙花"来作为"诗歌力量的第五个例证"，即在心灵中创造视觉意象。随后华兹华斯在给乔治·博蒙特爵士（Sir George Beaumont）的信中写道："你可能会觉得奇怪……但是自从我回来以后，伦敦的意象确实比眼前这雄伟的山谷在我心中更加分明。我会告诉您为何如此。——我星期天早上七点告别了柯尔律治，心中满是思绪和忧郁，走向城市。我穿过神殿门和圣邓斯坦教堂，什么都没留意，完全被自己的思考占据了，我抬头的适合，看见了前面的舰队街大道，寂静、空旷，因撒了新雪洁白无暇，没用一辆货车或马车阻挡视线……在它的上方高高矗立着圣保罗教堂巨大宏伟的形状，稀薄的雪纱令它更显肃穆。我说不出这番未经思量的景象对我产生了多大影响，在这样的地方，我无比幸运地感受到了提升的想象的习惯。"后来他将这些内容转化成一首无韵诗。这正是柯尔律治在他的讲座中分析的诗歌异象的天赋，一种诗歌批评和理论立刻转化成为创作的指导性源泉。

记者爱德华·杰宁汉（Edward Jerningham）对柯尔律治的讲座非常挑剔，他在信中写道："我对讲座者的看法是，他的心智强大；对自己颂赞的对象怀着狂野的而且；他有时滔滔雄辩，有时自相矛盾，有时荒谬不经……他讲话的时候没有草稿，有几次所说的是刚刚冒出来的念头，其中一些有权得到热烈的掌声，其他则导致心智的不赞成。他太频繁地将自己编织进他的演讲之中。"

演讲原本就具有意向性的即兴色彩。但将自己编织进自己的演讲，传播信念，而不只是知识，却是柯尔律治一贯的自我要求，他不仅思考，而且希望活出这种思考，在人们面前成为活生生的呈现，这是他早年在唯一神论教堂中做基督教式的传统宣教形成的风格，也和他本人的行事为人风格一致，即让自己

---

44 引自《维纳斯和阿多尼斯》。——译注。

45 *The Collected Works of Samuel Taylor Coleridge*, I, 81-2.

和自己的生活成为自己信念的检验者。

在另一次演讲中，乔治·博蒙特爵士出席了这次讲座。他发展了同样核心的观念，即关于想象暂时悬置了理性规则。举舞台错觉为例，他使用儿童心理学探索浪漫主义的知觉（perception）论。18 世纪法国批评家认为，戏剧为成人观众制造了"现实的错觉"，约翰逊博士代表英国经验主义或者常识传统，否认了任何真正的错觉。柯尔律治和他们的看法都不同。认为事实上真正发生的状况更加微妙、动态。心灵并不被动地站在它的经营之外，而是在主客体两极之间波动。他还在这次讲座中第一次将人们面对文学作品时的心理描述成"否定的相信"（Negative Belief），是受到意志支持的。[46]这个概念是一个比喻，来自正负极电的两极。后来在《文学传记》中有了新的表达，成为他所有批评公式中最有影响力的部分之一，即"情愿暂时搁置不信"（willing suspension of disbelief）。

最轰动并引起争议的讲座在 1808 年 5 月 3 日。为了弥补讲座的推迟，柯尔律治主动提出做一个免费的长讲座。话题是两位教育家安德鲁·贝尔（Andrew Bell）和约瑟夫·兰切斯特（Joseph Lancaster）近来建立的高年级同学对低年级同学的审查制度，在 1815 年时已有超过 500 家学校使用。他尤其提及兰切斯特的惩罚体系，严厉地谴责了它，不仅指责它不人性，而且认为这是对教育原则的根本性的颠覆，之处教育应当是"引出"（lead forth），通过爱和想象，而非竞争和恐惧。听众之一亨利·克拉博·罗宾逊（Henry Crab Robinson）在笔记中写道："他惊人地加强了一个伟大的真理"，引用了《圣经·新约》福音书中的话"小子中的一个"的典故，使整个房间都充满了严肃的宗教气氛，人们感到应该尽一切努力挽救贫穷、失丧的孩子们。

这场关于教育的讲座自然引起了争议，兰切斯特先生的支持者威胁控告他诽谤。但是它也长久地建立这一系列讲座的争议性声誉。"柯尔律治被视为一位才华横溢、非正统、非常规的人，有毫无预警地投身形而上学和情景剧的倾向。他成为伦敦的时髦人物，皇家学院认为这是它史上最成功的讲座之一，讲座还被认为是诗的哲学与科学之间的历史性连接。这使柯尔律治在接下来的十年中得到另一个职业，即讲座人，而且在公众的头脑中将他与汉弗莱·戴维（Humphry Davy）这位当代科学的革新者，联系在一起。而戴维则受到它的启发，写下了一首纪念性的诗歌，诗中将科学和诗歌联系为调查宇宙永恒规律

---

46 *The Collected Works of Samuel Taylor Coleridge*, I, 134-5.

的方法。

这个系列讲座中和莎士比亚、文学批评以及想象的理论相关的部分，基本都收入进了《文学传记》。

尽管皇家学院因为教育方面的讲座饱受争议而抱怨，柯尔律治偏离了主题。但是对于柯尔律治这位浪漫主义者而言，教育是和诗歌紧密相连的。或者说，诗歌的现实目的就是为了教育。柯尔律治和华兹华斯像发现了新大陆一样，认为自己发掘了，或者说认识、体验到了新的人性。在他们看来，这种人性论拥有强大的动力，能够描述人的成长，人的复杂性，以及反对人的机械论。他们的文学和文学理论，都拥有很鲜明的对人的理想，最重要的是，不论浸润于自然，还是致力于文学，都是现实更完整的人的途径。

柯尔律治在一次讲座中用了谢林第一次讲座中的词汇对照总结来说明古典和浪漫的形式之间的区别：古典主义隐含着一种有限性"优雅、优美、比例、幻想、尊贵、庄严，即可以用限定的形式或思想明确传递的一切。"而浪漫主义，作为一种当代精神，却是一种无止境的扩展："无限、将不确定作为无线的媒介，因此更多激情，模糊的希望和恐惧——通过无限来徘徊——更伟大的道德情感——人作为人更尊贵的概念——未来而不是现在——崇高。"[47]在另一次讲座中，柯尔律治使用了谢林在维也纳的第十二次讲座中的一段话，他做了几乎逐字逐句的翻译，但是为之添加了活力。

谢林写道："这种诗性的精神需要被限制，即它可以在其领域中以一种形成中的自由来活动，就像各民族在起初发明韵律时所感受到的，它必须依据源自其本质的规律来行动，否则，它的力量就会在无边界的真空中消失。"而柯尔律治则在讲座的手稿中写道："诗歌精神就像其他鲜活的力量，必须用规律自限，要是它只将力量与美相结合。它必须表现以启示自身；但是一个鲜活的身体必须是有组织的——什么是组织呢，不就是部分联合成的整体吗，这样每个部分即是目的又是手段！这不是批评的新发现——这对于人类的心智是必然的——各民族都感受、遵循它……"[48]

关于柯尔律治抄袭谢林的问题，柯尔律治的传记作者赫尔墨斯曾评论道：虽然在原创性上涉及剽窃德国的哲学家们，但是"柯尔律治捍卫了新德国批评和唯心主义哲学，使之适应于英语语境，并发展了它们，成功地使它们成为浪

---

47 Cited in *Coleridge: Darker Reflections, 1804-1834*, 320.
48 Cited in *Coleridge: Darker Reflections, 1804-1834*, 320-1.

漫主义运动的一部分。他的智识后继者是德昆西（De Quincey），托马斯·卡莱尔、J·S·密尔和马修·阿诺德。"柯尔律治许多观念都是非原创的，如"有机形式"、"戏剧性统一"、想象的"融合之力"，梦与象征的作用……这些概念都在18世纪的德国、法国、英国批评中拥有长期和复杂的智识历史。就像在物理科学中（类似进化、磁力或者极性这些柯尔律治极感兴趣的概念）一样，可以说它们在欧洲的时代精神中游荡。但是赫尔墨斯认为，一次又一次，是柯尔律治在他的世代中，以一种最微妙、难忘的方式系统阐述了它们。

柯尔律治的讲座影响力巨大，查普曼的荷马翻译当时已经完成出版，可是问津者聊聊，经他的讲座推荐之后，一时购者成风，结果彻底改善了查普曼一家的经济状况，而且确立了他的译本在英国翻译史上的重要地位。听过他这一系列讲座的人包括许多当时英国最杰出的知识分子：拜伦、华兹华斯、葛德汶、兰姆……

因为柯尔律治的身体突然崩溃，系列讲座意外中止，极有可能是因为鸦片瘾及其副作用发作。1808 年 8 月，柯尔律治和克拉克森的贵格会朋友们一起生活了一段时间。他们给予了他灵性的滋养和医药上的帮助。贵格会（Quaker），正式名称是公谊会（the Religious Society of Friends），出自《圣经．新约》《约翰福音》15 章 13-15 节，耶稣说："人为朋友舍命，人的爱心没有比这个大的。你们若遵行我所吩咐的，就是我的朋友了。以后我不再称你们为仆人，因仆人不知道主人所做的事；我乃称你们为朋友。"贵格会发展自基督教，特点是礼仪教义极度简化，没有成文的信经、教义，最初也没有专职的牧师，无圣礼、节日，而是直接依靠圣灵的启示，依靠所谓"内在的灵光"（inner light），指导信徒的宗教活动与社会生活。贵格会信徒生活简朴、勤于祈祷、道德高尚。柯尔律治受到这些素不相识的人们不同寻常的恩待，深受感动，于是将很快着手开办的报纸取名为《朋友》。

这次与鸦片瘾发作的斗争使柯尔律治前所未有地感受到个人的罪。而他的宗教信仰的更新，也和对毒瘾的斗争紧密相连。罪成为他生活中无法否认的事实。救赎成为他的宗教和心理上的必需品，他写道："……从内心深处发出的对怜悯的呼求：那就是救赎！"[49]因此他在《朋友》的第一刊上写道："我仅

---

49 Samuel Taylor Coleridge, *The Notebooks of Samuel Taylor Coleridge,* 4 double vols, 1794-1826, edited by Kathleen Coburn and (vol. 4) Merten Christensen, Bollingen Series, Princeton University Press, 1957-90, IIII, 3355.

仅将它作为我个人信仰的一条，与我对人类的改善紧密相关……即存在与错误、痛苦截然有别的恶，一种人天性中的恶，不完全基于我们理解的有限。我相信，在趣味的问题中，它同样起作用，就像在更高层次——道德的关注中一样。"[50]

柯尔律治对《朋友》的设定是独特的。当时的市面上不乏受欢迎的政治报纸，但是他决心不诉诸哗众取宠的路径，在给汉弗莱·戴维的信中他写道："我的目标完全不同……我写它不是为了大众；而是那些通过阶层、财富、官职、天赋或思考习惯，能够影响大众的人。我为了发现真正的原则而写作，为了反对错误的原则，在批评、法规、哲学、道德和国际法中。"[51]在第五期中他写道："我如何扭转那些批评家呢，他们嘲笑我陈旧的话题：善恶，必然与偶然，永恒与终极目标……但是，真正的新东西必须是很新鲜的，从人的内在发出的：因为那在人里面的，在他内心深处的，不论是什么，都必然像人类理性的第一丝曙光一样古老。……为了新旧之间的没有矛盾的统一，为了思考古老的岁月时像从自身命令中涌出那般新鲜，这些赋予了感受世界之谜的心智一种特征，而且有可能帮助心灵解开它！将童年的情感渗入成年的力量之中，将儿童的惊奇感和新鲜感与或许已经 40 年之久的日常熟悉的表象相联合：

　　　与全年的月亮、太阳和星星联合，

　　　与男人和女人联合——

这是天赋的特点和特权，使天赋有别于才干的标志之一。"[52]

虽然很多时候在谈政治，但是这些言论却暴露了《朋友》的浪漫主义核心。柯尔律治相信真理的内向性，相信"这种内向的真理具有这样的力量，即作为对永恒地存在或预先存在于我们一切人之中的东西的柏拉图式启示。"[53]

在政治理念方面，柯尔律治尝试清算一种在他看来贻害无穷的思想，即极端的雅各宾主义，其特征为基于一种抽象理性，否认一切人类延续性的传统的政府。在第 11 期，他甚至冒险谈起了自己年轻时的大同社会理想，认为其中受到了雅各宾主义的影响："我为普遍的漩涡波及，虽然我的小世界在自己的轨道上描绘了自己的革命路径。"他将自己当年的热情和千禧年信仰描绘成当

50 Samuel Taylor Coleridge, *The Friend*, 2 vols, edited by Barbara E. Rooke, Bllingen Series, Princeton University Press and Routledge, 1969, 9.

51 *Collected Letters of Samuel Taylor Coleridge*, vol. III, 152.

52 *The Friend*, vol. I, 73.

53 *Coleridge: Darker Reflections, 1804-1834*, 166.

年的"空中楼阁","年少激情"的热气球……[54]这并非哗众取宠的反思，他也在笔记中反思自己年轻时为何会投身于独一神论和大同世界理想："年轻人对自己心中的腐败和软弱一无所知，因此总是倾向于用人类天性的光辉理念代替现存的事实。这在青年之间炽热的友谊和激烈的争吵中表现出来，他们都希望对方成为天使，以最大可能性的方式对待美德。因此感受不到救赎的需求。"[55]

赫尔墨斯认为，柯尔律治"感受到科学理论显著的唯物主义，还原论的理性主义，关闭了知识的生命感，而知识自身是一个代代相续的成长和探索的过程。对神秘的认可，就如同承认恶一样，在心理学的层面上，对于世界的渐进理解是至关重要的。"柯尔律治写道："我不喜欢自以为是的哲学，它张扬的解释中不允许 XYZ，不允许对知识的巨大未知领域的象征性表现，对未来的探索者保留的心智的和事物的事实与作用，而一切的终极根基必然是无法探及的，否则人类就不能再进步了。我们的无知，以及一切含混的中介物，都是我们永远增长的知识的条件。"[56]某些知识类型只能通过慢慢的过渡性过程，通过神秘和怀疑，而非快捷的逻辑演变，来获取，这一认识是柯尔律治对后来的维多利亚读者最具有启发性的观念之一。"因为除了实践之外，我们如何能够积蓄力量？一个对于我们是新鲜的真理，如何能够成为我们的，如果没有实践和自我质疑——我指的是任何与心智的属性，及其各种能力和情感相关的新真理！但是任何要求付出的东西都需要时间。无知很少跳进知识之中，而是通过一种含糊的中介状态穿过它，仿佛夜晚通过黄昏进入白昼一般。"[57]

时间过得很快，受到柯尔律治的诗文影响，无韵民谣体正在迅速流行，新一代浪漫主义诗人飞快地崛起并取得成功。1810 年司各特的《湖上夫人》（*Lady of the Lake*）卖出了 3 万册，1812 年，从希腊回来的拜伦卖出了 6 万册新诗集，而在 1809 年去希腊的船上，他阅读了《古舟子咏》。

亨利·克拉博·罗宾逊（Henry Crab Robinson）记录了 1810 年他和柯尔律治的对话。一次，柯尔律治以彻底正统的方式"明显地为基督教辩护"，但是进一步的提示则揭示了最富有挑战性的、形而上的观点。基督是"一位柏拉图哲学"，神迹对基督教系统并非"根本性的"，"历史拯救"永远不能证明一

---

54 *The Friend*, II, 146-7.
55 *The Notebooks of Samuel Taylor Coleridge*, III, 3743.
56 *The Notebooks of Samuel Taylor Coleridge*, 3825.
57 *The Friend*, II, 81, footnote。

种宗教信仰，而宗教信仰"不是理解的行动，而是意志的行动"。虽然罗宾逊看见了"这些观点的怀疑主义倾向"，柯尔律治却断言，对基督教精神的热情信仰"与他自己的哲学相一致"。[58]

当柯尔律治重返舰队街的时候，他的诗歌和政治学都处于人们的争议之中。在接下来的两年中，他被视作摄政时期伦敦的"狮子"，一个不断制造惊奇的人物。他的言行举止被广泛地记录在人们的日记、信件和回忆录和报刊文摘中。尽管处于争议的漩涡中，柯尔律治在这个公众领域却表现出很强的适应力和韧性。在某种程度上，争议可以成为他的支持。

柯尔律治从罗宾逊处得到德国浪漫主义作家 Johann Paul Richter 的一本灵修《精神》（*Geist, oder Chrestomathie*），他在不同场合中吸收了这部作品的内容，并与之展开对话，探讨"永恒的渴望"的真正意义，他写道："简而言之，感觉器官是为了相应的感官世界而制定的。一切精神的器官都是为了相应的精神世界：我不能只是相信它。异教徒只能证明后面这种器官在他里面还没有发展……信仰是什么呢？——它对人的精神是同样的直觉，它推动有角飞虫的蛹制造自己的包膜，只要它自己为触角留出空间，它们将会出现，虽然它们还没有。哦，我们里面的潜力作用于我们，甚至如同当下的心情作用于我们一样！"[59]

1812 年 5 月 11 日，英国首相斯宾塞·帕西瓦尔（Spenser Perceval）遇刺身亡，这次事件对曾经为法国大革命激动不已的上一代激进派，即华兹华斯和柯尔律治这样的人来说，是一个分水岭式的事件。暴力事件使他们从此以后再也不能认同乌合大众的力量，一种曾经的理想幻灭了。面对各种社团、联盟的形成，柯尔律治感到必须进行全民教育的变革，必须有幸运的伟大心智起来推动改变一切设计乡绅和中产阶级的教育的观念。[60]他在《教会与国家》（*Church and State*，1829）中提出了"知识分子（intelligentsia）"概念，即一个"国家的知识阶层"或者各种背景的受教育者的思考阶层，能够指导、调和推动社会改变的不同的力量和特殊利益。

1814 年 8、9 月，柯尔律治在 *Felix Farley's Bristol Journal* 中发表了五篇文章，主要是对康德的《判断力批判》的艺术评论的普及。柯尔律治试图将"美"

---

58 Henry Crabb Robinson, *Blake, Coleridge, Wordsworth, Lamb: Selections from the Remains of Henry Crabb Robinson*, Ed. Edith J. Morley, London, 1922, 33-4.

59 *The Notebooks of Samuel Taylor Coleridge*, III, 4088.

60 *Collected Letters of Samuel Taylor Coleridge*, vol. III, 413-4.

作为绝对概念，或者一种艺术中的有生产力的或者普遍的原则提出，与"宜人的"，"伟大的"或"崇高的"相区别。文章名为《论友好批评的原则》（On the Principle of Genial Criticism）。他将这种动态的审美与人类的德性相连：快乐要求我们有个体的自由意志和自发行动的感觉，与职责、义务的"常规形态"相平衡、相和谐。柯尔律治在其中将他的整个立场用一个公式来总结：美是在许多中直觉到一。

在这期间，柯尔律治的笔记和信件说明他重新开始了大量的哲学阅读：斯宾诺莎、费希特、谢林，他试图调和自己重新皈依的基督教正统信仰和德国观念论。他的"巨作"为此酝酿，柯尔律治此后 20 年不断提起它。这将是一部哲学著作，总结他的思想和经历的整个结构。起初，他说这部书是对"自然和人中的交往性智力"（communicative intelligence in nature and in man）的研究。有时将它描绘成一部大书，有时又是五、六篇相关的文章，内容为从纯粹世俗的逻辑出发，通过康德的形而上学和自然神学继续延伸，最后以对约翰福音的诗性注释结束。全书以"太初有道"开始。

柯尔律治在《政治家手册》在提出了两个重要的社会和文化想法。第一个是他的老想法，即公众需要"国民教育"（national education），绝大多数人民都具有读写的能力，这是一个自由社会的首要根基。相应地，一旦这一点得以实现，特权阶层将面对自身权利和状况的观念的一场革命。第二个想法将是《文学传记》中宗教主题的发展。在一个世俗的时代，科学的语言和哲学，及其延伸至功利主义的政治学，对神圣的概念带来了前所未有的挑战。但是缺乏神圣的观念，会导致人沦为机械对象、物质的统计数据。在这样的状况下，人们不再有灵性的确信和价值的新语言。如他在《平信徒布道》中所说的："一种被饥饿驱使的无思想的哲学自然会导致贫瘠、不能带来安慰的踪迹。现时代的悲惨之一在于它不承认字义与比喻之间不存在媒介。信仰要么被埋葬在新的文字里，或者其名义和荣誉遭到一种机械理解的赝品的篡夺，这种机械理解在盲目的自满中混淆了象征与寓言。"[61]

对于柯尔律治来说，象征与寓意表达了两种截然不同的现实观，其一是物质主义的，其二是超验的。柯尔律治拥护宗教信仰的象征性解释。"一个象征的特征是通过并在暂时之中的一种永恒的半透明物。它总是分享它使人们明白的现实；当它清晰地表达整体，自身仍持在于该统一体中鲜活的一部分，同

---

61 Samuel Taylor Coleridge, *Lay Sermons*, 30.

时又是它所代表的。"[62]

在 1818 年左右，政治争论愈演愈烈，柯尔律治从未正式重返其中，他的独立见解使他不属于任何党派。现在他深信一切都依赖于对生命自身的定义，及其怀疑是否可能提供一种完整的科学描述，或者只能用神学术语加以定义。他在观察中得出结论，现存一切生命科学都描述"机械主义"和"结构"，但并非生命本身。"你清晰地看见生命不是一个普遍性的结构——或者一只手表是活的。"除了一个人必须假设'创造'的起初行为，以及创造'力'通过持续的'转化'过程在物理宇宙中被多样化。柯尔律治最终将这个过程追溯成为一个整体的演变等级。结果不是达尔文的"进化"，而是谢林的说法的柏拉图化版本："力量从内部揭示自身作为多种的统一的原则。

在晚年的西方哲学讲座笔记中，他提及自己的最终目标是使哲学对于听众成为一种活的对象，与他们的生命息息相关。"我由什么，为什么而生？我可以、应该成为什么？我和世界的、人类同胞的关系是什么？……"[63]终其一生，柯尔律治似乎并没能实现平生的鸿愿。但是自晚年开始，不仅他的思想和文学直接启迪新一代浪漫主义者，在整个 19 世纪的英国文学创作中留下深远的影响，而且他的宗教思考也直接影响了基督教社会主义者，推动了更为自由的英国广教会的建立，并在美国深刻影响了艾默生，推动了美国超验主义思想的形成；他的政治和文化理念则启发了马修·阿诺德及其"文化"信仰，即扶持形成英国的知识分子群体，成为社会的中坚力量。作为最早将德国先验哲学以一种本土化的方式引介到英国的人，作为确立了英国浪漫主义核心教义的诗人和理论家，作为一位失败的形而上学体系建构者……柯尔律治以自己的方式在历史上留下了供后人不断重新回归、探寻的不尽资源。

第二章　柯尔律治的"想象"与"奇幻"诗作

与许多诗人相比，比如华兹华斯和骚塞，柯尔律治算不上高产的诗人。他的诗歌创作集中在青年时期，最晚的代表作《沮丧颂》写成于 1802 年，时年 30 岁。因为他认为自己没有诗才，将注意力转向了哲学的思考，因而基本放弃了诗歌创作。但是这些为数不多的作品，却足以使柯尔律治成为英国诗歌史

62　Samuel Taylor Coleridge, *Lay Sermons*, 30.
63　*The Philosophic Lectures of Samuel Taylor Coleridge*, ed. Kathleen Coburn, London, 1949, 'Prospectus', 67.

上，也是欧洲浪漫主义运动中不可忽略的重要作家，他的诗歌开风气之先，《古舟子咏》、《忽必烈汗》和谈话诗是他诗歌中的佼佼者，它们在素材、形式、色调上，都进行了前所未有的探索，至今看来仍然令人叹为观止。可以说，如果以原创性作为诗人天赋的证明，这几首诗歌足以证明柯尔律治拥有了不起的诗才。值得注意的是，他的诗歌尽管场景、素材各异，却都分享了一个共同的主题，那就是对"想象"的展现。《古舟子咏》是对诗人天马行空的诡谲想象力的炫耀和展示。他使用一系列的独出心裁的意象，将一个老套而又缺乏真实性的寓言故事赋予了无比的新颖和狂野的气息，竟然使之震撼人心，充满了"诗之信"。柯尔律治缔造虚幻场景的能力由此可见一斑。在这些诗中，诗人卓越的"想象"能力以不同的方式、在不同层次得到了展示，其运思之巧、诗作之美令人惊叹。

在这一节中，我们围绕如何"想象"详细分析柯尔律治的诗歌代表作。首先从早期的谈话诗《风瑟》[64]开始。《风瑟》则是他公认的佳作。在这首不长的诗歌中，奇迹般的包含着后来柯尔律治思想中许多重要的元素，不论从形式、内容还是意境方面，都极具柯尔律治的特征，是他的代表诗作，以下的分析参考杨德豫先生的译本《风瑟》，译文有异之处为笔者自译。

诗歌的起头是：

> 我沉思的萨拉呵！最令人快慰的便是：
> 你，腮颊偎着我的臂膀，同坐在
> 这小小家宅旁边，眼前开满了
> 洁白的茉莉，叶片宽阔的桃金娘，
> （它们宛然是"纯真"和"爱"的化身！）
> 看天上云霞，刚才还明光照眼，
> 渐渐已暗了下来；黄昏星亮了，
> 璀璨而雍容（"智慧"就应该这样）；
> 从那边豆田飘来清香缕缕！
> 世间竟这样悄然！
> 远方的海水的幽幽呓语，向我们
> 诉说着宁静。

这首诗的第一个词组是"我沉思的萨拉！（My pensive Sara!）"，即直呼

---

64 风瑟，也译为鲁特琴，是由风演奏的乐器。该乐器的希腊原名是古希腊的风神。

对方的名字，全诗最后一个词组则是"你，我敬慕的淑女！（thee, heart-honored Maid!）"，两处一首一尾地鲜明确立了对谈诗的结构。而萨拉的形象不止是诗人在诗中描写的对象，而与诗中呈现的"诗人"的主体形象的构成明显的双声结构。这个双声结构塑造了一个前所未有的诗人主体形象：他擅于感受艺术和哲学的沉思，并喜欢整合二者，他爱好想象或耽于幻想，同时又勇于自省。而妻子萨拉对诗人的"狂想"的"责备的目光"，则代表着正统基督教信仰和现实日常相结合的维度。诗人最后微笑并谦恭地接纳她的原则，则在诗歌的最后，表达出柯尔律治对于自己的"狂想"——"即自然、诗歌／语言与神圣"相统一的念头——的保留态度，说明对这样一种高远的设想是否是真实的，他是存疑的。而最后这个一波三折的反思态度，足足突显了柯尔律治思想的复杂与多元。

柯尔律治创作此诗的与萨拉新婚。在诗歌起首，诗人首先将自己置身于舒适静谧的家庭田园生活中。诗中妻子的脸挨着诗人的手臂，是温馨恬适的家居生活场景。柯尔律治的妻子萨拉是一位比较实际、尽职尽责的人，她既不具备较好的思考能力，也不细腻敏锐，因而几乎不能分享柯尔律治的精神世界。而柯尔律治的性格极其缺乏自律和现实感，不知如何经营家庭生活，结果双方都令对方大失所望。但此时两人新婚，关系尚可。

该诗首尾呼应，不仅起于萨拉，终于萨拉，而且起于日常，结尾复归日常。在诗歌的中间部分，则展示了柯尔律治天才的想象，而且还展示了一个具体的"想象"过程。

我们看见，在诗中的第一段，诗人的思绪已经在眼前的真实生活场景和哲学思考之间开始切换。茉莉和桃金娘对应下一句中括弧里的"纯真"和"爱"，而黄昏星则因为"璀璨而雍容"对应括弧中的"智慧"。显然，对于柯尔律治而言，此处的"智慧"不是指抽象意义上的真理。柯尔律治深入骨髓的矛盾是他对体验和理性同等的挚爱。"智慧"对柯尔律治来说，是集合美、善、真一体的，因此，真正的"智慧"不可能是僵死的，抽象的，就好像他后来在谢林和费希特的哲学中看见的至高存在一样。英国经验主义的印迹始终保留在柯尔律治的血液中，在这种哲学中，道不远人，日常是对真正的"智慧"的检验，这也是为什么在诗中他最后会接受萨拉的态度。

柯尔律治在第一段即将结束的时候，描述了一片惬意的宁静，为接下来风瑟绝妙声音的出场做好了铺垫。风瑟是一种乐器，在空气流动的时候可以发出声音。柯尔律治着力写作了风瑟的美妙乐音，接连使用了两个比喻。第一个将风瑟和风的互动比喻成幽会的情侣，第二个比喻更为离奇，将乐音比喻成正在飞离仙境的精灵的演奏，这个意象可谓神来之笔。

> 音响的魔力，曼妙而飘忽无常，
> 恍若出于精灵——他们在暮色里
> 乘煦煦微风飞离仙境，
> 那儿，妙曲旋绕这滴蜜的娇花，
> 没有脚儿却快捷，恰似乐园的
> 仙鸟，不停息，不栖止，振翮回翔。

第一个比喻突出的是风儿撩拨琴弦而产生的互动，这一意象背靠凡尘俗世，生动而甜腻；第二个比喻却将重点放在了乐音导致的联想上，而且使用一系列复合意象直接缔造了一个仙境。精灵飞升于仙境的意象空灵奇幻，仿佛《指环王》电影中一再出现的景象，不死的精灵们在林中薄雾里行走，唱着歌，列队离开中土。诚然，在莎士比亚和斯宾塞的笔下已经出现了仙境和精灵，可是在这个意象中，精灵不复是《仲夏夜之梦》中快乐、没有忧愁的恶作剧者，简洁的意象群构成的情愫交错着忧伤与华丽，指向纯想象建构的空间。将无意象的音乐转化为鲜明的意象，甚至是非现实的意象，这恰恰是柯尔律治珍视的文学观念"想象"之实践的典范之作。

接下来的一段是哲思：

> 哦，我们身内、身外的同一生命，
> 它所遇见的一切活动成为了它的灵魂，
> 是声中之光，光中的如声之力，
> 是全部思维的节奏，是随处欢愉——

柯尔律治此处在最大意义上使用了通感，以突出身内、身外的"同一生命"（the one Life），之前的比喻是乐音的视觉化，此处总结为"声中之光，光中的如声之力，"再加上"思维的节奏"，是将充满感性的音乐术语赋予抽象概念，而无处不在的欢愉则和"思维的节奏"，"声中之光"并置，欢愉作为一种具体的情感，与思维的节奏并置，这四句诗歌具体而微地点出了作品的核心：诗人勾连日常生活场景、艺术欣赏场景、奇幻的仙境场景，以及我作为诗人和哲人的思考和宣告，正是为了组织"这同一生命"。因此，必须对现实生活、自然景致、艺术作品等充满感恩之心，同时在感恩中倾心感受、体验这一切，因为正是这一切构成了人的"灵魂"，"灵魂"并不与凡世决裂，也不仅仅由日常和自然组成，而是充满了奇幻曼妙的维度。因此，而有了其后的片段：

> 我想，谁又不喜爱缤纷万象，
> 既然这世界是如此丰满多姿；
> 你听，清风在歌吟，而缄默的空气
> 是偶尔假寐于管弦之畔的乐曲。
> 当拥抱这丰盈的世间，捕捉其中的风声与乐音。

诗人在下一章继续向前推演，但却是回归现实的场景。这一回归既接续了上文的"世界"与"世间"，又将诗人的思绪从高远的哲思中拖回日常。在对世界的感、悟、思彼此之间来回摆荡，本就是该诗刻意的经营。

> 为此，亲爱的！午时，我躺在那边
> 半坡上，把肢体怡然伸展，
> 眼帘半闭着，也能看得见阳光
> 在海上跳荡不定，晶亮如宝石；
> 我静穆冥想，冥想这一片静穆；
> 有多少不招自来、阻留不住的
> 思绪，和忽来忽去的无稽幻想，
> 一一掠过这慵懒温顺的脑膜，
> 轻狂，善变，犹如任性的雄风
> 在这驯服风瑟上扬威鼓翼！

在日常场景的衬托下，柯尔律治反思了自己刚才的浮想联翩，将自己慵懒的状态比作一个"驯服风瑟"，任由"如风"的"幻想"拨弄。这个比喻显然将柯尔律治的思考又推进了一步，即上文中与身外"同一生命"的身内在此处表达为接受不知名力量触动的灵魂。下面紧接着的诗句，则尝试说明这种不知名力量的来源，以及它和自然万物的关系。

> 又何妨把生意盎然的自然界万类
> 都看作种种有生命的风瑟，颤动着
> 吐露心思，得力于飒然而来的
> 心智之风——慈和而广远，既是
> 各自的灵魂，又是共同的上帝？

"心智之风"指向唯一神论信奉的上帝观念，即绝对的独一神、创造主，世界的智性来源。值得注意的是"各自的灵魂，又是共同的上帝？"这一句中受到剑桥柏拉图主义影响的"泛神论"若隐若现，但是结尾的问号却降低了这种看法的强度。不仅显示出了柯尔律治自己对这个观点的保留，而且也为下文萨拉责备目光的反弹埋下了伏笔。

> 可是呵，亲爱的！你以庄严的目光
> 向我投来温和的谴责——对这种
> 冒渎神明的念头，你不能太抵拒，
> 吩咐我：要谦卑恭谨，随上帝而行。
> 你呵，基督大家庭的柔顺女儿！
> 你也曾严正责备，剀切指明：
> 我那些冥顽邪恶的构思，无非是
> 从虚妄哲理之泉泛起的水沫，
> 涌现时闪闪有光，却终成泡影。
> 只要说到他，神奇莫测的他呵！
> 我总是自觉有罪——除非我怀着
> 虔诚的敬畏，怀着深挚的信仰
> 将他礼赞的时候；他出于仁慈，
> 解救了我这迷途的、愚暗的、受苦的
> 罪人，给我以厚赐，让我拥有了
> 安宁，家宅，还有你，我敬慕的淑女！

无韵谈话诗是柯尔律治独创的写作方式。他具有代表性的诗歌主要分为两种，其一是奇幻主题的诗歌；其二则是无韵谈话诗。柯尔律治曾经在骚塞的信中谈及自己的诗歌创作："我无法在没有思考主体（a body of thought）的情况下写作——因此我的诗总是在观念和意象的重轭下拥挤无比，不堪重负。"[65]今天我们却发现，这种"拥挤"表达了一个与众不同的、全新的诗人主体形象。

在《这椴树凉亭——我的牢房》（*This Lime-Tree Bower My Prison*）中，他的无韵谈话诗以一种和《风瑟》相类似却不同的方式表现了作为心灵能力的想象的强大能力，而且同一表现了想象具体过程。这首诗的谈话对象是查尔斯·兰姆。诗歌创作的背景是兰姆等人来家中拜访他，柯尔律治的脚意外烫伤，

---

65 *Collected Letters of Samuel Taylor Coleridge*, vol. 1, 137.

无法参与众人的远足。谈话诗以诗人思绪情感的几次转折为特征，诗歌塑造的诗人主体同一很有特征，既能够感受自然之美，拥有丰富的感性和想象，同时有良好的思考能力，以及乐观开放的态度。这种具有流动的综合性的主体，与华兹华斯在诗歌中尝试建构的诗人主体形象差别很大。在后者的诗歌中，天然真挚的情感、感性和一以贯之的道德构成了诗人的主体。而柯尔律治的谈话诗中的诗人主体——同样使用第一人称却表现出一种复杂性，而且这种主体具有开放性，相比而言，华兹华斯的诗人主体则是单线的，封闭的。

本诗依旧是对想象的颂赞。当诗人满心抱怨地滞留在椴树凉亭的"牢房"里，是想象使诗人脱离了他的"肉身"监狱，使他能够在想象中跟随兰姆神游美丽的河川，看见兰姆的眼睛看到的自然美景，并通过这种想象，使他原本囿于牢狱之中的极其有限的视野得以开阔，并从自然的统一体的角度中重新审视他的环境，于是他得以从自己当下的"困境"（同时在物质和精神层面）中解脱出来，并获得重新思考当下的能力。

从某种意义上，柯尔律治绝大多数最好的诗歌都是对想象的颂赞。这些谈话诗试图植入他的谈话对象的特征和人格，尤其是他们／她们的立场。形成了一种具有某种开放性的复调结构。在本诗诗歌标题的下面，有一行（*Addressed to Charles Lamb, of the India House, London*），点名这首诗是致兰姆的。诗中三次出现"我温良的查尔斯！"的称呼，确定了谈话诗的结构。开篇写道：

> 他们都走了，我可得留下，
>
> 这椴树凉亭便成了我的牢房！
>
> 我早已失去了美的风致和情感
>
> ——这些呵，哪怕我老得眼睛都瞎了，
>
> 也还是心底无比温馨的回忆！

开头简洁地说"他们都走了，我可得留下"；连续几个词——"牢房"、"早已失去"、"老得眼睛都瞎了"、"回忆"，以及诗人主体此时相关的联想，都表达了被单独留下，无法同行的沮丧之情。但也在开头的段落，由于美的风致的缺失，诗歌顺理成章地脱离了眼前的风景，转向"心底的回忆"，这是后来诗人得以建构想象的世界的基础。和柯尔律治的诗歌相比，华兹华斯的诗是典型的独白式诗歌。而柯尔律治的诗中往往包含着更为复杂的人生经验。华兹华斯的诗歌是他展示，或者说建构，自己心路历程的镜子。华兹华斯式的自我反思，以自然为载体，为对象、客体，构造诗人主体性的镜子。而柯尔律治的自我反思，却以另一个现实的亲朋好友为对应物，谈话诗的形式使他诗中的他人具有一定主体性。柯尔律治笔下的自然和华兹华斯笔下的也有明显的区别。自然在柯尔律治的诗中，始终是背景，或者思考的对象。换句话说，华兹华斯竭力缔造人与自然亲密无间的映照关系，但柯尔律治却常常表现出，他不能完全信任这种关系。而他人，不论朋友、亲人，还是上帝，却在他的诗中有着比华兹华斯诗中重要得多的地位。因而自然的地位也相应下降了。

诗歌接着说：

> 此刻，我那些不可再得的友人，
> 在松软湿润的荒野，在山顶近旁，
> 正怡然漫步，也许，还盘旋而下，
> 走向我说过的那片呼啸的山谷；
> 那山谷幽深狭仄，林木蔚然，
> 中午才偶有阳光斑驳洒落；
> 细长的白蜡树，从一块岩石伸向
> 另一块，弯得像拱桥；它没有枝桠，
> 又湿又暗，几片枯黄的叶子
> 风来了也不摇摆，如今摇摆着，
> 是受到瀑布的激荡！我那些友人
> 正伫望一列墨绿的野蕨，
> 蓦地（绝妙的奇观！）野蕨都抖动起来，
> ……
> 又见我那些友人，正纵目远眺，
> 壮阔的青山绿野——……
> 他们遨游着，人人都饶有兴致；
> 而照我想来，兴致最高的是你，
> 温良的查尔斯！因为你渴慕自然，
> ……
> 闪耀吧，碧蓝的大海！让我的友人（此处转为单数）[66]
> 也像我那样，感受到深沉的欢愉，
> 萧立无言，思潮涌溢；环视着

---

[66] 括弧内为笔者所添。

浩茫景象，直到万物都俨如

超越了凡俗形体；全能的神明，

仿佛为缤纷色相所掩，而他制造的

灵魂却洞悉他的临在。

　　柯尔律治的心灵之眼追随其友人，尤其是好友兰姆的脚步，在想象中看见了友人眼前的他十分熟悉的美景。在山野中漫步对于柯尔律治这一代英国浪漫主义者而言，是一个探索和发现大自然的过程，他们为对自然美景的发现心旷神怡。为山川河流的每一个细节感动不已，因为在其中他们感受到了自己。在通过想象中的友人之眼捕捉到极致的创造之美，以及能够由此觉察这位创造的神的存在时，柯尔律治的情绪为之一振。事实上，在对自然的描写中，开篇郁闷独坐的诗人形象已经渐渐消失了，诗歌的情愫改变为与自然及其创造主的交融感应而欣悦不已。终于，因为与想象中的友人的视野融合，感到自己仿佛身临其境，心灵暂时得以跳脱自己的当下处境，这一成功的"移情"是一次成功的主体间性的表现。终于，诗人陡然发现身边的景致（原本视为牢房），也不乏自然之美。

蓦地

喜悦涌上我心头，我欣然，仿佛

也陪着友人在那边游览！在这边，

这小小的凉亭里，我也不曾怠慢过

种种悦目怡神的景象：霞光下，

纷披的树叶浅淡而透明；我观赏

那些阳光闪闪的阔大叶片，

……

　　……从此我懂得

自然决不会离弃明慧的素心人；

庭园再狭小，也有自然驻足，

旷野再空旷，也可以多方施展

我们的耳目官觉，让心弦得以

保持对'爱'和'美'的灵锐感应！

有时候好事落空也安知非福。

这可以使我们提升灵魂，

怀着激奋的欢欣，去沉思冥想

那未获分享的佳趣。温良的查尔斯！

当最后的归鸦掠过暮霭，径直地

飞返栖巢，我为它祝福！我猜想，

你伫立凝眸的时候，它那双翅膀

（此刻只剩个黑点了——此刻消失了）

曾飞跃万彩交辉的夕照；要么，

一片沉寂里，它飞来，羽翼拍击声

引得你悠然神往；在你听来呵，

凡宣示生命的音响都和穆雍容。

在诗的结尾，"我"的视野再次与想象中的"温良的查尔斯"的视野相连，尤其括弧中描写飞逝的归鸦的句子（此刻只剩个黑点了——此刻消失了），飞翔的归鸦游动的身影将"我"所在的空间（椴树凉亭）和兰姆所处的空间（山野）连接成为一个相同的时空，这里的飞鸦仿佛"想象"具体的形象。而此刻的"我"与此刻的"友人"心灵相通，共飨生命的丰美，"我"笃定地说，于"你"，"温良的查尔斯"，"凡宣示生命的音响都和穆雍容。"

诗人肯定了所有关于生命的谈论都是绝对和谐的。英文以双重否定句的形式强调了"友人"对生命的感知，而我满有把握的肯定这一点，则进一步加强了"我"和"查尔斯"之间的共同体的连接。

如上文所说，华兹华斯笔下的人或自然，更多是他的对象，而柯尔律治的谈话诗不仅表现出柯尔律治擅长哲思的特质。他的诗歌更少抒情，凡是描写自然景致的时候，观者很少消失其中，而是始终在场。他不与自然或者"自然状态"的人对谈，而是与和自己匹敌的友人对谈。他的诗歌中不仅始终存在多重的线索，自己的处境、遐思，友人的视角、个性，自然的景致及其缔造者，而且他竭力将这些连接为多元的一体，不消解其中任何一元的独立性。在柯尔律治看来，似乎他的诗歌的重要功能之一，就是在诗中建立这种共同体（connatural）。这种具有当时罕见的多重视角的叙事诗，事实上也是柯尔律治联接自我、他人、自然、上帝的方式。他运用想象并在想象中达成了这种统一。

1798年2月，《午夜霜降》（Frost at Midnight）写成。这首诗表面上看是在家中茅舍中炉火前偶然写成的，但事实上是柯尔律治的谈话诗中结构极其精巧的一首，展现了经典的"向外又回归"的时空转换。"菩提树"一诗中诗人幻想中的自然带来的欣悦之情，在这首诗中发展成为一种情感教育的哲学。他期盼自己的长子哈特利作为"自然之子"，通过自然的美获得宗教的觉醒。这是浪漫主义的幻想之一：即人可以通过和自然的接触本身获得德性，这种想法忽视了德性的复杂成因和社会性。但是这一想法对伦理的本真性的珍视，也导致德性与感性建立了更牢固的联系，使感性在很大程度上成为现代人的德性根基。但是由于它过于首肯二者之间的关系，希望将德性仅仅建立在感性之上，过分忽视了人类社会的文化养成作用。德性需要建立在对自我真诚的基础上，但是这种感性如何与传统、他人建立关系却需要理性的思考、衡量与调和，意志的抉择，乃至长辈的引导。浪漫派由于过分强调自然的启示作用，将这个复杂的过程简化、理想化了。

在这首诗歌中，哈特利的田园世界很像柯尔律治居住的湖畔，是"神圣的"，自然被认为是上帝的"永恒的语言"，造物者的临在以一种神秘主义的方式被感受到。这种神秘性通过光、光线，火焰和寒霜，太阳照在茅草房的雪上，上升的水蒸气仿佛自然的香等形象烘托而成，在结尾造成了一种神秘的迷狂般的高潮（就好像《忽必烈汗》诗歌的结尾）。如诗中对"quiet"的反复提及，如火焰是唯一不安静的东西，闪耀的冰柱在月下，都是一种辉映。因为冰柱之晶莹、洁白，一如月亮。此处，霜的神秘礼仪（祝福、净化、献祭、饶恕等多个主题都包含在它的白颜色中）表达了一种融雪的自然神迹，从屋檐滴落的水滴提供了思考的空间。想象、现实、思考之间的张力在谈话诗中出现，反而使其狂想更具有神圣性。

> 在寂静的冰柱中，
>
> 向静谧的月亮静静发光[67]

柯尔律治显然将自己的想象力在某种程度上与这种霜的"神秘仪式"相联系，即他作为宗教诗人和哲学家的工作。柯尔律治在笔记中记下了这一首诗歌的写作时间，同时还特别提及新柏拉图主义者的看法，上帝的自然启示。[68]

我们下面来看柯尔律治的另一类诗歌，即奇幻诗歌，尤其是其中展现的"想象"。首先是《古舟子咏》。

1797 年 2 月，柯尔律治曾经尝试写一首哲学诗《民族的命运》（The Destiny of Nations），写了几百行，最终未完成，兰姆得知之后，在给柯尔律治的信中

---

67 "in silent icicles, Quietly shining to the quiet moon."
68 *The Notebooks of Samuel Taylor Coleridge*, vol. I, 209.

写道，他不赞成他继续写作这样的作品，因为远离了柯尔律治原先"简朴"的目标。他建议道："我模糊记得，你在镇上的时候谈及，*恶的来源是一首长诗最丰富的主题*——为什么不用它呢，柯尔律治？那将存在想象的*空间*。"[69]

根据多萝西·华兹华斯的信，《古舟子咏》起初是在一次漫长的冬季徒步中开始构思的。在这次漫步中，华兹华斯和柯尔律治、多萝西长途跋涉数日，始于11月13日凌晨四点，阳光刚刚照到长石山上时（Longstone Hill），时间的设计是为了他们刚刚好可以领略海边的晨昏交替。

他们旅途中谈到"流浪的该隐"的故事，以及路易斯的《僧侣》及其随后爆发的哥特文学的流行。德国作家 Gottfried August Bürger 的《勒诺》(*Lenore*)[70]在《月刊》(*Monthly Magazine*)上发表，华兹华斯甚至希望具有类似特征的《古舟子咏》能够投稿给另一个《杂志月刊》，以支付他们11月漫游的费用。但是华兹华斯回忆道，很快他就发现他们的构思差异非常大，如果继续建议就太过"自以为是"了。但是他提供了两个重要的意象，其中之一是去参加婚礼途中的聆听者"像三岁的孩子一般"听着老水手的故事，以及老水手看上去"又瘦又高，脸色萎黄，／就像退潮后海边的沙丘"(long and lank and brown/ As is the ribbed see-sand)，另外，提供了几个重要的情节建议："绝大部分故事都是柯尔律治先生的发明；但我也建议了一些部分，老航海家，就像柯尔律治后来喜欢称呼的，犯了某种罪，导致他受到幽灵的迫害，也导致了他的流浪。我一两天前读了 Shelvock《旅行》(*Voyages*)，里面提到他们折回合恩角[71]的时候，常常在那一纬度上看见信天翁。……'假设'我说，'你写他在进入南海的时候杀死了一只这种鸟，这片区域的守护神追讨他们的罪。'这件事被认为切合目标，被采纳了。我还建议由死者驾驭轮船，但我不记得我还为这首诗添加过其他什么计划了……"[72]

海上探险者的形象在当时的英国是非常重要的典型形象。因为当时英国正在日益扩张之中。当时的英国人对海外岛屿，尤其是南半球，或者冰雪、炎热的岛屿（与英伦、欧洲不同的景象），充满了好奇和想象。海外奇异的岛屿，

---

69 *Collected Letters of Samuel Taylor Coleridge*, vol. 1, 282.

70 德国作家 Gottfried August Bürger 在1774年写作的民谣体长诗《勒诺》(*Lenore*)，对欧洲的浪漫主义文学，其中包括英国18世纪90年代的民谣体写作的复兴，以及后世的吸血鬼题材影响很大。

71 Cape Horn：南美洲最南端海角。

72 *William Wordsworth, A Biography*, 2 vols, by Mary Moorman, Oxford, 1956, I, 347.

成为世俗化时代逐渐失落的天堂、地狱空间的彼岸的替代空间。这种替代空间的特点是，它们作为现实生活空间的影像，照射出其本质。

《勒诺》的故事讲述一个名叫勒诺的姑娘等候未婚夫威廉从战场上归来未果，遂向上帝发怨言，一天夜里，威廉突然到访，邀请她一同骑马奔赴他们的婚礼。二人风驰电掣，来到威廉的坟墓与枯骨旁，而与她同骑的居然是死神本身。月光下幽灵在奄奄一息的勒诺的身旁起舞，她因为对上帝的怨言遭到死亡的惩罚，尽管她的灵魂仍有获得赦免的希望。我们可以清楚地看见这个故事对柯尔律治的影响。除了《古舟子咏》，《忽必烈汗》中的"月下姑娘为她的魔鬼情人哭泣"的意象，以及《克里斯托贝拉》中蛇妖化身人形等情节，都带有浓厚的僭越意味，裹挟着逾越教会正统教义、教导的异教意味。月下幽灵在垂死之女子的身畔起舞的场景赋予了恐怖、犯罪情节以美感。在这些情节、场景描写的背后是哥特文学长达半个世纪的流行。哥特小说在英国的流行具有非常丰富的社会心理学背景。它兴起于理性主义全盛时期，其开山之作是贺拉斯·瓦尔普（Horace Walpole）的《奥特龙多堡》（The Castle of Otranto，1764），副标题为"一个哥特故事"（A Gothic Story）。瓦尔普的命名——"哥特"来自他喜爱的哥特建筑及其代表的中世纪情愫，表达了强烈的对理性、秩序的反动。哥特文学以神秘、古老的中世纪建筑为背景，以阴郁、暴力的犯罪故事为主线的，不断触碰伦理、信仰等禁忌，以强烈地刺激带领读者感受自身的感性与激情。需要留意的是，尽管在柯尔律治写作之前，哥特小说在英国已经广为流行，但是柯尔律治的《古舟子咏》却是第一次这种题材成功地转化为优美的英文诗歌。他精炼的笔触、制造奇境的卓越能力，使哥特文学这种原本不登大雅之堂的文学素材登堂入室，进入文学经典的殿堂之中。

《古舟子咏》为民谣（ballad）风格，用词简朴，韵律灵活。传统的民谣体为四行四重音，而他调整成为四、五、六行的混用，除了尾韵之外，还使用了头韵、重复、以及间韵。比如下面这一段：

> The Ship was cheer'd, the Harbour clear'd—
> Merrily did we drop
> Below the Kirk, below the Hill,
> Below the Light-house top.

朴素的用词和极简的句式表现出活脱脱的民谣风；重复三次的 Below，不仅造成了反复吟咏的效果，而且与起航（drop，因为从北半球驶向南半球）的意象彼此呼应，使起航成为一个动态持续的过程，而教堂（Kirk），山峦（Hill）、灯塔（Light-house）又同时简洁地描绘了一个立体的海港景象，drop 与 top 不仅押韵，而且意思相对。在诗歌的造诣上，《古舟子咏》无疑达到了很高的成就。

柯尔律治前后花了五个月时间，艰辛地将几个不同的部分拼贴在一起：将基督教国家中"流浪的该隐"这一原型形象转化为"流浪的老水手"；创造性模仿了《勒诺》中与死神同行一夜的噩梦般情节；更重要的是，他第一次使哥特的场景脱离了常见的中世纪建筑空间，将其移植到南半球的辽阔海域；这一移植使哥特文学具有了前所未有的弘大空间，因为场景从人造的室内转移到了山海之间的大自然之中。在这样做的时候，柯尔律治同时也完成了哥特文学的去基督教化，使之变成一个更纯粹的异教或者说道德寓意故事。

哥特文学的必须要素并不只是犯罪情节，神秘场景在哥特文学中绝不只是具有烘托的作用，而是占据着非常核心的位置。柯尔律治深谙此中奥秘，甚至可以说，柯尔律治是当时英国最擅长用艺术的手段塑造神秘气氛的人。[73]他于 1797 年开始构思创作，于 1814 年上演的《悔恨》一剧便因成功的哥特场景设置声名大噪。在剧院现场，巨幅的发光的暗杀画像穿过升腾的火焰飞下，修道士的合唱在中世纪教堂中出现，船夫的合唱则从另一方飘过舞台。特殊的音响效果由一位爱尔兰歌手唱出，柯尔律治将这一段召唤死者亡灵的咒语通过模仿拉丁亡灵弥撒形式写出。一位观众记录道："咒语之诗极为生动……船夫在修道院墙下的水上合唱，管风琴在远处鸣响，伴随着修士在修院内的小教堂里歌唱，似乎征服、安抚了观众，一种震撼的感受席卷了聚集的人群……最后

---

73 1813 年柯尔律治的戏剧《悔恨》（Remorse）在伦敦上映，大获成功。这在当时是一个难得的成绩，因为已经有 30 余年不曾出现盈利的新戏剧。该剧自 1797 年开始构思写作，最初的两个片段曾经在《抒情歌谣集》中发表，即"The Dungeon"和"The Foster Mother's Tale"。在这部剧中，柯尔律治尝试将流行历史情节剧与莎士比亚式的悲剧结合在一起。剧情围绕爱上了同一位女子的两兄弟展开，二人一善一恶，类似席勒的《强盗》中的人物关系设置，情节则参考了席勒的小说《视鬼者》（The Ghost-Seer）。这部戏剧获得了较高的票房，剧本也在一年中重印了三次。但是在今天看来，该剧的价值并不高，使用了流行的哥特元素，并未能脱离情节剧的窠臼。值得我们注意的是，柯尔律治在现场添加了许多渲染气氛的音乐、背景，使观众深受震撼，这是该剧当时大获欢迎的重要原因之一。尽管是第一次将自己的剧本搬上舞台，可是柯尔律治创造性地使用了各种暗示手法，打造了很惊人的舞台效果，这说明他深谙观众的心理，而且能够十分纯熟地运用、调动各种意象、联想来达到打动观众的目的。

人们报以经久不息的掌声。"[74]

　　显然，柯尔律治很清楚哥特文学的核心公式，哥特文学的"主角"不是主人公，而是激情。因此，构成《古舟子咏》的主要场景，都是几乎没有现实依托的意象群，比如赴婚宴客人着魔般的聆听，明知婚礼开始，却无法挪动步伐；极端的仿佛具有人格特质的自然，忽而狂暴的风雨驱赶船只，忽而是一望无际的冰原，忽而血红的太阳高悬在灼热的铜黄色的天上，忽而大海腐烂，死火飞舞，有腿之物在海面上爬行……极端自然场景的快速更迭构成极戏剧化的效果；又如彻底死寂的永恒的海上月夜，海水都凝固；没有帆，也没有浪，却飞驰而来的死亡之船；死（DEATH）与其伴侣（LIFE-IN-DEATH）掷骰子决断为船员的生死——使用这个最简单的游戏来突出判决者的强大、不可抗拒的力量；三百人倒毙眼前却没有叹息呻吟；众死去水手的眼睛瞪着杀死信天翁的老水手；色泽浓艳的水蛇在月下海中游动……事实上这些浓墨重彩的描写占据了《古舟子咏》的大半篇幅，尤为惊人的是，追讨罪恶的神灵（spirit）从未正式登场或者正式被命名，而是通过恶劣的天气，扭曲至超自然的自然环境，透过梦境中的一瞥，隐隐在场。穿插诗中的注释也刻意没有说出它的名字，使之保留着十足的神秘感。柯尔律治显然十分熟悉缔造神秘感的套路，诗歌中最具有伟力的形象，却几番遮掩，只露出小小一角；同样，他描写死亡帆船上的两位死（DEATH）与其伴侣（LIFE-IN-DEATH），也是闪烁其词，接连使用几个问号，为他们保留了神秘的氛围。那么，柯尔律治调动极为丰富的神秘氛围，究竟是想表达什么呢？

　　下面我们考察《古舟子咏》的核心情节：射杀一只信天翁，是一种什么性质罪行？为什么会带来这么严重的后果？显然，在诗歌中这暗示的是一种反自然的罪，信天翁象征着友好的自然，庇护着航海的船只，而对这一无辜的自然代表的射杀，突出了老水手的扭曲内心，这一行为说明他无法与自然和谐相处，因此严重干犯了自然的，同时也是人的规律，因为二者是同一的。当射杀的信天翁如同十字架一样悬挂在老水手的脖子上，就成为他罪性的象征——冒犯和扼杀自然。也因此，当他独自一人待在死人中时，想要做祈祷，却失去了这种能力，"我仰望苍天，想做祷告；／但未等祷词从嘴中说出，／便听得一声邪恶的低语，／顿使我的心呵干似尘土。"违反自然规律的人，因其内心的扭曲已经不具备自我救赎的能力，脱困还需要其他力量的介入。接下来是

---

74 *Coleridge: The Critical Heritage*, Ed. J. R. de J. Jackson, Routledge, 1970, 143.

《古舟子咏》中经典的场景，是柯尔律治独一无二的想象。月亮洒下清辉，美丽的水蛇在海中游动：

> 在那船身的阴影之外，
> 水蛇和白光游动在海面：
> 每当它们竖起蛇身时，
> 水泡抖落如霜花飞溅。
>
> 在那航船的阴影之内，
> 蛇身的颜色是多么浓艳：
> 蔚蓝、碧绿、晶黑；每过一处，
> 留下一簇金色的火焰。

柯尔律治再次调动想象创造了一种前所未有的生物，这两节诗歌中光影色彩灵动丰叠，尤其最后一行，想象瑰奇，仿佛是写实，又仿佛描写浓郁色泽在眼中留下的余象。水蛇之美打动了老水手，使他暂时忘记了自己的绝境与痛苦，原本骄傲的老水手（扼杀无辜信天翁的生命表现了他的任意妄为，对自然的不屑、不敬，甚至争夺掌控生死之权的意味）此时已经失去了所有骄矜倨傲，他在绝境、痛苦与悔恨中充分意识到了自己的无能和卑微，换句话说，他已经学会了在自然面前的谦卑，这使他得以欣赏水蛇的美，赞叹其美，甚至为之祝福，祝福也是一种祈祷。当这个祝祷发出的时候，说明他的生命已经完成了从自我中心到欣赏他者的转化，他和自然的关系不是在恐惧中，而是在善意的祝祷中得以恢复，他又拥有了祷告的能力，得以死里逃生，即所谓"死中之生"，象征罪的信天翁也主动从颈项上脱落。于是，和老水手和解的自然赐予死者力量，也再次馈赠清风，将他带回了出发的港口。

显然，这个情节的基本要素是罪、罚与救赎。全诗的神秘场景具有强烈的泛神论倾向，不仅仅是在于诗中有异教神灵的身影，而且在于犯罪的现场被移植到自然之中，自然被隐喻成为一个不可侵犯的庞大圣殿。但是，从另一个角度来说，它的故事核心却也是基督教的，因为它展示的是人的原罪。老水手在没有任何理由的情况下射杀信天翁，违背自然之律，这是一种对人的原罪的强烈暗示，而原罪论是犹太—基督教传统人论观念中非常重要的组成部分。因此，这使《古舟子咏》在骨子里仍然是一个基督教寓言，虽然在词汇、场景、情节中允满了离经叛道的异教色彩。而这种异教氛围和基督教主题彼此穿插映衬，构成了巨大的张力。令双方统一的，是在诗歌素材上的去基督教化，以及异教和基督教共同拥有的有神论世界观。这种转化，我们以后会看见，成为现当代基督教文学的一种常态。

柯尔律治可以说在这首诗中彻底实践了自己的文艺理论，即"诗之信"。《古舟子咏》是这一想象的心灵能力的卓越实践。就如柯尔律治在《文学传记》中记录的他为何会写作《古舟子咏》等作品，为了"从我们内在的天性中调动一种人性的兴趣和真理的相似物，这种兴趣和相似物足以实现想象的这些幻影，人们自愿暂时搁置对它们的不信，从而构成诗之信"。在这首诗歌中，情节和场景是不可信的，但是想象在读者心中构成的"这些幻影"却从读者的"内在的天性中调动一种人性的兴趣和真理的相似物"，即对原罪的承认，和对自然的本能敬畏，从而使诗歌表现的内容具有了合理性和可信度，因为符合人们内在的真理。为何必须使用如此奇诡的想象，讲述这样的真理呢？这就涉及柯尔律治的诗歌理论。他认为，在人们日常的生活中，尤其在理性主义和机械反映论横行的时代，真理常常处于被湮埋、尘封的状态。要认识真理，单单凭借理性是不够的，必须调动人心灵中所有的力量才有能够：认知、情感、意志、理性，都通过想象连接、带动。就像在《古舟子咏》中的关键情节所展现的一样：是水蛇之美令老水手动容，促使他与原本分裂的自然发生了良性的连接，当他为水蛇祝祷之时，将对方视作美好的生命，就是认可了人与自然的有机关系。当《古舟子咏》展现美使人幡然悔悟的时候，正是展示了想象的力量。

特别需要指出，柯尔律治在写作这首诗歌的时候，还没有见过真正的大海，可见他的诗歌创作对想象的依赖。自然的光影、风雨、声音原本不是哥特的道具。浪漫主义运动发现和探索了人与自然相对应的关系，自然成为人的心理的外化显现，是英国浪漫主义文学的重要遗产，后来也被现实主义文学继承，而柯尔律治显然为将哥特转化为浪漫主义作出了巨大贡献。从另一个角度来说，哥特是一种现代社会世俗化过程中始终占据重要位置的理性的影子。当罪和死的问题被表现为非理性和激情，事实上是对非理性的放逐，也是对整全的人的压抑。《古舟子咏》探索了柯尔律治关心的问题：罪的起源，罪疚感，人与自然的道德关系。最终，是这些元素的加入，以及柯尔律治卓越的想象才能使《古舟子咏》从一段海上奇谈成为一个关于堕落的寓言，这被认为是"唯有柯尔律治才能完成的转化"。[75]

最后，我们需要谈论柯尔律治的另一部经典之所《忽必烈汗》。柯尔律治

---

75 *Coleridge: Early Visions*, 173.

经常阅读的《朝圣之旅》（*Pilgrimage*，1614）中有关忽必烈汗的夏都的记载，无疑是《忽必烈汗》一诗素材上的直接来源，书中写道：

　　"忽必烈汗在夏都建造了一座堂皇的宫殿，围墙围住方圆 16 英里的平原，肥沃的草场，可爱的泉水，欢快的溪流，群兽追逐嬉戏，当中一座美轮美奂的欢乐大房子，可以不时地移动。他在这里停留，从六月至八月。在第 28 天，他出发去另一处，这般献祭：他拥有羊群或马群、驴群，数以万计，纯白如雪，只有成吉思汗的子孙可以喝它们的奶汁。鞑靼人无比尊敬这些牲畜，绝不敢穿过它们或是走在它们的前面。忽必烈汗依据他的星象师或者魔法师的指示，在前面说的八月的第 28 天，亲手将这些牲畜的奶汁洒到空中、地上，祭奠他们敬拜的神灵和偶像，请求他们保护男人、女人、野兽、鸟、谷物和其他一切在地上生长。"[76]

　　这篇描述中有很浓郁的想象成分，其中一个突出之处是处于基督教世界观对异教徒的异教献祭仪式的想象。绝大多数非基督教崇拜都具有明显的丰饶仪式作用，而犹太—基督教的仪式却围绕罪的问题为核心。丰饶仪式以直接的方式展现神灵与生产、人、自然的馈赠关系，更体现的是联合而非断裂的关系。而犹太—基督教的赎罪祭（及其随后演化的圣餐礼）关注点却在于重建，即首先承认神灵和人的断裂，尝试弥补。但柯尔律治无疑为诗歌添加了更多异教的元素，如魔鬼情人，月下的祈祷（28 日本身具有月神崇拜的隐义），阿比西尼亚（即埃塞俄比亚）使女等。《忽必烈汗》的后面部分无疑是某种丰饶仪式的奇特现象，献祭者、通灵者，成为诗人，诗人成为可以传扬美妙天乐的人，即展示神人、神与自然的联合的人。对诗人的颂扬，也是对诗性天堂的颂扬，换句话说，该诗的核心主题是创造和想象的力量自身，《忽必烈汗》是对宇宙中的创造力——也即想象力的庆贺礼仪。

　　全诗和《古舟子咏》一样，首先打造了一个彻头彻尾的异域空间。对读者陌生的异域空间的各种细节描述，场景夸张、富丽，且充满强烈的对比，这首先是为了激发读者的想象力，因为陌生化的空间描绘需要巨大的想象力来填补，才可能构成理解的可能性。而这种想象力的发挥，同时促使理性和常识的让渡，逼使读者进入一种"暂时搁置不信的诗之信"之中。而诗歌诗人在"幻象"中见到操琴的阿比西尼亚少女开始，就引向了对"想象"和"诗人"的几乎赤裸裸的歌颂：

76 *Coleridge: Early Visions*, 164.

> 但愿我能在心底
>
> 把她的乐曲和歌声复制。
>
> 那时我就会如醉如痴，
>
> 我只消用那悠扬的仙乐
>
> 就能重建那天宫瑶池，
>
> 那阳光灿烂的宫和冰的洞窟！

事实上，柯尔律治在这里炫耀式地指出：正如上文所显现的，他已经借助他的文字将"灿烂的宫和冰的洞窟"在读者的脑海中重建。接下来的话则是对诗人的加冕：

> 凡是聆听者都将目睹，
>
> 大家都将高呼："当心！当心！"
>
> 瞧他飘扬的头发，
>
> 闪亮的眼睛！
>
> 我们要绕他巡行三圈，
>
> 在神圣的恐惧中闭上双眼，
>
> 因为他尝过蜜的露水，
>
> 饮过乐园里的乳泉。

"绕他巡行三圈"是加冕，乃至祝圣的仪式，直指诗人的神圣性。《忽必烈汗》以展现绝妙想象力的诗歌将诗人加冕为沟通神明（超验世界）与人间的祭司，是使这首诗歌成为浪漫主义的代表作之一的重要原因。

第三章　作为文论核心的"想象"概念

詹姆斯·恩格尔（James Engell）在梳理"想象"观念史的经典之作《创造性想象：从启蒙时期到浪漫主义》中写道：对浪漫主义的大作家而言，如柯尔律治、哈兹里特、布莱克、雪莱、华兹华斯和济慈，他们的诗歌和批评表明他们已经认定了想象这种能力的存在。"想象的观念将物质与精神、自然与内在心灵、实在论和超验主义的关系，以及诗歌的具体感觉意象及其引发者'衰退的炭火'的关系戏剧化了，并得以言说。在 1780 年，创造性想象作为一个全心信仰的理想，一个目标，一种热望的精神状态或存在状态——拥有前所未有的际遇。而随着想象变得流行，成为文学乃至哲学的主导话题，它的涵义得到了倍增。同样在 1780 年，人们开始艰难地区分幻想和想象，试图将想象视作彼此相连的知觉活动、经验、审美欣赏以及冠绝其他一切活动的艺术创造的统帅。想象甚至被视作一种宇宙力量，生成并组织一切创造的统一性，并就神圣植入人们的心中。恩格尔将 18 世纪的最后 3、40 年视作启蒙时期自身变形进入浪漫主义时期的过程，而其中的关键因素，就是"想象"观念的发展。[77]换句话说，当柯尔律治和华兹华斯等人在进行创作诗歌和思考想象的时候，他们面对着一个已经延续了一个世纪，并且在继续发展的思想的潮流，他们各自以自己的方式加入并推动了这个潮流的发展。作为英国浪漫主义诗歌的开山鼻祖，柯尔律治和华兹华斯的具体贡献是有差异的，他朴实、亲近的素材和诗句，长篇和短篇具有大量佳作，他的诗歌实践标志着英国诗歌完成了从古典主义向浪漫主义的转变；他以人与自然关系为中心的抒情诗，意境清新，形象生动，语言质朴，韵律优美，影响了一代浪漫主义诗人；他对心灵的历程和平凡中的瞬间的表现影响了许多现代作家。而柯尔律治则身兼数职，他是这场运动的理论家，以精彩的本土化的批评在公众中加冕了浪漫主义的核心教义"想象"，同时也是奇幻诗路的创始人，他的诗歌中比华兹华斯更复杂的诗人主题形象，以及比华兹华斯更现代的审美感受，也启迪了下一代了浪漫主义者，由于其复杂性，他的诗歌比华兹华斯更晚产生直接影响，但这种影响也更为持久。上一节已经从想象的角度探讨了柯尔律治的诗歌，本节专门讨论他的文学理论，尤其是想象的概念。本节分成三个部分，首先是梳理"想象"的概念史及其时代思想背景，这部分解释了柯尔律治"想象"概念出现的原因；然后研究柯尔律治自己的"想象"概念，其定义、功能和独特性；最后评述"想象"概念的后世影响和今天的意义。

第一节 "想象""前传"

"想象"（imagination），有时中文也翻译成"想象力"，在 19 世纪初欧洲浪漫主义美学兴起之后，被确立为现代美学的核心特征。自此次审美倾向变革以后，文学的巨大魅力在很大程度上被认为来源于作者在行文中展示的天马行空的"想象"。在漫长的浪漫主义美学发展过程中，"想象"是一个背负了极多涵义的观念："想象"有浓厚的德国古典哲学背景，它是创造力（creative force）

---

77 *The Creative Imagination: Enlightenment to Romanticism*, James Engell, Bloomington: iUniverse, 1981, viii.

或者说原创性（originality）的根源，是天才（genius）的本质，在英国经验主义哲学中同样具有重要的地位，是构成人的自我认识和对世界的认识的直接心灵能力。最终在同时继承了经验主义和德国唯心主义（idealism）哲学的塞缪尔·柯尔律治那里，想象作为一个连接感官经验和理论世界的统摄性的精神力量，最终证明了人的主体性。

近代思想家从不同角度切入"想象"，霍布斯、洛克、沙夫兹伯里、莱布尼兹、康德、谢林……这个概念受到来自不同问题意识的关注，并延伸扩展到许多领域：哲学、心理学、美学、文学、批评，乃至宗教。"想象"在欧洲作为一种心灵能力受到广泛关注和研究的时间大致从 1660 至 1820 年。差不多从 1750 年开始，"想象"成为推动艺术和智力生活、哲学和文学，乃至政治和社会学思想的力量，成为一种时代精神。想象以及浪漫主义不只是启蒙主义的发展，也是在某种意义上对他的延续、发展、否定和超越。同时欧洲社会也面对一个新的文化处境，越来越多人能读会写，进入写作的领域了，写作不再被少数知识精英独占。这时，如何区别庸作和经典，并以一种标准建立新的知识精英群体，也成为知识分子关心的问题。

在 1660-1810 年间"伟大的存在链条在"被逐步解开，古典主义美学不再能够支持这种失去欧洲知识分子珍视的统一性（unity）的新时代。在一切皆可怀疑的思想风气中，一种二元论悄然兴起，这种物质与精神之间，人与自然的分割，尤其令知识分子心惊，人们在面对现实社会生活的时候感到失去了终极标准和稳定性。柏拉图主义和神秘主义者被牵扯到要求实证的危险境地，牛顿的乐观"有神论"态度也不能弥合这种撕裂。世界和宇宙似乎根据某种遥远或者超越一般认识的原则运行。这些原则只能通过下面这种方式获得，即感官逐渐地从外在世界接受它们，或者心智从固有观念的内在感觉和储存中直觉到它们。在这样的情形之中，想象提供了希望，并承诺协调这种二元论。"它可以克服人与自然的疏离，通过建立一种对自然和心智都相同的知识和创造的力量，柯尔律治或许会称之为'connatural'的力量。"于是，创造性想象将艺术加冕为哲学思想、知识、力量乃至宗教的最高冠冕，甚至有可能导向恩典和救赎。"……从 1740 年以来，对这一点渐趋确立的信念，使人们感到他们用这样的使命，不仅建立新的世界观，而且重新评估人与自然，甚至要将这种思想和能量包裹人类的情感，通过一个重新发现的自然世界的形式、颜色和声音之中。"[78]

第一个开启了"想象"的近代概念的奠基性人物是英国经验主义神学家霍布斯。在他的《利维坦》等著作中，想象第一次出现了接近今天想象的定义。也是他较早尝试区分"想象"和"幻想"（fancy），这一区别的尝试后来被无数人学者重复。在霍布斯的著作中出现了想象概念几乎所有重要的基本元素：与记忆、经验相连，包融、重置、整合一切感官印象；作为一种心智的主动建构性力量；与艺术的创造性相连；区分想象和幻想，讨论哪种是更高的心智能力；我们对现实的理解和认识必须经过想象的工作，方能为我们拥有；想象为认知、观念、经验乃至现实的图像负责。霍布斯甚至认为，情感、欲望，乃至人类的意志都依赖于想象。在某种意义上，他将知识、感知、记忆、欲望、激情、思想、判断、机智、意志、创造性艺术和哲学全都放进想象的范围之中。

乍一看，经验主义重视感官和实在，似乎不应当重视想象。但事实是，欧陆的理性主义将理性视为最高的人类能力，反而因此轻视了想象，而经验主义却有可能将想象作为理性的替代品或补充者。恩格尔写道："在十七世纪，英国经验主义心理学复兴了一个此前相对被忽视的面对世界的视角。它基于对心灵中的激情、思想、知觉和知识的形成的问题和发现。这种经验主义心理学很快至少结合了两种其他元素。其一为柏拉图主义的世袭，由剑桥柏拉图主义者，沙夫兹伯里为代表，以及对古代哲学的复兴的兴趣。另一个是18世纪的'回到自然'，对外界的新兴趣和对自然的膜拜。至启蒙时期中期，经验主义系统已经变得更加灵活，并除了在法国之外，传播它们牵强的心理学和机械论的概念。从莱布尼兹甚至洛克，柏拉图主义的遗产已经继续了一种心灵中主动力量或能力的概念，而且这种概念被认为与自然中一种工作的力量或能力是平行类似的。对自然的膜拜拥抱了审美的和艺术的价值，比如优美如画的、悲哀的和崇高的，这些价值反过来立足于心灵察觉外在现实并赋予其秩序的方式。康德和超验哲学家们深入探索了自我，以及心灵对自身知识和心灵所采取的收集这些知识的方式的衡量标准。"[79]

托马斯·霍布斯在很多意义上都是现代思想的起源，他在《利维坦》、《哲学要素》中提及了"想象"的概念，赋予了其比较彻底的心理学维度：

"因为当物体已经移去或自己将眼闭阖时，被看到的物体仍然有一个映

78 *The Creative Imagination: Enlightenment to Romanticism*, 7-8.
79 *The Creative Imagination: Enlightenment to Romanticism*, 12.

象保留下来，不过比看见的时候更模糊而已。这就是拉丁人所谓的想象，这是根据视觉中所得到的印象而来的。他们还把这一名词用于所有其他感觉方面，只是这样用并不正确。但希腊人却称之为幻象，意思就是假象，对哪一种感觉都同样可以适用。因此，想象便不过是渐次衰退的感觉，人和许多其他动物都有，在清醒时和入睡后都存在。"

霍布斯在这里尝试从经验的角度分析"想象"，他留意到了源自拉丁文的英语中"想象"一词，其实和希腊文中的"phantasia"的意思有别。二者的意思在英文中有混淆，不过，在他自己下面使用英文"想象"一词时，并没有很清晰这种差别。"因此，想象和记忆就是同一回事，只是由于不同的考虑而具有不同的名称。"

"记忆多或记住许多事物就谓之经验。同样，想象也只限于以往曾经全部一次或逐部分为若干次被感官感觉的事物；前者是按原先呈现于感觉的状况构想整个客体，称为简单的想象。例如构想以往曾经见过的一个人或一匹马时的情形就是这样。另一种想象则是复合的。例如把某次所见到的一个人和另一次所见到的一匹马在心中合成一个人首马身的怪物时情形就是这样。又如，当人们把自身的映象与他人行动的映象相结合时，就象爱读小说的人往往把自己想象为赫尔克里士或亚历山大那样，都是一种复合想象，确切地说来，这只是心理的虚构。"[80]

霍布斯在《利维坦》看开篇中讨论"想象"，在很大程度上是为了破除经院哲学一些在他看来愚民的教导。他的讨论从客观上起到了祛魅的作用，因为他使用经验主义，而非超验的维度去解释人的主体感受和认知。

恩格尔认为，"霍布斯为一个世纪之久的对想象的经验诗研究建立了基本规则。他的影响通过洛克、休谟和伯克（Burke）传递。"[81]霍布斯正是在篇首讨论人的时候进入对感觉、想象、语言、推理、自觉运动的内在开端等问题的研究的。换句话说他的政治哲学奠基在他对人的经验式考察之上。这种相对于中世纪经院哲学的转向，标志着近代对人的心灵（mind）的强烈兴趣。

C·D·索普（C. D. Thorpe）在《托马斯·霍布斯的审美理论》（*The Aesthetic Theory of Thomas Hobbes*）中总结认为，尽管霍布斯并没有明确的为诗辩护，但是他已经提出，"一种丰富多变的机能（faculty）部分或整体地负责心灵中

---

80 见《利维坦》第二章《论想象》，霍布斯，黎思复、黎廷弼译，商务印书馆，1985。
81 *The Creative Imagination: Enlightenment to Romanticism*, 13.

的一切。……在其最高级的层级上，想象是人的深刻的建构性力量
（power）。……想象给予我们复杂的经验图像，也是经验的最智慧的阐释者。
文学和艺术是对生活的熟识感的加工，这种感觉如此丰富，以致它必须迸发、
创造新经验，将它们置于惊人的意象和新奇的比喻之中。"[82]尽管如此，我们
从霍布斯的书中可以明显感觉到，他讨论想象的副作用远胜于其正面价值，尤
其没有肯定想象在文艺方面的积极作用。而他对人性和心灵极低的评价，以及
较为明显的机械反映论，也使许多后来的思想家不满，比如哈兹里特就反对他
对想象的一些论断，在他这里，想象主要用于制造自私的欲望。

下一代欧洲思想家哥特弗莱德·莱布尼兹在《人类理智新论》、《单子论》
等书中提出的一些观点，对于后来很多具有宗教维度的思想家而言，莱布尼兹
的"预定和谐论"、"活动力"等观念是反对机械唯物论的有效武器。他肯定了
心灵具有天赋观念，并具有内在能力作用于这些观念，就如同作用于感觉一
样，心灵的内在能力通过分析能够汇聚或分离这些观念。这种"活动力"不仅
可以构成"复杂的观念"，而且也是心灵的创造性、建构性力量，即想象。莱
布尼兹由此拒绝了极端的经验主义，但他并没有拒绝经验主义，而是在心灵的
主动和被动能力之间建立了比较平衡的关系。

莱布尼兹在《单子论》中写道："虽然每个被创造的单子表现整个世界，
但它特别清晰地表现则是它所专有并构成其隐泰来希的躯体。既然这个躯体
由于全部物质在被填充的东西中相互关联而表现着整个世界，所以，灵魂之表
现整个世界也是通过表现以特殊方式属于它的躯体来完成的。"

"一般的灵魂是反映创造物的宇宙的活的镜子，而心灵则又是神本身或
自然创造主本身的形象，能够认识宇宙的体系，并能凭借建筑模型而模仿宇宙
体系的若干点；每一个心灵在它自己的范围内颇像一个小小的神。"

在84条中他又写道："其结果就是，精神能够进入与上帝一起的共同体：
上帝与它们所处的关系，不仅是一个发明家与其他所发明的机器（这正是其他
创造物的情况），而且是君主与他的臣民，甚至父亲与儿女的关系。"

87："正如我们在上面提出了两个自然领域，即动力因与目的因之间建立
了一种完满的和谐，我们现在就应当指出另一种和谐，存在于自然的物理界与
神思的道德界之间，即作为世界机器建造师的上帝与作为上帝之精神国家的
上帝之间的和谐。"

---

82 *The Aesthetic Theory of Thomas Hobbes*, 1940, 289-290.

以及第 88 条："这种和谐使事物自身沿着自然途径达到恩宠，例如使地球沿着自然途径在精神政府所要求的瞬间毁灭和重建：为了惩戒一些人和补偿另一些人。"[83]

恩格尔评论道："《人类理智新论》以惊人的直接提出了浪漫主义的基本前提。莱布尼兹赋予自然和心灵以一种情感的灵（a feeling spirit）和一些即来自也超越了感觉的观念。他给予想象一种积极的创造的力，同时也赋予想象一种开放的感受性。"[84]但是，恩格尔也承认，其实莱布尼兹并没有直接谈起想象，作为直接控制甚至只是参与这种心灵与自然的互动之中。他只是说起"活动力"，但是这种力却成为浪漫主义的想象理论中的关键因素。

莱布尼兹处理想象和理性的关系的方式，对德国古典哲学和柯尔律治都有很重要的启发。和柯尔律治一样，莱布尼兹的理性观念接承柏拉图和中世纪、文艺复兴哲学。他和柯尔律治一样认为笛卡尔的方式不足取，认为理性不等于"连续推理"（consequitive reasoning），理性与真理而不是"证据"相关。恩格尔认为，莱布尼兹第一次解决了想象的地位提升时，理性的价值问题。"想象成为过程，动力或者辩证，理性的真理通过它获得或者被理解。因此，理性是更静态的；它比想象'更高'，但只能通过想象的积极工作和形式得以实现。和沙夫兹伯里一样，他设想心灵的内部资源和特征将会为自然的一个伙伴，并解释自然与心灵之间的联合。"[85]这一解释与柯尔律治如出一辙，可以肯定地说，给予了柯尔律治直接的影响。[86]他在《文学传记》中思考的所谓第三种力量，虽然没有具体展开，但显然"想象"有作为一种综合性力量，即"活动力"的迹象。只是柯尔律治没有接受莱布尼兹的单子论，而是倾向于融合德国唯心主义哲学和英国经验主义。他晚年未完成的《巨著》中希望建设自己的体系，沿用类似莱布尼兹的理性和"活动力"（想象）的思路，建构一个容纳自然科学至哲学、乃至启示宗教的体系。从其预定实现的目标来说，在某种程度上失败是必然的，因为他尝试全面整合一些本质上不可能调和的系统。但是，另一

---

83 以上引文均见《神义论（附单子论）》，莱布尼兹，朱雁冰译，香港：道风书社，2003，第 491 页以下。

84 *The Creative Imagination: Enlightenment to Romanticism*, 29.

85 *The Creative Imagination: Enlightenment to Romanticism*, 30.

86 Eva T. H. Brann 在《想象的世界》（*The World of the Imagination: Sum and Substance*, Rowman & Littlefield Publishers, 1993）中提供了另一种对莱布尼兹的"想象"观念的解读，详见该书 81-82 页。

个使柯尔律治的《巨著》的体系无法完成的重要因素是，他对人的罪性的认识，无法与莱布尼兹的乐观、完美、和谐的宇宙共处。

恩格尔认为，莱布尼兹还在另一方面影响了浪漫主义：他认为自我意识直接导向对自我意象（an image of self）（即身份认同(an identity)）的积极制造。这个观点离自我意识或身份认同即想象的造物已经十分接近。用今天的术语说，想象作为一种强有力的自我指涉能力，在某种意义上被揭示出来。

在英国的广义经验主义传统中，大卫·休谟和塞缪尔·约翰逊也都涉及了想象的问题，因为这是他们在探讨心灵时无法回避的。休谟不信任知识的超验性，但他也不赞成如霍布斯、洛克般的对心灵的机械解释，休谟在几个不同的层次上提及了想象，其中有一个对后来的影响十分明显，即想象是处理印象（Impressions）（对于经验主义者而言，印象是至关重要的。）的两种心灵力量之一，另一个则是记忆。想象的功能是，当记忆提供过往的印象失去活力的时候，将印象呈现为一个观念（idea）。但是对于休谟来说，即使如此，"想象"的能力也并不突出，因为"在想象中，知觉是微弱无力"。[87]尤其需要指出的是，在休谟这里，想象尽管是一种受到承认的心智能力，但是他并没有将想象与文艺创作的虚构联系起来，反而将它与哲学上的错误（或者说虚构）联系在一起。

1749年，大卫·哈特利发表了《对人的观察》（Observations on Man），从心理学的层面上探索了联想(association)，青年时期的柯尔律治受其影响很深，他对哈特利如此推崇，以致将自己的长子取名为哈特利。但就如我们在第一章提到的，他渐渐对经验主义在哲学上的肤浅感到不满。尽管如此，哈特利用联想解释所有心灵现象，即将心理学的智力、情感层面与"科学"推理、道德原则、宗教信仰结合在一起。恩格尔评论道："由此，18世纪的联想主义从一种心智的有限的机械的方面，扩展成一种有机的囊括性的心理学原则，启发美学、批评与道德。"[88]这种处理方式在柯尔律治后来的心灵理论中得到了延续，是想象而不是联想更接近这个位置。

相对德国而言，英国的想象概念明显遵循经验主义传统而发展，如霍布斯、休谟、约翰逊等人，他们都关心更具体的想象问题，即现实生活中的各种元素是怎样结合而成想象的产物，以文学或文本的形式呈现出来，想象的产物

---

87 参见休谟《人类理解论》，I i 3，以及 II。
88 *The Creative Imagination*, 68.

对人们的日常生活的巨大影响力。因此，他们常常探讨与之相关的"联想"
（association）的条件。

德国古典哲学也受到沙夫兹伯里，尤其是他的情感论、道德论和新柏拉图
主义的影响。恩格尔指出，德国哲学通过"采用沙夫兹伯里的精神接近斯宾诺
莎，并使用想象的观念解释他，斯宾诺莎能够融入一个动力的有机的宇宙观之
中，并且避免了二元论。事实上，想象的观念解决了斯宾诺莎潜在的二元论问
题……并使他向审美、道德和宗教的应用开放。"[89]托马斯·马克法兰（Thomas
McFarland）在《柯尔律治与泛神论传统》（Coleridge and Pantheist Tradition）
中探讨了这个问题，即斯宾诺莎是如何被浪漫主义吸收的。[90]在斯宾诺莎这里，
"想象现在被视作一种积极的理论，一位创造中的上帝，因此也是自然中的创
造性驱动，总是持续确定和延伸自己，通过个殊源自无限的原初观念的流溢，
这种创造性的想象对许多人而言，成为神圣的泉源。"[91]

德国古典哲学的发展受到英国的影响，尤其在审美哲学和道德哲学方面，
但是德国思想界也拥有一个英国缺乏的资源，就是中世纪和文艺复兴时期的
经院哲学传统。由于改教以及地理上和欧洲大陆的距离，英国思想家几乎已经
不占有这个资源。欧陆的莱布尼兹就受到了这个传统的强烈影响，也因此他深
刻影响了德国文艺复兴时期的思想。

还有一些德国思想家从不同角度拓宽了"想象"的境界，如卡尔·菲利
普·莫里兹（Karl Philipp Moritz）探讨了神话和想象关系："神话诗歌必须被
视作一种想象的语言，他们这样为自己建构一个世界……想象的本质是塑成
和构型。"[92]又如约翰·尼古拉斯·特滕斯（Johann Nicolaus Tetens，1736-1807）
对天才和想象的关系的探讨，他的想象论影响了康德。特滕斯熟悉英国经验主
义心理学、莱布尼兹和沙夫兹伯里。他也直接影响了柯尔律治（柯尔律治 1804
年的笔记中记载了他的名字，并多次肯定他的洞见），他的作品《人性及其发
展的哲学论文》（Philosophical Essays on Human Nature and Its Development）采
用一种心理形而上学的径路。与前人不同，他的书中大量篇幅（最前面的 150
页）用于探讨想象，因为他十分清晰地意识到，想象是一种至关重要的，有待
进一步挖掘的心灵能力。"他将想象分为三个层次：负责心灵直接的觉察，负

89 *The Creative Imagination*, 116.
90 Thomas McFarland, *Coleridge and Pantheist Tradition*, Clarendon Pr, 1969.
91 Thomas McFarland, *Coleridge and Pantheist Tradition*, Clarendon Pr, 1969, 117.
92 Cited in *The Creative imagination*, 113.

责心灵对最初觉察之物的接下来的掌控，以及是形成新意象和观念的最高级或'创造性'力量。"[93]正是因为想象，我们能够在心灵中生成一个关于外在复杂现实的图景。特滕斯的最高级想象很接近柯尔律治的"第二性想象"（secondary imagination），甚至在使用的文字上也有一定平行关系。特滕斯认为想象能够"与内在的整全性……分离、分解、联合、融合，它安排、分解、融合意象，将意象分离或者放在一起，并创造新的形势和表现。"他还暗示，只有天才的心灵力量能够"生发、分解、重新联合……混入与融合"。[94]Engell 评价 Tetens 的贡献："他是关键的平衡点。他身后铺陈着 17、18 世纪理性主义、机械论科学和心理学的遗产。他前面则打开了想象的展望：先验主义、有机的感性，以及对灵魂和宇宙的统一性的浪漫的、哲学的追问。"（128）

柯尔律治在讲座和《文学传记》中也谈及"天才"（genius）的问题。浪漫主义无疑将诗人作为人类的最高代表，直接的理由是诗人拥有最高的诗性想象。[95]诗歌对于浪漫主义者而言，并非闲情逸致的流露，他们激进的诗歌观念中蕴含着教育的理想。柯尔律治相信，通过诗歌对人们感性的培育，可以纠正机械人性论的偏颇，提升人们的德性和完整性。比如说"同情"（sympathy）的观念，在浪漫主义形成的过程中，拥有了审美和道德的内涵，并且被赋予很高的地位，而只有"想象"这种心灵能力能够使人的认知、情感惠及他人，想象被作为一种认同他人的心灵能力。

而拥有最高诗性想象的诗人，其诗歌起到的教育意义，又不止于培育感性，而是能够以润物细无声的方式重塑人的想象，从而在根本上引导人走向更高的境界。[96]天才的根本尺度是原创性（originality）。因为只有天才能够最大程度地显示人的想象的创造力吗？而且这种原创性不止于文学艺术的领域，哲学和科学一样需要这种原创性。雪莱等人很快就宣告，诗人掀开了永恒与美的面纱，是诗人更新了宇宙。

在莱布尼兹、康德、特滕斯等人的影响下，谢林和柯尔律治最终得出了想

---

93 *The Creative Imagination*, 120.

94 Cited in *The Creative Imagination*, 121.

95 这也是为什么当时的英国诗人威廉·布莱克会将耶稣视作伟大的艺术家。因为浪漫主义将耶稣视为充满灵性的诗人。详见拙著《耶稣作为明镜：20 世纪欧美耶稣小说研究》，宗教文化出版社，2010。柯尔律治多次表示对《圣经》作为文学表现出的卓越想象力的推崇，并论及基督教信仰缔造的巨大想象空间。

96 *Literature, Education, and Romanticism: Reading as Social Practice, 1780–1832*, Alan Richardson, Boston College, Massachusetts, 2004.

象具有智性直觉的能力，是想象"——而非理性——是我们智性世界的窗口，理性囚禁于这个世界之中，直至被想象释放。想象成为器官或工具，功能是察觉理性的观念，并将它们传递给理解。"[97]因此，不只是文艺，一切创造都需要想象，而一切创造也都是诗。在这个意义上，"自然和圣经，就是上帝的诗。"

关于康德的想象观念，在国内已经有一些研究出版，如《康德的先验想象力研究》（潘卫红，中国社会科学出版社，2007）和《康德的想象力理论》（2012，中国政法大学出版社，宫睿），此处不再赘述。一般而言，大家比较公认的结论是：一方面，康德的"想象"观念处于变化之中，乃至有很大差异，因此也具有多重维度，在整合统一上有相当困难，比较复杂；但另一方面，"想象"，尤其是"先验想象"是康德试图整合经验主义和理性主义两大传统的关键概念。另外值得注意的是，虽然康德的先验哲学对柯尔律治的启发很大，他的想象概念由于负荷过重，过度复杂，反而变得模糊不清。而且他并没有详细论及想象的情感方面。不过，在《判断力批判》中，康德为想象介入审美开启了道路，比如他承认判断力不是一种认知的、逻辑的，而是主观的；以及想象在审美和诗歌中的"自由游戏"。"精神（Geist）是活力的原则，（天赋、灵魂的力量）通过观念向上运动的原则，因此，它是一种有目标的、活生生的想象。"[98]恩格尔由此评论道："康德处在宣告艺术本身、以及天才的艺术拥有至上的哲学价值的边缘。"[99]

柯尔律治和谢林的关系令柯尔律治受到不少指责，因为他多次借鉴甚至是翻译了谢林，却没有做出足够的鲜明的标识，承认这些思想是谢林的。但是也可以说，谢林很多方面都被柯尔律治活学活用，比如谢林几乎没有涉足具体的文艺批评，包括康德，在研究想象（Einbildungskraft）的时候也从未提及文，只是用最抽象的术语认为它是再现的、具有生产能力的，审美的（reproductive, productive and aesthetic）。

而柯尔律治却使用他的艺术哲学进行了大量文本批评，使之深入人心。其中尤其是莎士比亚和华兹华斯的文本，由于柯尔律治令人信服的批评，饱受古典主义美学轻蔑的莎士比亚作品，重新被确立成为经典之作。谢林的贡献之一在于他迈出了艺术地位上升旅程中的最后一步：艺术拯救哲学。因为哲学有

---

97 *The Creative Imagination*, 26.

98 Cited in *The Creative Imagination*, 139. 原文来自 *Reflexionen zur Anthropologie*, No. 942.

99 *The Creative Imagination*, 139.

限，是理性的，抽象的，而艺术却可以囊括理性的发现、认知，激动情感，调动符号，引发多重的感触和阐释，艺术比哲学更能够成为永恒或者最高存在的指向性符号。因为艺术在阐释时可以调动阐释者更全面的内在力量，更整体性的经验。艺术是一个位格与另一个位格间接相遇之处。

谢林的朋友们——德国浪漫派，如赫尔德、施莱格尔和诺瓦利斯，在很大程度上吸收了德国先验哲学的现有成果，直接将想象运用诗性创造理论，赋予了想象将世界诗意化，转化平庸日常生活的理想能力。并期待世界成为超验的浪漫国度。赫尔德期待想象净化灵魂，建立真正的宇宙论，启示宗教，将想象视作与创造世界相同的绝对力量。赫尔德问了一些基本的问题：观念或精神，或被称作上帝之道的，如何转化为物质现实？答案是一种构成性的力量，这种力量的最简单、非自主的形式就出现在人的梦境和异象里。赫尔德写道："这位女巫不仅召唤出深埋于我们内在的事物的形状，使它们如同过去一度在我们面前的那样呈现，而且产生从来没有出现过的性质，她创造并生产。""诗人模仿这种神圣的构成性力量，或者进一步，他在它的影响下，带着理解和意向工作。"[100]尽管使用了"女巫"的比喻，但是赫尔德笔下的构成性力量并非具有位格性的圣灵上帝，尽管是一名狂热的耶稣的信徒，赫尔德对耶稣的理解却是象征式的，耶稣是人、上帝、物质、精神相遇的点，这是他理解耶稣的中保人的方式，构成性力量无处不在。这种力量是否具有位格性，在教会早期的圣灵论中曾经有过争论，尤其在《旧约》中，圣灵似乎更像一种力量，但是耶稣在福音书中对圣灵的位格性称呼，以及犹太教严格的一神论传统，使圣灵最终被大公教会正统定义为三一上帝中的一位。而赫尔德的精神（Geist），作为一种塑成性力量，则更近泛神论传统。

德国浪漫派和我们这里谈论的英国基督教浪漫主义的小传统虽然有许多"家族相似"之处，但是却也在"想象"的问题上开始分道扬镳。柯尔律治是最早将德国思想介绍到英国的人之一，他在其中进行的本土化改造也十分明显。英国强烈的经验主义传统无法容纳德国浪漫派漫无边际的想象，后者如诺瓦利斯甚至希望将梦境与现实等同。德国浪漫派深受德国先验哲学的影响，沉浸于想象的自我指涉功能之中，而英国明显更务实的精神却更倾向将诗与现实进行区分，同时不抹杀诗的独立功能。想象必然和新神话相连。与符号、叙事、象征紧紧相连的想象即是一种心智活动，也是一种心灵建构。想象是有益

---

100 Cited in *The Creative Imagination*, 219.

的，必须的，但不是唯一重要的。

德国先验哲学对心灵具有强烈兴趣，因为心灵似乎具有最可触摸的真实，而逻辑理性又是最可靠，这显明了德国先验哲学与浪漫主义相比，更是启蒙运动的产物。但是英国经验主义也必须面对一个问题，就是如何使想象不陷入自我指涉从循环之中，否则，在这个传统中，想象往往难以脱离负面的虚幻的功能。

换句话说，不论在德国唯心主义哲学传统，还是在英国经验主义传统之中，想象的难题都在于如何面对和处理伦理问题。审美作为一种自由的游戏，与现实的距离如何弥合。而这也是想象论在当代衰落的主要原因之一：想象作为一种心灵能力，并非终点。或者说，心灵能力本身，也并非终点。在柯尔律治这里，和莱布尼兹类似，想象是达到理性（非逻辑理性，而是古代意义上的）的必经之途；但结果是，一旦对心灵中最终的理性（REASON）失去信任，或者在本质上怀疑它的存在，作为心灵能力的想象失去了最终目标，其终极意义上的功能也就变得可疑了。

相比较于与理论上探讨想象的思想家们，作家，尤其是浪漫主义者们对想象却大多怀着无限拥抱的态度。他们对想象着迷的程度，正如恩格尔所评论的："创造性想象在许多浪漫主义者身上重燃了一种充分发展的泛神论宗教和宇宙论，以致他们离开了正统基督教，因为他们认为它没能表达这种主动性的能力，艺术和在一个大的宇宙论的统一中的这一有机的流溢。"[101]

在古代传统中，想象与预言具有密不可分的关系，柏拉图的《蒂迈欧篇》、荷马的两部史诗，都表现出这个传统。中世纪时，自托马斯·阿奎那起，想象就有两个地位：一个是介于感官和更高的理性力量之间的中介，另一个是与上帝直接相连的预言性的存在。

浪漫主义时代是文学艺术建立自身独立性和主体地位的时代。浪漫主义作家紧紧抓住了诗歌与真理之间的联系，某种预言者的身份帮助他们建设自己的主体性。想象之所以成为浪漫主义的核心教义，是因为它既表达了文学的特征，又为其价值进行了辩护。

塞缪尔·约翰逊是最早明确指出想象的道德缺陷的人。他清晰地意识到想象对于建构日常生活和思想的重要作用，并警惕其中可能出现的道德问题。他的代表作《人类愿望之虚华：模仿尤维纳利斯的第十讽刺诗》（*The*

---

101 *The Creative Imagination*, 252.

Vanity of Human Wishes: The Tenth Satire of Juvenal Imitated, 1749）[102] 在某种意义上就尝试研讨这个问题。这是一首用英雄双韵体写成的 384 行的长诗，风格是蒲柏式的说理讽刺，是约翰逊最重要的诗歌作品。可以说，这部诗歌从内容到文体、风格上都是反对想象的。约翰逊留意到，除却某些最基本的生物需求和直觉，人们期待、渴望、恐惧或失败的一切都主要是想象的产物，甚至连生物需求和直觉都常常被想象渗透、放大或改变方向。而人们往往受到这些"虚空"的想象的严重影响，他呼吁使用理性、宗教和事实来驱赶"想象的饥渴"。在接下来的十年间，约翰逊又在许多期刊文章谈及想象，其中有一篇为名《想象的危险流行》（The Dangerous Prevalence of Imagination）最集中表达了他所看见的想象带来的威胁。"人人头脑中都有不时占上风的虚幻念头，强迫他的希望或害怕超越明知的可能性。幻想超越理性的一切理论都是某种程度的疯狂……它不被称作疯狂，但是当它失控的时候，显然影响了言谈举止。

　　幻想统治的步骤已经得到了确认；她始于专横，终于暴虐。然后虚幻开始像现实一般起作用，错谬的观点抓住了心灵，生活在狂喜或痛苦的梦境中度过。"[103]

　　塞缪尔·约翰逊虽然也承认，没有想象，理想主义、悲悯都是不可能的，但是他尝试用理性、道德和宗教来净化、修正想象的无边蔓延，并确定事实的稳固性。

　　在浪漫主义作家中，柯尔律治和济慈也都先后意识到了想象可能导致的负面作用。在 1802 年写作的《沮丧颂》（Dejection: An Ode）中，柯尔律治在失意中反省了没能带来和谐的想象导致的凄惨情境，作为一种建构性的力量，一旦想象落空，带来的破坏性也极大。济慈在《恩底弥翁》中也思考了这个问题。济慈曾经表达之相信"心灵的情感的神圣性和想象的真实性"，当他呼吁"朝向真理的想象的常规步履"，后来他却只是诗歌的价值只是一种装饰，一个南瓜灯，因此"它不及哲学好,理由就像一只老鹰不像一个真理好一样。"[104]但是与约翰逊不同的是，他们以诗歌回应了想象的虚幻性的问题，也就是说，他们的诗歌可以表现出对真理的探求，诗歌（作为一种想象的产物）仍然具有

---

102 Juvenal，即古罗马时期诗人尤维纳利斯，使用拉丁语创作。
103 Cited in *The Creative Imagination: Enlightenment to Romanticism*, 60.
104 John Keats, *Selected Letters of John Keats, ed. Rollins*, Harvard University Press, 2005, 242.

认识和表达真理的功能。

马克·阿肯赛德（Mark Akenside）的长诗《想象的快乐》(*The Pleasure of Imagination*)(1744)一度广为流传，其中对想象的描述在知识分子圈子中深入人心。他在这首说理诗中描述了想象的道德性和"创造的(creating)"、"塑成性力量"（plastic powers）的构成活动。他直接转向了艺术家，第二创造者（the second maker），与宇宙的最初和持续创造的关系。创造性艺术家参与了宇宙的神圣构成活动，将物质世界与精神的世界连接在一起。阿肯赛德由此提出了沙夫兹伯里暗示，而莱布尼兹以分类的方式列举的一种预先建构的心灵与自然，精神与物质之间的和谐；通过使用这种和谐，诗人使自然与人融为一体，柯尔律治后来会称之为"人化的自然"（humanized nature）。

柯尔律治在《关于诗或艺术》(On Poesy or Art)一文的开篇表达了类似的概念。"人通过发声交流，尤其是耳朵的记忆；自然则通过眼睛对界限和表现的印象来交流，它通过眼睛来给予声音、气味等重要性和适应性，以及由此而来的记忆的状态，或者被集注的能力。艺术，用于统称绘画、雕塑、建筑和音乐，是自然与人的女仲裁者（mediatress）和调解人。因此，人化自然（humanizing nature）的力量将人的思想和激情融汇成一切人思考的对象；颜色、形状、运动和声音，都是它组合的元素，在一个道德理念（idea）的模型中将它们碾碎而成一体。"

与阿肯赛德类似，约瑟夫·沃顿（Joseph Warton）在1746年发表了诗歌《关于几个主题的诗歌》(*Odes on Several Subjects*)，在《序言》中他写道，他"确信道德化诗歌的时尚已经走得太远，他视发明和想象为诗人的主要才能，因此他将乐见下面的诗歌被视作将诗歌带入正轨的尝试。"[105]1744年沃顿已经在《热忱之人：或者自然的爱好者》（The enthusiast: or, the lover of nature）中呼吁诗性想象的希望之灵冒险靠近自然，因为"人类艺术没有表现的地方，……自然便寂寞独坐。"（Where never human art appear'd...Where Nature seems to sit alone.）很快，另一位诗人威廉姆·柯林斯（William Collins）——柯尔律治视之为自己的诗歌启蒙者的诗人——以更清新的笔触描绘了自然。在《诗歌特性颂》(*Odes on Poetical Character*)中，柯林斯将"幻想"（Fancy）作为最高级的诗歌力量，并将它与神圣的创造类比。虽然这不是柯林斯第一个提出的看法，但是他用更高超的诗歌语言描绘了这个看法：

---

105 Cited in *The Creative Imagination: Enlightenment to Romanticism*, 48.

> 因此年轻的幻想，在我，是最神圣的名字，
>
> 对那些预备并沐浴于天的人，
>
> 最丰沛的束腰之力已经赐下，
>
> 对极少数人，神灵般的天赋已经指派，
>
> 以坚立他们蒙福的预言之腰身，
>
> 凝视她狂野的异象，感受她纯洁的火焰。[106]

不论沃顿还是柯林斯，都已经明显感受到以蒲柏为代表的古典主义诗歌的局限性。过分理性、道德化的古典主义倾向导致了对诗性的束缚。沃顿的诗歌虽然有很多自然的描述，却未能形成"圆融"的、结合诗人主体情感和关切的意象，描写自然景物还是主要为了诗歌的说理性目的而服务，而柯林斯此处的诗也同样有为说理服务的问题，但是他对《圣经》意象的化用，延续了《圣经》的神圣性叙事传统，为这个意象注入了丰沛的情感。值得注意的是，与这些前辈相比，华兹华斯和柯尔律治的《抒情歌谣集》中很少用典，尤其是前者的诗歌，几乎全部是新鲜的意象。而柯尔律治的诗歌则将思考、哲理、情绪的渲染与少量的典故融于一体，如"风瑟"、"忽必烈汗"，赋予这些典故以新的意象。最后是通过他们二人的诗歌确立了新诗的典范，诗歌革命才能够完成。

第二节　柯尔律治的"想象"概念[107]

柯尔律治的文论和批评主要集中表现在《文学传记》中，《文学传记》（*Biographia Literaria*）又名"我的文学生涯及观点的传记概述"（Biographical Sketches of MY LITERARY LIFE and OPINIONS），主要讲述柯尔律治本人的文学创作经历以及他的文学理论与批评。书的内容有些驳杂：既

---

106 原文为"Young Fancy thus, to me divinest name,/ To whom, prepar'd and bath'd in heav'n,/ The cest of amplest pow'r is giv'n,/ To few the godlike gift assigns,/ To gird their blest prophetic loins, / And gaze her visions wild, and feel unmix'd her flame." 原文援用了《圣经》中的意象，如"预备并沐浴于天"（prepar'd and bath'd in heav'n），又如"以坚立他们蒙福的预言腰身"（To gird their blest prophetic loins），后者在《圣经》中多次出现，如《旧约》中的《诗篇》65:6"他既以大能束腰，就用力量安定诸山"，《新约》中的《以弗所书》6:14"所以要站稳了，用真理当作带子束腰，用公义当作护心镜遮胸"，等等。

107 本小节的内容部分以《想象的力量——兼评柯尔律治的〈文学传记〉》为题，发表在 2014 年《基督教文化学刊》中。

有对哈特利心理学的长篇反驳，又收录了德国游学时的书信，反而是历来最受关注的"想象"理论语焉不详。可就是这部枝杈丛生的作品，被一些评论家誉为英国文学批评的"圣经"。显然，这不仅是因为书中名闻遐迩、而又停留在纲要阶段的"想象"论，更多是由于柯尔律治的文学批评展现出的思考深度和高度的原创性。作者在梳理个人文学经历的同时，同时提出文学批评原则，并用于评价华兹华斯、莎士比亚等人的诗作。他的行文明显有为自己的文学立场和个人操守辩护的色彩，但也展示了一位拥有极高文学天赋，同时又能进行良好的哲学思辨的思考者极富洞见地实践文学批评的思想轨迹。正是这些杰出的特色使本书没有成为任何一种已然被淘汰的文学思想流派的传声筒。柯尔律治的文论或许不够体系化，缺少完整性，但是他拥有哲学原则、心理深度和艺术感受力的批评实践，远胜同时代人，使这部文学杂谈至今都令读者与批评家倍感亲切。就如赫尔墨斯的评价：作为一个部分失败的尝试，它在结构上非常松散，拼凑痕迹严重。但其天才之处在于一些局部的段落，个人性的段落，以及一些简单的接续，穿插在疯狂的框架中，具有无法逾越的简洁和力量。其中许多是比喻和明喻的扩展，充分说明了柯尔律治本质上诗性的思维阐释模式仍然在散文的论述中居于优势。

　　欧文·巴菲尔德（Owen Barfield）在《柯尔律治在思考什么》（*What Coleridge thought?*）的《序言》中总结道：柯尔律治与我们时代的相关性在于他对一两个重大前提的激烈批判，当下的思想以及这些思想的结果——今天这个"理解和感觉的时代"的整个文化和社会结构牢牢地（或者已经不那么牢固）立足于这种思想之上，其中甚至包括被认为是对这些思想的激烈反抗的部分。[108]他认为，这些思想其中之一就是所谓"眼睛的暴政"。"眼睛的暴政"一词出自《文学传记》第六章，柯尔律治写道："在眼睛的暴政下（为了从这个暴政下解放，毕达哥拉斯使用*数字*，柏拉图使用*音乐*、*象征*，两人还都使用几何原理，以它们作为心灵的最初启蒙教育），即在这种强烈的感官影响之下，我们无法获得安宁，因为这些观点认为不可见的事物不是视觉的对象；大多数形而上体系之所以流行，不是因为它们具有真理性，而要看它们在多大程度上提供了一种可*视*感受的理由，只要我们的视觉器官强大到足以看见它们假设存在的事物。"第六章的标题是"哈特利的体系有别于亚里士多德的体系之处，在理论上不合

---

108 Owen Barfield, *What Coleridge Thought*, Middletown: Wesleyan University Press, 1983, Introduction, 11.

理，在现实中不存在"。[109]为何巴菲尔德认为这是柯尔律治的重要贡献呢？这是因为巴菲尔德所认为 20 世纪下半叶西方社会中普遍存在的认识谬误，正是在柯尔律治的时代就开始流行并延续至今，柯尔律治对这些谬误的反对不遗余力，而且至今仍然具有很大的启发性。这些谬误包括：信奉机械心理学、排斥真正的形而上学、以及不思考要求整全性和统一性的问题。

柯尔律治的人论，与眼下流行的由现代心理学或无神论思想主导的看法有极大差别。虽然他在 200 年前写作，事实上，"机械心理学"[110]在当时就已经流行，在《文学传记》中，柯尔律治整整花了四章（五至八）处理哈特利的联想论，明确表达了他对这种理论的异议，从这个意义上说，他的"想象"可以说是他对这种机械心理学的针锋相对的概念。

---

109 本文的《文学传记》译文全部由笔者自行译出，依据版本为 *Biographia Literaria: The Collected Works of Samuel Taylor Coleridge*, Biographical Sketches of my Literary Life & Opinions, Princeton University Press, 1985.

110 柯尔律治对人的看法很有可能与今天大多数人乃至学者不同。比如，在教育学中，是否认同洛克的经验论下推演出的人的心理起初是一张白纸（这几乎是普通人教育理念中不假思索的常识），或者赞同弗洛依德的力比多理论，会导致完全不同的推理思路和结论。可能有人会认为，今天已经没有严谨的学者会简单地附和这两种有明显缺陷的心理学说法，但是如果我们反思当下盛行的文化批评研究，会惊讶地发现，它们往往建立在简单的观众或读者心理反应论之上。在探讨文化霸权对观众或读者的意识形态建构时，批评者不言自明的前提是将他们视为纯粹的消费者，但这里的消费者是一个抽象概念，纯粹的消费者是现实中是不存在的，观影者同时也是一个有生产能力的人，是某些人的家人和朋友，他具有积极的反应能力或者说创造性，以及不可能抹除的伦理意义。导致将一个现实的观影者完全等同于商品市场中的消费者，至少有一个很重要的原因是，文化批评所使用的"政治无意识"等理论和法兰克福学派的思想，建立在西方新马克思主义的基础上，因此重视物质变化，或者说经济现实对人的决定性影响。但这种理论对人的能动性往往估计不足，由于其研究倚重物质资料对人的影响，人在很大程度上就由物质资料决定——不仅是衣食住行的水准，而且包括思想意识，它极度忽视人的具体伦理维度，也无法承认人超越自身物质资料的可能性。即使詹姆逊创造性的"政治无意识"的提出，使经济对人的思想观念的决定不再过分简单化，但起初对人受物质决定性影响的设定仍然持续影响。人与动物的根本差别之一是人即使肚子吃饱、衣食无忧、行动自由仍可能愁苦万状，绝望轻身。就像切斯特顿说的，如果你一定要说人是一种动物，你不得不承认，他是一种太特别的动物，他一定要穿衣服，而且脑子过分好使。

对人的伦理维度的忽视导致文化批评无法承认超越共同的物质或文化利益的社群的价值，所以今天的文化批评，一方面能够成为一种犀利的批判现实的武器，另一方面却因为一种经济决定的宿命论思想，不能为解决这个问题提供任何出路。笔者将这种对读者／观众的简单设定也归入"机械心理学"的范围。

　　《文学传记》中这段看似离题的漫长追述是柯尔律治"想象"概念形成的重要背景。青年时期，柯尔律治曾一度醉心哈特利的理论，这是一种采用联想解释人的思维构成的心理学，但他也感到了这种理论的缺陷：因为从经验主义发展而来的心理学不能够解决柯尔律治关心的"整体"问题，"那些跟着自己感觉的人们……只思考*部分*"，对持这种立场的人来说，"宇宙也不过是*微小之物*的集合"。[111]这时，他已经感受到哈特利理论的一个重要缺陷：即它无法提供对人的整全性的解释，而他忧虑这最终将导致悬置道德和宗教问题。1800年前后，对于英国和欧陆，都是一个培育感性的时代。法国大革命虽然是一场启蒙思想的实践，奉理性主义为圭臬，释放的却是对人类社会美好未来的激情。在自由、平等、博爱等一系列口号和法国大革命的战斗实践的影响下，人作为个体的解放成为一种可能实现的追求，这激动了普通知识分子的心，导致人们比以往更普遍地参政议政，为自己和人类社会筹划美好的将来。人可以改变社会，而不是仅仅适应现有制度，渐渐成为一种具有普遍性的共识。但是在这样的时代氛围中，柯尔律治却表达了更深层次的忧虑，他担心过分功利化的思考导致社会的发展偏离其根本——人，担心这种对社会建设的憧憬被短浅的目光主导，结果反而被一时的忧惧所控制，以致走向混乱，而不是走向个人的德性和社会的整全性建设；他清醒地意识到近代英国需要在国家治理、民众的思维模式、各种社群的建设与成熟方面都跟上时代中发生的变化。而当时英国已经流行的一些哲学，以经验主义为代表，忽略了这些更深层的部分，却大行其道，反而会进一步导致社会的价值观混乱。这种经验主义，因其浅显易感，很容易被人们接受。而这种所谓经验主义其实无法解释一些至关重要的人类经验——比如宗教经验，结果就取消了这些经验的合法性。取消终极真理，甚至取消了追问终极真理的合法性，这样的所谓社会"发展"就在某种程度上变得是无定向的，而个人在这样的社会里面，道德和宗教的问题都会变得困难。就如他在《文学传记》里写到的"哲学一词，将自身定义为对真理的衷心寻求，但真理是和存在相关的。"[112]（第九章）

　　1798年访问德国之后，受到超验哲学的启发，同时通过观察自身心智运作，柯尔律治渐渐认识到心智运作是由彼此联系的心智能力决定的；也就是

---

111 *Collected Letters*, I. 354-5. 1797年的信件，当时柯尔律治还处在相信哈特利学说的阶段。

112 Cited in *Coleridge: Darker Reflections, 1804-1834*, 392.

说，心智本质上是综合的，而非被动的、联合的。尤其通过阅读康德，柯尔律治明确了哈特利心理学的问题：首先，只有感官证据，无法形成经验的整体性，因为"解决现象的方法不可能来自现象。"[113]哈特利提出的联想不能完全解释认知，也无法解释头脑中联想之物的形成。其次，这种机械的心理学取消了人在认识世界方面的主动性，也就是说，取消了人的意志，而没有自由意志，道德就失去主体，没有了根基；这是认定宗教和道德的紧密联系的柯尔律治无法接受的。正是从这里出发，他在《文学传记》中进行了想象和幻想的区分，将前者定义为主动的心智能力，后者为被动的心智能力。

对于柯尔律治来说，想象的一个重要性在于它可以提供关于人的心智能力更全面也是符合现实逻辑的解释；另一个重要意义在于，作为一种融合性的能力，想象表明了人的心智的主动性。我们来看一下第十三章末论述"想象"的名篇：

"我认为想象（IMAGINATION）要么是第一性，要么是第二性。我以为，第一性的想象是一切人类感知的活生生的**能力**和首要**动因**，是有限的心灵对无限的**我是**[114]的永恒创造活动的复制。我认为第二性想象是前者的回响，与自觉的意志并存，在动因的*类别*方面与第一性想象同一，二者的差异只在于*程度*和运作*方式*。第二性想象溶解、扩散、耗尽，为了能够再创造；或者在这样的程序无法运行之处，仍竭力观念化和统一化。它在本质上**是充满活力的**，因为所有客体（作为客体）在本质上是固定的、无生气的。"

柯尔律治认为在包括理性、知性、意志在内的各种心智能力中，"想象"的作用是融合或塑成，它的功能是综合各种心智能力。"第一性想象"强调的是想象在人的"感知"过程中的作用，也就是说，当人认识世界的时候，这种被命名为"想象"的具有主动性的心智能力已经在起作用；这意味着，首先，认知是融合、诗性的，不是空白心灵对外界的机械接受；其次，认知与情感相关，是一种创造性活动，形象、观念和情感在"想象"中为心灵所熔铸。鉴于"想象"在人的认知过程中的作用，"想象"作为一种与生俱来的能力，为所有人共有。这间接证明了心灵的主动性在所有人身上是共有的。

"第二性想象"也可以称为诗性想象（poetic imagination），在人们心灵中的发展是不平衡的，这种能力粉碎、重塑起初的感知，以我们仿佛第一次见到

---

113 *Friends*, I, 500.
114 无限的**我是**，指上帝。——译注。

它那样再现常见的世界。"第一性想象"和"第二性想象"的差别在于意识（即主体的主动性）主宰了后者。就这样，柯尔律治在感知学说（如果正确解释）中找到了通向诗性想象的钥匙，同时也找到了克服经验主义具有机械倾向的人论的通道：观看即创造，人与外界环境的关系不是机械的反应，而是积极主动、有建设性、构成性的参与，人是天然整体化、再创造的存在。

与前面的各种想象观念比较，柯尔律治的想象概念跨度很大，不仅有深度，而且简明扼要。

首先，柯尔律治赞同经验主义的观点，"第二性想象"隶属于"第一性想象"，想象是人类一种至关重要、不可或缺的心理能力，想象将自我与自然相连。

其二，通过突出"第二性想象"的主动性特征，他还进一步接受，想象是主客体之间有机互相作用的动力，在一个更大的体系中互相影响和转变两者。

其三，"诗人的意志隐含着灵性的自由，期待创造一种目标或者目的而且另一种。因此诗人必须是道德的代理。"[115]真理是艺术最终的目标，而不是感性。创作是一种艺术家的自主行为，必然预设了道德立场。

著名柯尔律治研究学者约翰·希尔（John Hill）评论道："柯尔律治的想象理论的巨大潜力在于他反对被动认知，认为认知是综合、诗性的，必然与情感相连，他将诗性想象理解为从认知、记忆、联想、情感、智力的无缝连接中生长而出，并将想象理解为某种自主的语言能力。"[116]命名这样一种具有主动性、综合能力的想象是至关重要的，因为柯尔律治反对的机械心理论其实源于一股源远流长的思潮。

20 世纪法国的"新神学"运动追溯了中世纪基于柏拉图主义—基督教的神圣本体论丧失的过程。这种神圣本体论认为：世界的神圣本质可以感知，却不可掌控，这是基督教信仰的思想背景。"新神学"追问，这种神圣本体论如何逐渐过渡到今天主流的经验理性主义？在后面这种世界观中，上帝的存在被认为不可感、也不可知，而且因此被打上问号？20 世纪法国天主教神学家孔葛（Yves Congar）认为，原因有几方面：首先，这来源于教会不恰当地过度占有和行使世俗权力。11 世纪教皇格里高利的改革大幅度扩充了教会的司法

---

115 *The Creative Imagination*, 331.

116 *Coleridge in Imagination*, ed. John Spencer Hill, London: Macmillan, 1981, Introduction, 3.

权，导致教会生活中人的能力与活动越来越主导核心舞台，使上帝在教会中事实上处于缺席状态；其次，经院哲学中的理性主义发展的结果之一。唯名论者为了辩护上帝的纯然超越性，切割了上帝与自然之间的联系，将神圣与世俗划分得泾渭分明，这可能有利于推崇上帝绝对能力的唯信仰论，但也可能趋向丧失信仰，因为世界成为依照自身规律运行的主体。这些教会内部的运动在客观上导致了神圣本体论的衰落。[117] 同时，随着自然科学研究的发展，人类可控的部分似乎越来越多。英国经验主义就在这种思想和历史的背景下形成。由于神圣维度从世界退场，人们改而以工具、机械的态度看待自然，吊诡的是，随后也开始以工具、机械的态度言说人的心灵（如霍布斯的人论），这又在一定程度上改变了原本论说人的语言体系（中世纪描绘人的心灵使用的语言是神学、灵修）。不论是经验主义还是启蒙理性主义，对人的心灵图景的描绘和理论都极为不完整：启蒙理性贬低了情感等非理性能力，经验主义的语言体系甚至在一定程度上否认了理性。这在一定程度上是因为，绝大多数描述人的词汇都源于自然，即源于描述自然的词汇的隐喻义。这不仅是词源学意义上的考察，而是意味着描述自然的词汇中原本包涵的神秘一旦解魅（Disenchanted），描述人与神圣相连的词汇也随之失去效力，因为人自然的一面受到了重视和肯定，而人精神的一面却被忽视了。这是柯尔律治与许多浪漫主义者的担忧。由此，我们可以将浪漫主义运动定义为重新寻找、或创造一套新的语言体系来讲述个体与神圣的故事的努力。

按照唯名论哲学，上帝与世界是绝对分离的，既然上帝在世界中隐退，此时如果仍然要坚持信仰，就必须借助某个无可置疑的外在权威，比如《圣经》，又比如教皇。结果在一些新教派别中，灵光论、神秘经验这种非理性或者说反理性领域成为了信仰存在的"证据"。柯尔律治不赞成这种非理性的信仰立场，作为浪漫主义思想家，尽管反对法国大革命，但他始终认同启蒙思想的许多基本设定。比如，他在《文学传记》的结语篇明确表示："（基督教）与正确的理性一致"，基督教的信仰方案是"我们教会的仪式和讲道的教导，和人类的理性彼此协调……只有理性的眼睛到达自己的地平线时，宗教才超越理性的视野；信仰不过是理性的延续"。理性虽然有限，但有助于信仰，抛弃它等于使信仰离开公共领域，并且失去了公允的检验者。同时，他也不满加尔文主义对

117 *Heavenly Participation: The Weaving of a Sacramental Tapestry*, Hans Boersma, Grand Rapids: Wm B. Eerdmans, 2011.

上帝权威的绝对推崇，他在这种貌似严谨的新教学说中嗅到了唯名论哲学的缺陷：如他在其宗教代表作《沉思之作》中指出的，对上帝在理论上的绝对推崇使信仰与信徒的经验剥离。正是在这样的思想背景下，他希望倚借唯心主义哲学的优势，发展一种结合心理学、认识论的形而上学。"想象"作为一种融合之力，赋予情感、思考以气氛（atmosphere）、语调（tone），统摄各种心智能力，成为了他依赖的词汇和概念。至此，我们不难理解，为何柯尔律治视"想象"为"有限的心灵对无限的**我是**[118]的永恒创造活动的复制"，这里的"我是"，指的是上帝，源于希伯来圣经中上帝的自我指称，中文和合本圣经译为"我是我所是"。柯尔律治在《文学传记》第十二章中专门谈论了"我是"的问题：

"这个原则的特征是用 SUM[119]或我是（I AM）描述自己；……唯独在这里，主体和客体，存在与认识是同一的，每一方都伴随着并假设了另一方。换句话说，正是主体通过将自身建构为对自己是客观的，从而使自己成为主体；但是它只有面对自己时是客体，也正是这使它成为一个主体。因此这种原则可以描述成永恒自我复制成客体和主体的同一种力量（主客体互为条件，而且只能作为对立物而存在）。[120]

附注：如果一个人问怎么*知道*他是谁？他只能回答，我是因为我是（sum quia sum）。但是如果（承认了这种确定的绝对性）再问他，他作为个体的人如何与他存在的根基相连，而不是与他对存在的知识相连，他可能回答，我是，因为上帝是（sum quia Deus est），或者更哲学化的说法，我是，因为我在上帝之中（sum quia in Deo sum）。"[121]

按照基督教的神学，人是上帝按照自己的形象和样式（《创世记》1:26-7）创造的。由于上帝是非物质存在，对于究竟什么是上帝的"形象和样式"，历世历代的神学家有很多解答，统括起来，可以分为五个方面：理性、道德的判

---

118 无限的我是，指上帝。《圣经·旧约》，《出埃及记》3:14"神对摩西说："我是自有永有的。"又说："你要对以色列人这样说：'那自有的打发我到你们这里来。'"詹姆斯钦定本圣经（KJV）译为：And God said unto Moses, I AM THAT I AM: and he said, Thus shalt thou say unto the children of Israel, I AM hath sent me unto you. 这里的"I AM"即指上帝。

119 拉丁语，我是。——译注。

120 这里的结论近似谢林《对知识学上观念论阐释的论文集》中相关片段。——译注。

121 谢林在《对知识学上观念论阐释的论文集》中完整地解释了这种说法，但认为它站不住脚，而柯尔律治扩充、确认了这种说法。——译注。

断、爱、共同体（因为上帝是三一的，所以人也必须在共同体中生活）、创造。20 世纪神学家保罗·蒂里希特别提及人的创造性能够成为生命中理解上帝的资源，其中包涵自我整合、自我超越和自我创造。当然，人的创造不等于上帝的创造。在希伯来语，上帝的创造用的是一个特殊的词，因为只有上帝能够进行"无中生有"的创造，而人的创造却不能是没有素材的，因此人的"想象"只是"有限的心灵对无限的**我是**[122]的永恒创造活动的复制"。但是，"想象"尽管是一种心灵能力，却是可以表现为具体产出物的。正是因为人具有"想象"的能力，才可能将各种素材聚敛，创造出自然当中没有的文明，既包括物质文明，还也包括精神文化。柯尔律治当时认为，有可能通过"想象"重建一种形而上学，在他的时代，自然与上帝的关系已经断裂，他希望结合经验主义和理性主义的成果为上帝与信仰辩护。

　　将"想象"命名为认知过程中的主动因素，不仅防止了经验主义的弊病，也肯定了心智的主要功能不仅是理性，也就是说，这样克服了理性主义的基本设定。在《文学传记》中，柯尔律治将诗人定义为："诗人通过具有综合性的魔力——我们称这种魔力作想象——散播一种统一的风格和精神，这种统一性混合、*熔铸*了灵魂的各种才能。想象的能力受到意志和知性的驱动，处于它们柔和、难以觉察，却毫不松弛的掌控中，仿佛用放松的缰绳驱赶，揭示了它自身就能够平衡或协调敌对或不和谐的性质"。在这里，柯尔律治部分使用形而上学，部分使用科学的词汇来描述了诗。将它呈现为一种能量和合成的复杂行为，独一无二的人类精神。他的用词同时调动了感性、知性和形而上学。显然，各种心灵能力在实际中是综合运用的，"想象"是一种无法否认的心智能力，单靠经验、理性、想象都并不能证明或者触摸到真理，因为人总是综合运用心灵能力，在现实生活中单纯依赖理性是不可能的。也因此，柯尔律治强烈反对仅凭推理就决定信仰的问题，觉得这不仅是亵渎，也是对普遍人的心智的侮辱，是一种傲慢与骄矜。

　　1803 年柯尔律治记录一场非常不愉快的谈话，是在他与华兹华斯、哈兹里特（Hazlitt）之间刚刚发生的，他写道："我的说话，我担心太过轻蔑了——

---

122 无限的**我是**，指上帝。《圣经·旧约》，《出埃及记》3:14"神对摩西说：'我是自有永有的。'又说：'你要对以色列人这样说：「那自有的打发我到你们这里来。」'"詹姆斯钦定本圣经（KJV）译为：And God said unto Moses, I AM THAT I AM: and he said, Thus shalt thou say unto the children of Israel, I AM hath sent me unto you. 这里的"I AM"即指上帝。

但是他们如此不逊如此恶意地谈论神圣的智慧，迫使我出此下策。"他认为哈兹里特不足为道，因为他的性格原本逼仄狭隘，"但是您，最亲爱的华兹华斯"的态度令他无法接受，"必须总是为了以其美为乐，为了与他们的真实或想象的生活共情，来观看事物的外表，这于智性的健康与男子气概有害，就如总是窥探和解开计谋可能对情感的单纯，想象的伟大和统一性有害一样。——哦，最亲爱的华兹华斯！雷（Ray）或者德拉姆（Durham）曾经像你谈论自然那样谈论上帝吗？"[123]虽然对华兹华斯的诗歌成就和才能非常肯定，但是柯尔律治却不赞成华兹华斯面对自然时这种在哲学上的轻浮态度。

在《文学传记》的篇末，柯尔律治完整地呈现了他如何看待心灵能力和基督教之间的关系："我只是陈述自己对基督教的真实证据的信念。1. 它与正确的**理性**一致，我以之为圣殿的外院——它的立足点是公共领域。2. **宗教**起初透过神迹来启示和证实，我视之为圣殿的台阶、门前走廊和大门。3. 每位信徒灵魂中极度*渴望*的感觉（即一种经验——他*需要*某种东西，并伴随着强烈的征兆，即在基督里给予我们的**救赎**和恩典正是他*之所需*），这种内在情感，我认为这是灵性大厦的真正根基。从 1 和 3 中极有可能*演绎*得到相应的历史证据 2，任何拒绝或忽视做这般实验的人都必定犯罪。4. 但是这种经验得自在实践上符合福音书的条件——即睁开的眼睛；晨光[124]；灵性成长的战栗与承诺，如喜爱上帝的恩宠一般爱上帝的幸福感，恨恶罪恶如感受到罪恶那样新鲜，以及如果没有基督就无法做到以上两者的感受；……[125]我相信，这四个证据对世人和全教会，曾经是、依然是必须的，而且重要程度相等：但是目前，我以为，对基督教国家出生的大多数基督徒，第三和第四个证据最为关键，不是替代前二者，而是我们乐意毫不怀疑地信仰前二者。信仰并寻求理解，我觉得这既是哲学的要求也是宗教的要求，纵使我相信**救赎**必须在成圣[126]之前，而不是成

---

123 *The Creative Imagination*, 36.

124 典出《圣经》福音书中的相关记载，《马太福音》13:15-16"因为这百姓油蒙了心，耳朵发沉，眼睛闭着；恐怕眼睛看见，耳朵听见，心里明白，回转过来，我就医治他们。但你们的眼睛是有福的，因为看见了；你们的耳朵也是有福的，因为听见了。"《路加福音》1:78"因我们神怜悯的心肠，叫清晨的日光从高天临到我们"。——译注。

125 《圣经·新约》，《约翰福音》7:17，有异文。——译注。

126 成圣（Sanctification），基督教神学概念，指基督徒从不洁的人转变成为圣人，将自己分别出来归于神。基督教认为，成圣以称义（即获得救恩，承认耶稣为主）为前提。——译注。

圣的结果。一切灵性的谓词可以毫无差别地解释为行动模式或存在状态，因此**神圣**和**恩宠**是同一个概念，只需要依照它与行为的关系或与存在的关系区分。"

此处需要说明，柯尔律治这里说的"理性"不是我们今天一般意义上的理性。在《文学传记》中，柯尔律治说明了他对人的各种心灵能力的定义："我在献给骚塞先生的《语录及其它》中讨论灵魂及其感觉器官的文章里写道：'我将把这些（人类的才能）安排在不同的感觉和能力之下；如视觉、听觉、触觉等；模仿的能力，自发的和自动的；想象，或者模塑（shaping）和修正(modifying)的能力；幻想，或者汇聚与联想的能力；知性，或者规范、证明和实现的能力；沉思的理性，即理论与科学的能力，或我们通过先验的原则在所有知识中用于构成或试图构成统一性、必然性和普遍性的能力；意志，或说实践理性；选择（德语 Willkür）的才能和意愿的感觉（有别于道德意志，也有别于选择），我觉得有理由将这种才能包涵在单一、双重的特殊能力的名义下。'"（《第十二章》）

柯尔律治希图恢复的理性(Reason)，更接近他引用的弥尔顿诗中提及的"直觉推理"。[127] 受到柏拉图、莱布尼兹、剑桥柏拉图主义者等的启发，柯尔律治企图纠正将理性等于逻辑推理的做法。"理性是对本质真理的直接和直觉的观看，'它与智力或者灵性的关系，就如同感觉与物质或现象的关系一样。'"[128] 柯尔律治的理性和柏拉图的 Nous 不一样的是，它也在感觉和理解中工作，与其他心灵能力共生。

受到柏拉图主义的影响，柯尔律治认为理性是"其他一切特质都包涵的特

---

127 参见柯尔律治在《文学传记》的第十三章开头引用的弥尔顿《失乐园》：

"亚当呀，只有一位全能者，
万物从他生出，又回归于他，
……
人类的营养品，也沿着阶梯逐步高升
上升为*活力*的精神，为*动物*，
为有智之人！给予生命和感觉，
想象和理性，灵魂从中接受**理性**，
理性是她的*本体*，有推理的
或直观的两种。"

《失乐园》，第五卷，I. 第469行起。此处的翻译引用朱维之《失乐园》，上海译文出版社，1984年，第194-195页，稍有改动。

128 *The Creative Imagination*, 336-7.

质，不是作为部分包涵，而是作为表现。"[129]观念（idea）隶属于理性，理性即观念，而观念即对真理的直观。"唯一看见观念如何作为理性的对象启发和通过感觉、理性工作的方式，是在象征、名字、形状和意象中表达理性的活动。……理性在启发其他能力或者传递真理的时候必须被转化成象征的感性的语言。"[130] "想象给予理性一种语言和能力去在具体的形式中表现。想象在直接独立性和直接的感觉中调节，将他们的联合表达给知性。这个活动非常宝贵，因为'一切真理都必须被简化为知性的形式，即作为一种反思的对象被固定，以及成为可表达的。'唯独想象能够允许理性和观念在哪里的一次互相作用中启发整个心灵"，想象是实验室，思想在其中精心地将本质化为存在。[131]

因此，想象成为"和谐和中介的理论，它将理性包涵在感觉的意象之中，并通过理性的恒在和自我循环能力组织感觉的奔流，产生一种象征的系统，这些象征自身是和谐的，与真理同质的，而它们是真理的管理者。"[132]观念以其非物质形式，只能为理性这种心灵能力所理解。因此，想象不只是一个发散自观念，并指示我们的知性的使者。想象是千变万化的：它在心灵的能力中活动，启发每种能力，其过程和方式不仅适宜、直达这些能力，而且也易受个别能力中的影响，这种影响会被转化、并直达其他能力。感觉、理性和知性因此接受并给出它们当下的领悟，这些领悟受到了所有能力的修正。这个合成的过程是持续不断的，'能力的组合或传递'。[133]柯尔律治知道他无法为观念是本质的这一假设提供这一证据。但是他追随柏拉图，相信"超越本质"的存在之源已经在物质和观念的规律中建立了和谐。

重要的在于下面这一点推论："观念的本质特征导致一个便捷的结论：既然物质世界和人类理性都被同样的规律或观念所统治，那么想象不仅在一个过程中统一了心灵，而且（至少部分地）是永恒理性的创造性力量，在其作用于宇宙之际。"[134]

柯尔律治在《文学传记》的第十三章中写到了所谓"第三种物"：

"这两种假设的力互相抵消不是因为它们从相反方向汇合在一起；作用

---

129 Cited in *The Creative Imagination*, 337.
130 Cited in *The Creative Imagination*, 337.
131 Cited in *The Creative Imagination*, 338，第 46 条注释。
132 Cited in *The Creative Imagination*, 338，第 46 条注释。.
133 Cited in *The Creative Imagination*, 339，第 48 条注释。
134 *The Creative Imagination: Enlightenment to Romanticism*, 341.

于它们的力量不灭，因此永不枯竭地为它们提供动力；某物必然是这两种力的结果，而且也同样无限、不灭；因为结果不可能是静止或中立；唯一可能的设想是，最终产物只能是第三种物（tertium aliquid），或者说有限的产物。这个设想是必须的。第三种物必须抵消力量的互相渗透，分担二者。"

行文到这里戛然而止，理由是他收到了一个朋友的信，劝他不要继续在这部"文学传记"中谈及"建构性哲学"的问题，因为从篇幅、主题上都不合适。于是他就听从这个多半是子虚乌有的朋友的劝告，放弃继续在哲学上探讨这个问题，然后十分简洁地提出了自己关于"想象"的分类（即前面所引的第一性和第二性想象）之后，便从第十四章起开始进行具体的文学批评。值得注意的是，柯尔律治不是第一次尝试提出自己的哲学体系，然后又停止几乎在开始阶段，最明显的表现就是他多次提及的《巨著》始终没有写出来。这里呼之欲出的"第三种物"，非常接近莱布尼兹的"活动力"，也很像他在其他地方偶尔提及的"想象"的力量。事实是，在《文学传记》之后，他很少再提"想象"的形而上学层面，甚至较少集中论及"想象"本身。我们在前面提及，这很可能是他感受到这种和理性相关的形而上学建构与想象的实践所依赖的经验主义传统有很深的裂隙，无法弥合，所以他也没有继续推进。

但是，作为一个清晰、有效的文学概念，柯尔律治的"想象"概念却在文学理论和批评中发挥了巨大作用。柯尔律治面对的"想象"一词盘根错节，汇聚了一个世纪以来对想象的兴趣。洛克、沃尔夫（Wolff），康德、埃里森（Alison）、费希特、谢林……许多人都曾将想象分成几种不同层次或程度的力量，他们中许多人也区分了幻想和想象，柯尔律治了解这些英、德国思想家的绝大多数相关成果。与他们相比，他对"想象"的定义不像那么全面，复杂，而是明晰、简化，"坚持住了核心本质"，詹姆斯·恩格尔这样评价道，"最终，是他的定义经住了时间的考验……显明了想象对他、对 18 世纪与浪漫主义时期的意义。"[135]

但是柯尔律治与"想象"相关的文论和批评，在许多方面都预示了是后世的文学批评和理论发展的方向。"想象"作为美学和文论中一个基本概念，从根本上挑战了古老的"模仿论"，它使文学批评转向文本和诗人主体，而不是依附于对内容和主人公的简单道德评价。文本成为一种建构的产物，成为独立的考核对象。

---

135 *The Creative Imagination: Enlightenment to Romanticism*,Ibid., 343.

比如关于象征，他写道："一个观念，在这个词的*最高意义*上，只能通过一个象征（Symbol）传递；除了几何学，一切象征都必然拥有明显矛盾。"（第九章）并且说："现时代的惨况之一是在*字义的*（Literal）和*寓意的*（Metaphorical）之间缺乏中介。信仰要么就被埋葬在死的字句中，要么信仰之名及其荣誉被寓意理解的赝品篡夺，这种寓意理解在盲目的自满中混淆了象征（SYMOBLS）和寓言（ALLEORIES）。寓言不过是抽象概念转化成为图像语言（picture-language），而图像语言不过是一种感觉对象的抽象；委托人甚至比代理人更没有价值，两者都是一样非实质的，而前者连形态都没有。另一方面，一个象征……的特点是，它是特殊在个别，或一般在特殊，或永恒在暂时之中的半透明物。它总是分享现实，使现实变得可以理解；当它清晰地表达整体之时，仍是它所表现的统一体中的鲜活一分子。"[136]

这完全可以成为 19 世纪下半叶象征主义的宣言。当 20 世纪英国现代主义文学使用"灯塔"（伍尔夫的《到灯塔去》）和"荒原"（艾略特的《荒原》）作为文本的建构核心，正是在实践柯尔律治关于象征的特点的理论。

"常常，在人类认识的延伸之中，曾经是一个寓言，却成为了一个象征。因此，一般将植物的生命与动物的认同，作为一种较低等的尊严中的同一种理论，会将荷马的寓言或复合的比喻……转变为一个象征。"[137]虽然柯尔律治的"象征"因为是观念的表达，而具有了某种"半透明的"真理性，但他并未因此赋予"象征"某种神圣性，或者将它视作僵死的，而是承认它是"诗性想象"的产物，是作者的主动建构。20 世纪晚期英国的唯美主义运动是浪漫主义发展的分支之一，这场运动高度发展了"诗性想象"作为"自我建构"的功能。对于奥斯卡·王尔德来说，人类的高贵和价值就在于他具备这样的建构能力，为了强调人的创造能力，他不惜为此表示对自然和生活的蔑视，提出了"生活模仿艺术远甚于艺术模仿生活"，但是这种发展很快就因其太过容易陷入不断自我指涉的循环，导致伦理维度的缺失，而未能继续往前。但是这场运动所表明的倾向也并没有因此而中止，沉迷于对人的感性体验的追寻和发现，沉迷于

---

136 *The Stateman's Manual*, in *Lay Sermons*, ed. R. J. White, vol. 6 of *The Collected Work of Samuel Taylor Coleridge*, ed. Kathleen Coburn, Bolingen Series LXXV (Princeton, 1972), 30. Cited in *The Symbolic Imagination: Coleridge and the Romantic Tradition*, J. Robert Barth, S. J., Princeton: Princeton University Press, 1977, 4.

137 Notebook 29, f. 61v. 未发表。Cited in *The Symbolic Imagination: Coleridge and the Romantic Tradition*, 5.

二次元世界，迄今为止仍是现代社会的病兆之一。

而柯尔律治的观点更加平衡，他肯定艺术家在模仿和挪用自然的过程，他创作一种语言，一个象征的系列，来反映和表现这个动力的过程。因此，"艺术是人与自然的中介。"艺术通过象征来表达人与自然的连接。而自然，它的另一个词是事实，是有深度的。由此，必须出现多种多样的象征来回应这种不同层次的事实。在这种较为平衡的艺术观中，能够避免唯美主义带来的问题。

又比如，柯尔律治认为存在一个普遍的梦境象征体系，就像诗性的象征一样，对所有人是共同的。"这是一种意象和感觉的（夜晚）语言，其多样的方言不如多国（白天的）语言相差那么远。不同国家和时代的梦书甚至证明了这一点。"这些象征可以基于类比（"深水=死亡"），或者"看似任意的"（"色彩的意义"），或者"常常是讽刺性的"（"动物粪便=金子等"）。在这个意义上灵魂是意识与无意识自我的组合："白天与夜晚的统一——疑问：难道有两种意识吗，属世的和属灵的？"[138]这一认识在 20 世纪初现代心理学兴起之后，已经被广泛接受。而在没有更多心理学证据的情况，并已经预示了 20 世纪上半叶西方文论界的符号学转向。柯尔律治之所以会产生这种"联想式的"推论，是因为他信任观念的先天性，而且这些观念只能通过符号来表达。

柯尔律治将想象的观念直接运用"实践批评"（practical criticism），这是他在英语中发明了这个术语。由于对"想象"的力量的深刻体会，柯尔律治是最早发现《圣经》文学的美感的西方人之一。在很长一段时间西方思想界对《圣经》的审美感受是缺失的。中世纪的审美由一种强烈的古典主义所主导。托马斯·阿奎那在《神学大全》中将美总结为：统一、比例、光泽，可见其一斑。柯尔律治是较早感受并明确地讲述《圣经》文字的强烈美感的人。只有浪漫主义的不均衡的、充满动态的美学，才能够理解《圣经》的文字所缔造的强烈神圣感和动感，以及人世与神界的断裂感。

他在给约翰·赛沃尔（John Thelwall）的信中写道："你认为基督教是一种低下的宗教"，随后在信中他总结了基督教的基本教义，并说"我乐意承认，其中（指教义本身）没什么幻想……但是虽然它自身对幻想没什么吸引力，它教导的真理却承认幻想的最高等级运动。'不可胜数的天使与天使长'难道不是比希腊罗马的男女神明更辉煌的存在吗？您能严肃地认为朱庇特

---

138 *Notebooks*, III, 4409.

生的墨丘利具有下面句子中的诗性崇高吗，"大力的天使，从天降下，脸面像
日头，两脚像火柱：他右脚踏海，左脚踏地。大声呼喊，好像狮子吼叫。呼
喊完了，就有七雷发声。七雷发声之后，那天使向天举起右手来，起誓说不
再有时日了！'[139]难道弥尔顿不是比荷马或者维吉尔更崇高的诗人吗？他的
人物角色不是更以崇高为衣吗？难道你不知道，在弥尔顿的《失乐园》里，
或许没有一页不借用圣经中的意象？我允许，并为之欣喜，基督不仅吸引理
解和情感，而且我确信，在读了以赛亚书、保罗的希伯来书之后，荷马和维
吉尔对我而言变得令人厌恶地驯服，而弥尔顿也不过差强人意。除非你认为
接下来的句子（暂不考虑严肃的信仰）是一种激昂雄辩的低下逃跑，否则咱
们俩的构造就是不同的，使徒在这些句子中标识了摩西和基督教性情之间的
差异——'你们原不是来到那能摸的山'（即一个物质的属地的场所）'此山
有火焰、密云、黑暗、暴风、角声与说话的声音。那些听见这声音的，都求
不要再向他们说话。你们乃是来到锡安山，永生神的城邑，有千万的天使，
有审判众人的 神和被成全之义人的灵魂，'[140]你会更喜欢这些，而不是朱
庇特和朱诺的争吵，受伤的维纳斯的呜咽，天神们对铁匠神伏尔甘的跛足的
讥讽——即使如此（我们品味的差异不会成为解释我们与这些观念相关的不
同情感的障碍）——我还要延续弥尔顿的说法，'锡安山／更令我欣悦，而西
罗亚池子的溪流／因神谕而奔流！'

　　接下来，柯尔律治从道德的角度为基督教辩护，"我姑且认为，教导有德
者道德，不如教导失德者那么紧迫。'生病的人需要医生。'[141]如果道德使娼妓
成为妻子和姐妹，恢复她内心的平安和纯洁，令醉酒者清醒，残忍者怜悯，盗
贼诚实，那么这*意味着道德*吗？这难道是我们的宗教的可鄙特点，它声称目标
是'医治伤心的，给穷人带来智慧？'它教导*悔改*——什么悔改？眼泪、悲伤，
然后重复罪行么？——不。是'转向善行的悔改'——一种彻底清除了迷信恐
惧的悔改，通过教导*过去本身毫无意义*；……'这是民主主义者的宗教。'它
显然以最明确的语言教导了人的权利，人获得智慧的权利，他们平等分享大自
然的祝福的权利；它命令它的门徒四处去教导他们的权利，它命令他们永不使
用武力，彻底地不抵抗；但是将真理的传扬视作法律之上的法律，……这些无

---

139 《圣经·旧约》《启示录》10:1-6，有删节。

140 《圣经·新约》，《希伯来书》12:18-23，有删节。

141 《圣经·新约》，《路加福音》5:31a。

疑都是一切热爱人类者的道德。"[142]

柯尔律治对基督教的辩护中充满了新时代的精神。首先,他清晰地辨认了以《圣经》文本为根基的基督教信仰为人的感性预留的巨大精神空间,这种至高、绝对的上帝形象,与希腊罗马的神人同形宗教相比,事实上更能够刺激人的想象,而且这种想象是与崇高这种与德性紧密相连的美感紧密相关的。其次,他辨识出了基督教中的平民精神。此时他依赖的主要是《圣经》中福音书里耶稣的教导。他指出基督教是一种民主的宗教。

他的辩护使基督教在感性、德性上(表现在政治上)都站到了时代的前沿。这既是长期浸润于基督教思想的西方社会自身结出的果实,同时,柯尔律治敏锐地捕捉到了这种具有传承性的思想和审美的源泉。

柯尔律治在《政治家手册》中谈《圣经》时再次谈及想象的功能是"和谐与中介的力量,它在感觉(Sense)的意象中包容理性(Reason),并且组织感觉之流通过理性的持久与自我循环的活力,产生出一个自身和谐的象征体系,与真理同质,是真理的导体。"[143]并在附录 C 中补充道,不仅人类想象的产物,圣经的诗歌,可以被读作象征式的,同样的还有"另一本书,同样的上帝启示——他的仆人自然这部大书。"因为"它是一切人性的诗歌,同样采用比喻义来读它,发觉其中灵性世界的对应物和象征。"[144]

他写道:上帝之存在从其造物中清晰可见。这不仅表现在智性的设计论上,而且也表现在感受上:"我对大自然的所有描述都充满了这种例子,而我们越精确地考察事物之间的关系,就越清晰地看见它们令人惊奇的倾向。事物不可遏制地展示了这种意向性的偶然性,事物这种令人赞叹的美丽结构,高举了我们的设计者的观念——涉及的统一性显示了他是一的。神的存在,以及他的力量和智慧,由此得到彰显。如果一个人在春日正午或夏天的夜晚中行走,却怀疑这位神的善意,我将为这人坚硬的石头心悲泣!全能者已经向我们显露了世界的卷册,我们可以在其中阅读他自己的手稿。"[145]

在华兹华斯的影响下,柯尔律治曾经回复对自然和人性的良性促进的寻求,认为与自然接触能够培育人的情感,这是对人类德性的提升。但是,柯尔

---

142 Cited in *On Religion and Psychology*, 23-25.

143 *The Stateman's Manual*, in *Lay Sermons*, ed. R. J. White, vol. 6, 29.

144 *The Stateman's Manual*, in *Lay Sermons*, ed. R. J. White, vol. 6, 70.

145 *Collected Letters*, I. 279- 280, ed. E. L. Griggs, 6 vols., Oxford 1956-71. Cited in *On Religion and Psychology*, 11.

律治不赞成斯宾诺莎的哲学，认为它最终导向一种无情的世界感受，再加上他担心落入泛神论，结果之一是，他越来越倾向于将自然视为神圣的象征，而不是等同于神圣，这在后来多年是他的权宜之计。

他在信中写道："我投身于这些工作，……在诗歌中，提升想象或使修正情感，通过注入了生气的无生命之物的美，仿佛一个鲜活的灵魂，在生活的实存中——在散文中，耐心地慢慢地寻求……我们的才干是什么，以及它们能够做什么。——我几乎怀着异象般的喜爱热爱田野、树林和山丘——因为我发现仁慈、安静在我里面增加，当这种喜爱增长的时候，因此我希望成为将它植入他人心中的途径——摧毁坏的热情不是靠打击它们，而是通过使它们毫无行动。"[146]显然，他比华兹华斯更清晰地认识到了文学和自然的符号性，它们诚然可能对人的心灵有益，但却是在主体主动参与的想象建构之中，自然的意义需要人的主动赋予，而赋予的重要途径就是文学。文学建立了人与自然的关系，对于主体而言，这种建构是不可或缺的。虽然启蒙时期将理性作为人的特征和定义，似乎给予了人很高的地位，但事实上一种只承认逻辑推理的工具理性并不能赋予人主体性。在机械论中，人毫无主体性可言，浪漫主义的运动却弥补了这一缺陷，自觉的诗性想象直接建构人的主体性。但这种主体性建构的是一种流动的整体性，想象的建构始终只能提供一种镜像，还需要一种哲学上的实在论为人提供更坚实的存在基础。

严格地说，先验哲学并不能够解决诗性和理性如何融合的问题。神圣本体论在世俗世界已然失效，回到过去是不可能的。理性与诗性这两种不同的现代人形象共享了现代性，有所区别又有所互补，构成了人的日常性。柯尔律治对罪性的思考使他从独一神论转回，并且避免了理性主义的乐观人性论，因为罪性决定性地有损于整体视域的获得，这是人在认识论上的局限性。他一直期待能够完成的大作——《道言的智慧》（*Logosophia*，起初的命名），或者《巨作》（*Opus Maximum*，后来的命名）虽然没有最终完成，但其基本框架，即从世俗到神圣的哲学论述，却成为了柯尔律治后期著作的一条隐线，以及浪漫主义学说和认识论的核心。不论是否通过科学、艺术、哲学或神学来解释，柯尔律治始终在写作中表达，他希望说明世界存在一种动力的统一，它在终极意义上是神圣的，能够构成一个未断裂的进程，从理性的感知（理解），到艺术的视

---

146 *Collected Letters*, I. 279- 280, ed. E. L. Griggs, 6 vols., Oxford 1956-71. Cited in *On Religion and Psychology*, 33.

域（想象），再到直觉的最高形式（理性），一切人类经验都朝向超验意义活动。赫尔墨斯认为，对于柯尔律治，以一种单一的启示方式言说这种信念的挑战从未能真正应对完成，但是以之为目标，他的其他产出都指向了这一方向，这使他一直保持了创作力。[147]从另一个角度来说，这部"大作"未能完成，也说明了柯尔律治的诚实。在康德之后，本体世界和人的认识之间已经出现了无法跨越的鸿沟，人不再能够信任巴门尼德的箴言：思维与存在是同一的。这意味着，柯尔律治试图完成的是一个不可能完成的任务，或者说迄今为止都不具备解决条件的哲学困境。因此，他虽然跟随康德，却没有像谢林和黑格尔一样，建构一个自己的独立体系。由于英国经验主义的熏染，他不能够容忍自己的体系无法解决现象界的问题，或者对现象界具有强大的阐释力，而只是在形而上的层面实现逻辑自洽。在这样的情况下，奇幻的诗作就显出了格外的优点。因为充满想象力的文学建构具有指向性的符号，在可见的现实世界之外建立理想国或者乌托邦。在本体世界崩塌，天道、上帝被质疑的年代，乌托邦或者理想国就成为必需品，成为人们表达伦理共识的不二途径。奇幻文学建构的虚幻世界符合浪漫主义美学转向之后的人们的心灵需求，它充满了感性，替代了原来超验的或者形而上的世界。

第三节　柯尔律治的"想象"与奇幻文学

　　"想象"是 19 世纪浪漫主义美学的核心概念之一，柯尔律治的定义在文学理论批评界影响深远。那么，在经历各种后浪漫主义洗礼的今天，"想象"作为一个文学理论和批评概念，是被怎样看待的呢？

　　首先，我们看见，对于今天的文艺批评界来说，"想象"已经成为一个常识性的词汇，虽然柯尔律治与之相连的先验哲学已经被批评界抛弃，但是"创造性想象"所指向的文学作品的独立性在某种意义上已经是天经地义的信条。其次，浪漫主义美学今天仍是大众流行文化的主流美学，"想象"是其中的高频词。只是在这里，"想象"更多是一种带有娱乐性质的形容词，尤其在当今功利主义当道的中国，常常成为"空想"的同义词，已经完全剥离了主动性心智能力这样的人文内涵。但是在西方学界一隅，即具有基督教背景的文学批评中，"想象"还在一定程度上保持着柯尔律治当年的要素和功能。

　　如 2002 年，美国慧顿学院（Wheaton College）的著名圣经文学研究学者

---

147 *Coleridge: Darker Reflections, 1804-1834*, 372.

利兰·莱肯编辑出版了《基督教想象：文学与写作中的信仰实践》；2012 年，剑桥大学牧师马尔科姆·盖特（Malcolm Guite）出版了《信、望与诗：神学与诗性想象》，[148]这些作品都跟随了柯尔律治的"想象"定义。[149]最意味深长的是 2009 年坎特伯雷大主教若万·威廉姆斯在"基督教想象的形成"丛书的引言中的话："比喻无处不在，即使在科学论文中也一样……我们必定要使用有历史和联想的词语；使用超越事物当下表象的词语谈论事物，意味着我们常常使用一种不能完全掌控的语言应对环境，在这环境中，事物要求我们在它们身上看见任何其他已成系列的概念无法理解的东西。这一切说明，没有一种认识和接受世界的体系不依赖想象，这是一种看见、言说一个抗拒任何最终解决方案的世界的能力。"[150]在这里，我们不仅听见柯尔律治使用"想象"为信仰辩护的回声，而且"想象"还发展成为一个意义体系的代名词。在英美基督教文学批评界，"想象"的神学意义和人文主义内涵都是确定无疑的。

但柯尔律治的"想象"的力量并没有停留在基督教的圈子里。在不太关心信仰问题的大众文化领域，"想象"之作在近几十年间越演越烈，赫然已是今日主流。这里，不消说，我们指的是奇幻文学，或者说幻想文学。

柯尔律治是最早为现代奇幻文学辩护的人。18 世纪末，童话作为一种新的文学类别逐渐浮出水面。但是，随着《格林童话》在英国市面流行，教育界却一片斥责之声，认为这类荒诞不经的作品只能误导儿童，不利于性格、品德的形成。在今天，童话赢得了全面胜利，寓教于乐被认为是最好的教育模式，明显的道德说教则遭到了明显的排斥。荒诞离奇的没有明显道德意味的故事常常被认为是刺激想象力。不仅在儿童教育中，童话甚至已经在成人休闲文化中占有极大的比重。毕竟，绝大多数受过正规教育的成年人都是读着童话长大的。而对此现象的产生浪漫主义美学功不可没。在 1797 年，柯尔律治对童话的辩护是罕见的声音："我从小阅读童话、精怪等等——我的心灵已经习惯于*雄奇*（*the Vast*）——我从未视*自己的感觉*为我信仰的准则。即使在那个年纪，我也使用构想而非*眼见*规范我的信念。儿童可以阅读传奇，关于巨人、魔法师、

148 *Faith, Hope and Poetry: Theology and the Poetic Imagination*, Malcolm Guite, Burlington: Ashgate Pub Co, 2012.

149 *The Christian Imagination: The Practice of Faith in Literature and Writing*, ed. Leland Ryken, 2002.

150 *Dostoevsky: Language, Faith, and Fiction*, (The Making of the Christian Imagination) Rowan Williams, Waco: Baylor University Press, 2009, Series Introduction, viii.

精怪的故事吗？——我知道所有人都反对；但是我的信念是确信无疑地肯定。——我不知道还有其他教导心灵热爱'宏伟'与'整体'的方法。"[151]在30年后，当人们质疑《古舟子咏》的道德时，他的立场丝毫没有改变："在我看来，这首诗是有道德寓意的，而且过分强加于读者。它不应该比下面这个故事拥有更多道德寓意，商人坐在井旁吃枣子，将壳投进井里头，一个精怪现身说他必须杀死这个商人，因为枣壳挖出了精怪儿子的眼睛。"[152]

柯尔律治单独论童话的语言并不多，他对奇幻文学的看法是和他整体的教育观念，以及和他对文学的认识紧密相连的。在这两段话发表的30年间，柯尔律治改变了许多，他的信仰和政治立场都渐趋保守和建设，他对自我和世界的认知也加深了，可是他对《一千零一夜》的看法却没有改变。这种认识深深地植根于柯尔律治相对于他的时代较早觉醒的感性之中。如果联系上文他对《圣经》文学的崇高、复杂和深刻性的颂扬，我们可以发现，从前一些超验的哲学概念，如奥古斯丁在《忏悔录》中对上帝的描述："至高、至美、至能、无所不能、至仁、至义、至隐、无往而不在，至美、至坚、至定、但又无从执持，不变而变化一切，无新无故而更新一切……"[153]到浪漫主义时代转化为一种崇高的美感。形而上的本体世界的崩塌，导致语言的功能改变，既然与语言对应的已经不是实体，那么，语言就是符号，它无需具有对应的实体，而是可以建构一个纯符号的无需实存的世界，可以建构这种符号以及符号体系，在卡西尔的《人论》中最终被总结为人的定义。而这一定义的出现，在柯尔律治的论象征的一些片段中就已经初露端倪，只不过柯尔律治难以彻底抛却本体世界的问题。那么，究竟何为"雄奇"？为何奇幻文学引导人们热爱"宏伟"和"整体"是重要的？为什么说《古舟子咏》中含有太多道德因素？为什么荒诞不经的精怪故事具有道德寓意？

柯尔律治清晰地认识到，一种健全的人的存在方式是一种和宇宙嵌入式的参与。只有意义才会引起热爱，而意义必然要求一种整体性的叙事、图景或者答案。而奇幻文学提供这种图景，因为在童话的有机宇宙观中万物具有相关性，个别的存在因此也具有目的性。童话的讲述所隐含的世界观构成的潜移默

---

151 *Collected Letters of Samuel Taylor Coleridge*, I, 354-5，1797 年的信件。

152 *Table Talk*, 1830 32, I, 149. (May 30st, 1830). 5 月 31 日，柯尔律治说道："这首诗的主要唯一缺陷是，在一部纯想象之作中，将道德情感如此公开强加于读者。"

153 奥古斯丁，《忏悔录》，周士良译，北京：商务印书馆，1996 年，第 5 页。

化的影响是德性的根基，也是人们的自我认同所需要的常识。

1815 年前后，即写作《文学传记》的同时，柯尔律治曾经计划写一篇文章，作为《古舟子咏》的序，阐释"诗歌中超自然事物的使用及其规范的原则"，并在《文学传记》第十三章末宣告了这个计划。虽然这个计划和其他许多计划一样落空了，但是我们却可以从《文学传记》第十四章开头柯尔律治追溯《抒情歌谣集》诞生过程中寻见一些基本思路：

"我和华兹华斯先生成为邻居的第一年，我们的谈话常常涉及诗歌的两个要点：通过忠实地坚守自然真相来激起读者同情的力量，以及通过修改想象的色调提供新奇趣味的力量。光影的偶然组合，月光或霞光照射在熟悉的风景上，会形成出乎意料的魅力，似乎表现了结合两种能力的实际可能性。于是出现了下面这种构想（我不记得是我们两人中的哪一个）：可以由以下两种诗构成一个诗歌系列。其一，事件和行动者至少有一部分是超自然的；如果假设这种情形是真实的（它在这个意义上是真实的，即不论出于什么错觉，对在任何时候都相信自己在超自然力量之下的人是真实的），会自然伴随着一种情绪，这种情绪的戏剧性真实激起的情感，是这类诗歌努力实现的优点。在第二种诗中，题材选自日常生活；能在每个村庄及其附近找到类似的人物和事件，只要一个爱思考、善感的心灵寻找它们，或者在它们出现的时候留意到它们。"于是，"这个想法催生了《抒情歌谣集》的计划；我们同意，我努力表现超自然的，或至少是浪漫的人物和特征；为了从我们内在的天性中调动一种人性的兴趣和真理的相似物，这种兴趣和相似物足以实现想象的这些幻影，人们自愿暂时搁置对它们的不信，从而构成诗之信。而华兹华斯先生的目标是给予日常事物新奇的魅力"。[154]这段"回忆"看似非常符合两位诗人最后在《抒情歌谣集》中的实际贡献，但事实上极有可能并非当时真实情形。因为华兹华斯反对将柯尔律治写作的《克丽丝托蓓》收入《抒情歌谣集》第二版的理由之一就是该诗的主题与其他诗歌不相容，而《克丽丝托蓓》恰恰是超自然色彩非常浓重的诗作。可以想见，柯尔律治的这番话有可能是为自己在《抒情歌谣集》中常常为时人诟病，而且多多少少与该诗集中其他诗歌主题不合的《古舟子咏》等诗歌作辩护，同时，我们也可以视作《抒情歌谣集》未遂序言的重要内容。在这里，柯尔律治明确将创作实践与想象联系在一起，尤其注意到超自然事物与想象的关系："通过修改想象的色调提供新奇趣味的力量"，"超自然"事物"从我

---

154 *Biographia Literaria* II, pp. 6-7.

们内在的天性中调动一种人性的兴趣和真理的相似物",这大致是"诗歌中超自然事物的使用及其规范的原则"。

想象是对精神空间的探索,具有很强的心理学维度,德国哲学赋予了想象哲学性,而柯尔律治使想象成为英国浪漫主义的坚实共识。这不只是一个文学创作理论的开拓,它事实上开启的是现代人的心灵空间。人的心灵因为有想象的能力,可能超越肉身的局限。原本西方人这个内在的精神空间是被基督教信仰长期培育出来的,在《奥古斯丁》的忏悔录中有很强的表述。在德国近代唯心主义哲学中则被系统地梳理出来。

值得注意的是,柯尔律治本人并不将宗教信仰神秘化,他在《朋友》中一次专门分析了西班牙中世纪晚期的著名神秘主义者圣特雷莎(St. Teresa,也译为大德兰),将她的神秘体验心理化,从父母影响、成长经历等生平传记角度解释她的幻象等神秘体验。心理幻觉和灵性经历的混合。但他仍然认为特雷莎是一个"天真、深情的灵魂"。[155]

需要留意的是,柯尔律治和华兹华斯在写作和出版《抒情歌谣集》(第一版和第二版)时,都尚未回归基督教正统信仰。他们的"歌谣"无疑包含着丰富的道德关注,而这些"想象"之作,事实上是对法国启蒙主义的反动,也是理性主义为个人开拓主体领域之后的产物。个人的主体领域并不是只有理性,实际经验的领域更为错综复杂,因此,在认可了理性所划出的主体疆界的范围的同时,浪漫主义试图填补这个主体疆界中明显空缺的部分,并以自己的实践在一定程度上改变了这个主体的具体面貌。但是同时,理性和情感在主体中的裂痕始终存在,并不能被修复。自浪漫主义美学兴起之后,"我"究竟是"理性"的,还是"感性"的,在理论层面是一个不断被探讨的问题。近两百年来的学术史在这两种选择中互相倾听、对话、争辩、驳斥,并没能在本质上超越这个两难的选择。

以华兹华斯为例,由于法国大革命时期身处法国,华兹华斯目睹为人类承诺了理想社会的革命的暴力、血腥与非理性,而自身不慎的爱情悲剧则与这场社会剧变相呼应,共同融汇成他精神和人生转折的创伤性事件。被迫回到英国之后,华兹华斯陷入严重的抑郁,无力自拔。他与妹妹居住在童年时期待过的湖边,远离尘嚣,慢慢地等候心灵的复苏和治愈。湖边瑰丽多姿的山水,朴实的乡民,使他的心灵渐渐复苏,而他的写作,既是对这一自愈过程的记叙,也

---

155 *The Notebooks of Samuel Taylor Coleridge*, III, 3925.

是对这场心灵重建活动的主动参与。但华兹华斯并不因此是去政治化的。从他与柯尔律治的生平传记中可以看出，他们有时并不被这些自己描写的乡民邻居理解。因为邻居的举报，甚至曾有密探跟踪偷听他们的谈话。有时，屋主为了避政治上的嫌疑，甚至不愿意将房子继续租给他们。但是他选择了与底层的乡民，甚至是乡民中的边缘群体认同。这表现在诗歌中大量女性甚至是女童的形象，如《我们是七个》中贫穷的小女孩，《孤独的割麦女》中的主人公，《露西》组诗中早夭的露西，女乞丐，疯母；也表现在拾水蛭的老人，老货郎，老乞丐中。这些人可以说是边缘群体中的边缘群体。这些选择与他在《抒情歌谣集》（第二版序）中表达的信念一致，真正的诗的语言是乡民口语，越是远离文明的核心，就越是诗的。这种"反文明"倾向事实上建构的是浪漫主义长期经营的基本对峙：在关于人的核心理念中应当排斥其有用性，以及表达对人的天性的信任。在现代社会中，所有人都寻找自己的价值和有用性，而浪漫主义恰恰反对这种举动，认为这在根本上是违反人性的，因而它寻求建立一个非工具的整全的人的形象。最终，华兹华斯以"自然"为镜像地建立起了自己的主体性，一个忧郁、感性、寻求成长的现代人。问题是"想象"建构的这幅镜像是否能够使现代人感到自身的完满呢？

从早年开始，柯尔律治就希望通过自己的写作培育英国人的思考习惯，而不只是灌输给他们观点，而是以一种非党派的形式。柯尔律治的体系从未能完整地呈现，但在某种意义上，这正是因为他的"体系"具有不完整性，或者说开放性。他敏锐地感受到了许多问题，虽然对它们并不是都有答案，但是，他力求推进的思考方向和思维模式，却影响了下一代甚至整个维多利亚时代，这其中包括他对"想象"这种心灵能力的总结、阐发和运用。

1816 年 5 月，柯尔律治的《克里斯托贝尔》（第一部份）在拜伦的努力下得以出版，尽管当时的公众对这首诗始终没有加以重视，年轻一代诗人却将它奉为经典。拜伦、雪莱当年在一个暴雨之夜阅读这首诗，诗歌与自然相呼应，产生了强烈的效果。受到这种刺激，玛丽·雪莱开始写《弗兰肯斯坦》，而约翰·威廉·珀利多里（John William Polidori）则开始写《吸血鬼》（*The Vampyre*），两部经典的现代哥特小说被催生了。

雪莱的《为诗一辩》中表达了与《文学传记》中接近的概念，但是更推向极端化。济慈极为喜爱柯尔律治的诗集《西比尔的叶子》（*Sibylline Leaves*），深受《文学传记》中诗歌"情愿暂时不信"看法的影响，他的诗歌实践集中探索了幻景及其精神空间构造的能力。

柯尔律治试图创建一整套独立的公共文化。1818 年修订版的《朋友》三卷本出版，在新一代知识分子中渐渐产生了影响。1822 年，刚刚成为牛津圣三一学院导师的朱利叶斯·海尔（Julius Hare）开始向年轻的本科生们推荐《朋友》，其中包括约翰·斯德林（John Sterling），后来剑桥使徒（Cambridge Apostles）的建立者之一。斯德林曾经与年轻的哲学家约翰·密尔一起拜访晚年在医生家里居住的柯尔律治，因为他们两人都对当代边沁主义的"机械论"本质深感失望，渴望从柯尔律治这里获得资源。密尔认为，《朋友》是完全不同于"一切托利的和皇家的作者"的柯尔律治运动的根基的第一步。1823 年，年轻的约翰·拉斯金（John Ruskin），后来维多利亚时期的文艺评论领袖，也在日记中写道：《朋友》"提供了比柯尔律治的诗歌更高的观念。"[156]

1842 年，弗里德里克·莫里斯（Frederick Maurice），基督教社会主义者的先驱，在《基督的王国》（*The Kingdom of Christ*）的《序》中特别提起了《朋友》，将柯尔律治视为他们倡导的维多利亚时期灵性复兴。莫里斯不认为柯尔律治的哲学是"完整的，令人满意的"，也不认为他指出了一条清晰的社会改良的道路，但是他"产生的力量"直至 19 世纪 40 年代，仍是历史事实："他告诉我们应该去寻求什么？"

在拜访柯尔律治近 20 年后，密尔见到了与柯尔律治的期待非常相似的知识分子的创造，他评论道："……德国—柯尔律治学派的独特之处在于，他们的眼光超越了当下的争议，到达所有这些争议的根本原则。他们是最先（除了到处都会有的一位孤独的思考者）询问完整性或深度，人类社会存在和成长的归纳性规律的人……他们是最先寻求，在哲学上，并以培根式的调查精神……不是一种党派之见，而是一种社会哲学的人……这一贡献是由任何阶层的思想者构成的，面向人类文化的哲学的最大贡献。"[157]

以及"实在如此，智慧的想象是上帝之灵的在场，是人们能够拥有的最好向导，因为对我们最有影响力的并不是我们看得最清楚的；某种超越之物（something beyond），某种眼睛不能看见、耳朵不能听见之物的不明确，却生动的异象（visions），影响力远胜任何将同样的事物呈现于智力的逻辑序列。"

---

156 *Friend*, I, cv.
157 *Coleridge: Darker Reflections, 1804-1834*, 484 footnote. 'On Coleridge', *London Review*, March 1840. 参见中译本《论边沁与柯尔律治》，约翰·密尔，余廷明译，北京：中国文学出版社，2000。

柯尔律治的诗歌以及他的"想象"论，直接启发了后来英国的浪漫主义作家和维多利亚时期的幻想文学。如维多利亚时期童话"三巨头"之一乔治·麦克唐纳的童话创作，还有两位现代高等幻想文学（High fantasy）[158]的缔造者C·S·路易斯和J·R·R·托尔金。

与经典现实主义文学相比，经典幻想文学有几个突出的特征：1. 成长：人物类型化，并不强调个性，情节以英雄主人公的历险故事为外在主线，内在的主线则是主人公的内心成长；2. 奇境：虚构的世界（一般而言是非基督教的）在物质层面千奇百怪，但支配世界与事件发展的动力是道德律，而不是任何其他所谓客观自然规律；3. 以想象力的呈现作为最重要的审美原则：主要功能之一是通过建构迥别于日常生活的世界造成陌生化效果，从而重建日常生活的新鲜感与活力。

大卫·桑德纳（David Sandner）在《奇幻文学的批评话语：1712-1831》的序言《浪漫主义作为奇幻文学的源头和终结》中写道："在对奇幻文学的批评中，浪漫主义经常被作为这种文类的起源，即当威廉·华兹华斯和塞缪尔·泰勒·柯尔律治呼吁'某种想象的色调'添进文学实践的时候。"[159]浪漫主义时期确实是奇幻文学作为一种形式自我觉醒的时期，但是也正在浪漫主义时期，与想象力相连的幻想文学被与儿童文学、粗俗的娱乐的流行文学关联在一起。桑德纳认为：奇幻并非仅仅是一个时代重要的文类，而事实上是"浪漫主义的表达和思想的典型形态"，事实上，通过这种想象文类的持续流行，奇幻文学不断地探索着浪漫主义的内在张力，直到今日。[160]这一文类并非彻底和现实无关，而是对现实的一种领会，尤其是现实的混乱、可怖、神秘和奇观。罗斯玛丽·杰克逊（Rosemary Jackson）在《奇幻：颠覆的文学》（*Fantasy: The Literature of Subversion*）中写道："奇幻文学追踪文化中未被言说的和未被看见的，那些被噤声的，被隐形的，被遮盖的，和被'缺席'的。"[161]桑德纳指出："从这个角度来看，奇幻文学不仅提供超验，而且可以说用超验来威胁我们，伴随着对自我和社会的当下文化与现实的设定界限的忧虑；不仅基于，而且沉迷于语言

---

158 幻想文学的亚文类，一般指缔造了完整的第二世界的幻想作品。

159 David Sandner, *Critical Discourses of the Fantastic, 1712–1831*, Ashgate Pub Co, 2011, 1.

160 David Sandner, *Critical Discourses of the Fantastic, 1712–1831*, Ashgate Pub Co, 2011, 2-3.

161 Rosemary Jackson, *Fantasy: The Literature of Subversion*, Routledge, 1981, 4.

的物质性，坚立于任何'现实'的意识形态的建构核心的他者。奇幻文学投下'真实'与非真的阴影，讲述未被言说的，显现不可见的，讲述沉默。奇幻文学对一种最终它既不能肯定也不能否认的，或者可以同时肯定和否认的，现实发表意见。"[162]

柯尔律治的"想象"是理性观念的呈现者，因而勾连本体。但是在现代的发展中，"想象"概念已经失去了这个更高的连接点，而是成为了纯粹的人的建构能力，成为一种更纯粹的心理学（经验加上心理分析）的心灵能力，而且尤其偏重其自我建构的特性，几乎一切都是心灵（自主或者半自主）地对外在世界的建构，而这种建构在某种意义上都不过是内在世界的向外投射而已。事实上，柯尔律治的理论和视作在某种意义上均已经预见到了这种发展的可能性和危险。他所反对的谢林哲学中的部分，正是这种哲学貌视经验和肉身，导致自我主体膨胀（表现为对精神性的过分强调）的部分。这是德国浪漫主义和理性主义结合的哲学发展方向。同时，柯尔律治的诗作，尤其如《古舟子咏》和《忽必烈汗》，突出表现了卓越的想象建构可能将读者带入一个远离自己所在真实时空的情境中，昭示了想象力的巨大潜力，以及它的运用对人的心灵可能产生的深刻影响。如何能够感受想象之美，扩充心灵空间，却又同时不沉溺于虚构时空之中？这个问题是想象力在最初被提出的时候就一直面临的问题。一方面，人无法离开想象，缺乏想象力的人，缺乏理解力和创造力，另一方面，太过倚重想象，却可能使人脱离现实生活，无法与真实处境想调和，典型的例子便是黑塞的《荒原狼》中的主人公。这个问题将想象从单纯的审美需求中拖出来，加之于必不可少的实践或者说伦理的维度。但这个问题柯尔律治并没有解决，或者说，因为他的生活和经历的局限性，他也无法解决。下一章的乔治·麦克唐纳为这个问题提出了一个近乎完美的答案，不论在生活上，还是在文学中。

总体而言，以华兹华斯和柯尔律治为代表的英国浪漫主义，与其他欧洲各国的浪漫主义潮流一样，尝试为新一代欧洲人（经历法国大革命之后的）提供新的心灵秩序，提供启蒙主义之外的另一种选择。想象在人们的心灵能力中占有了前所未有的地位，从而使这种心灵秩序的天平更倾向将感性与主体性和自我的觉醒紧密相连的状态。理性不再是人的心灵中唯一重要的能力，随着对情感和感性的认可，现代人的独有自我认同模式进一步形成。如果说在理性主

162 *Critical Discourses of the Fantastic, 1712–1831*, 5.

义时代，前卫的知识分子对宗教的态度是仅认可其在道德上的作用，那么在浪漫主义之后，他们也可能认可宗教在情感上的强烈冲击力和情感维系作用。只是，不论理性主义，还是浪漫主义，也同样都不必然和宗教相关，一样可以在人的自由和解放的名义下，打破这种威权的僵化的思想、行为的束缚。还要到更晚的 20 世纪，乃至 20 世纪末，宗教在全球的复兴才成为一种令左派始料不及的"退化"现象。而具有基督教背景的存在主义思潮为此提供了重要的思想资源。但即使在 19 世纪的欧洲世俗化进程中，基督宗教仍然是多元文化中的一支劲流，浪漫主义所开发的想象的心灵能力为基督宗教在新时代中也提供了新的辩护途径。想象力如何发展才能不耽于自我和虚妄？宗教为它提供了一种可能性。而中世纪的基督教灵修传统中，想象是一种被明确使用的心灵能力，尤其是依纳爵·罗耀拉（1491-1556）是天主教耶稣会的创始人，他创作的《神操》迄今为止仍是广泛流传的灵修指导书籍，其中对想象的依赖极为明显。虽然以想象为核心研究对象之一的现代心理学，为基督教灵修学提供了一个前所未有的参照系。但是，传统的基督教灵修学也在不断对现代心理学提出挑战。一种具有明确导向性的想象能力对于人的心灵将具有什么样的影响呢？麦克唐纳展示了一种可能性。

乔治·麦克唐纳

第一章　麦克唐纳生平思想评传

　　乔治·麦克唐纳（George Macdonald）于 1824 年 12 月 10 日出生在苏格兰阿伯丁郡（Aberdeenshire）的亨特利（Huntly）镇，父亲是一位农夫。由于自小生活在具有丰厚苏格兰历史文化传统的乡村地区，麦克唐纳一生都热爱大自然，并且喜欢苏格兰神话故事，古爱尔兰丰富的神话诗，比如库楚林（Cuchullin）和德尔卓（Deirdre）的故事，都是当地人口耳相传的民间传说。在他就读的乡村学校，盖尔神话和圣经故事流行，从小受到神话与圣经的熏陶，麦克唐纳对幻想世界一生都非常着迷。

　　乔治·麦克唐纳 8 岁时母亲因病去世，他天性敏感，但幸而有一位情感丰富又很有责任感的父亲，父子二人情感甚笃，因此仍然拥有相当幸福快乐的童年和青少年生活。他的父亲为人敬虔，是教会里的执事，又很难得具有幽默感，父子一生关系亲密。父亲在乡间辛勤劳作养家，但是因为一些外部原因（比如工业文明的入侵），家境并不富裕。但是，乔治·麦克唐纳（父子同名）努力将孩子们培养成敬虔、具有优美品德的人，并始终在信仰上是后辈的良好督促者。麦克唐纳的祖母则是一位忠诚的加尔文主义者。在宗派上，他们全家都属于公理会（congregational church），这是一个新教宗派，重视平民皆祭司的传统，教会的事务由全体会友共同决定，因而要求相当强的信仰委身程度。苏格兰此时已经是不列颠及北爱尔兰联合王国的一部分，但是两者的信仰却不同。苏格兰王国在 1707 年与英格兰王国合并，此前两国分别进行了宗教改革。1534

年英格兰国王亨利八世在英国实施改教，建立英国国教，而苏格兰王国在 1560 年正式与罗马天主教会教宗决裂，其形式远比英格兰激进。苏格兰的改教领袖是约翰·诺克斯（John Knox），诺克斯以加尔文主义重塑了苏格兰教会，最终苏格兰长老会成为苏格兰国教。两国合并的时候采取了宗教宽容的政策，因此直至 19 世纪，苏格兰地区仍然是不合国教者的宗派占主流。诺克斯及其追随者是严格的加尔文主义者，在教义上接受预定论。公理会是英格兰要求进一步改教者建立的新教宗派，特征为全民参与教会治理。从小浸润于敬虔的宗教氛围之中，乔治·麦克唐纳一生都将信仰视为生命中最重要的关切，但是他难以接受严苛的加尔文主义预定论，这导致他成年后不仅皈依英国国教，而且发展出自己的一种普救论（Universalism，一种相信全人类最后终将都得救的基督教非正统理论）。而他在改宗过程中面对的精神危机，以及对这场精神危机的处理结果，也成为麦克唐纳思想中最有特色的一个部分之一，深刻地影响了他的写作。

在当地中学接受教育之后，1840 年，16 岁的麦克唐纳来到阿伯丁的国王学院（King's College）。他的自然科学成绩非常优良，一开始想学习化学为业，但后来兴趣转向语言和文学。当时浪漫主义已经在英国取得了全面胜利，他在这段时间接触到了更多当代、古代文学，并接受了良好的古典教育（以改革宗神学为外围边界），包括古典语言、哲学、数学、科学、音乐等。他从老师那里学会了欣赏希腊原文圣经之美，一生从中汲取信仰资源。1842-3 年，他因贫穷辍学一年，期间他曾经到一座古老的苏格兰城堡中去整理旧书档案，以赚取学费与生活费。这座城堡具体的位置已经不可考，而就在这个城堡中发生了对麦克唐纳来说非常重要的"灵性危机"。C·S·路易斯认为，可能是他发现了德国浪漫主义。以诺瓦利斯为首的德国浪漫主义对麦克唐纳的思想产生了持续性的影响。这不仅是因为诺瓦利斯的作品比英国浪漫主义更纯粹地表达灵性向往，而且也因为诺瓦利斯更鲜明、直接地表达并肯定了彼岸世界，或者说，更自觉地使用语言作为媒介去表现理念的世界。而这些影响在很大程度上对他原本就难以接受的加尔文主义的一些部分构成了冲击和补充。约翰·加尔文是第二代改教者，本人具有深厚的人文主义修养，但他去世之后形成的加尔文主义者却有一定教条化倾向。改革宗神学以加尔文的著作为基础，发展成为庞大而严谨的神学体系，而普通信众往往有将非常强调理性的这种神学体系僵化的倾向，从而成为教条主义，或者教义主义。这在某种意义上是理性主义时代的基督教会回应启蒙导致的一种发展。但是，原本应当活泼、充满动力的神学转化为不允许质疑、探讨的教条，自然就失去了许多活力和吸引力。浪漫主义运动发现了新的描绘自然的语言，将这种语言系统与人的内心对应起来，转化为描述人的内心语言，人与自然的互动构成为一套新的描述人心灵或者精神的语言体系。因此，浪漫主义文学中往往含有大量的自然描写，以之对应、表现人的内心情绪；而诺瓦利斯则将这套语言体系发展成为对他的异象（vision）中的愿景世界的直接描写。这些描写深深吸引了麦克唐纳。

由于加尔文主义的预定论（主要表现为加尔文主义"五大要义"）是麦克唐纳最激烈反对的基督教宗派意思，而他自己一生的写作也可以在某种意义上定义为，对这种基督教宗派思想的纠偏，所以，我们有必要对相关问题稍加梳理，以理解麦克唐纳写作的思想背景和动机。

前面说过，加尔文是一位优秀的人文主义者，当然也受到中世纪神学的系统影响。作为一位敬虔的信徒，麦克唐纳在整体思想上仍然与他处于同一个系统之中，即基督教思想。二者的差异主要表现在对两个神学命题的强调不同。其一为人论，其二为与之相关的创造论。

一般认为，加尔文喜欢的人论对人的看法较为阴郁，他的《基督教要义》中有几章专门讨论人的全然败坏。但是这里他所说的"全然"不是指人性（由于堕落）的全然失去，而是指不仅人身体方面的欲望与感受，就是人灵魂层面的理性和意志等也都败坏了。加尔文承认人是神按照他自己的形象所造，"因而每个生命中都有其来自神圣而不可剥夺的价值与权力；但自亚当堕落后，人性深处的罪也是认识人的真实存在所不能够回避的。"[1]和许多神学家一样，加尔文也主要在人的心灵和心（mind and heart）里寻找上帝的形象，"所谓上帝的形象，是指人性超过所有其他动物的一切有点而言。这个名词，是指亚当在堕落一切具有的完整品性：这就是说，他有正常的智力，有理性所控制的情感，和其他一切管理得宜的官感，并因天性上所有这些优点，是和他的创造者的优点相类似。"[2]

虽然没有否认人的身体，或者说人的全体在某种形式上也类似上帝，但是

---

1 孙毅，《转向：走在成圣的路上——加尔文〈基督教要义〉解读》，台湾：花木兰文化出版社，2016，第 23 页。

2 《基督教要义》，卷一，第十五章，第 3 节。转引自《点与线：人论》，林鸿信，香港：道风书社，2008，第 26-7 页。

加尔文明显强调的还是心灵层面的相似，而且，在各种心灵能力中，智力和理性是他最重视的，情感和感官则需要在理性的掌控之下。这种带有柏拉图印迹，以及理性主义时代色彩的切割，无疑影响了加尔文对人的认识的径路。对心灵能力中理性的强调，对后来加尔文主义的系统神学建设以及在信仰中对神学思想的强调，无疑有很大的影响，而这样的人论，在浪漫主义时期开始受到了挑战，就此而言，麦克唐纳的创作是试图站在基督教与浪漫主义相结合之处，回应这种时代挑战。

但是一般历史上为什么留下了加尔文对人的负面理解的印象呢？这是因为《基督教要义》多次使用"自我否定"来描述人在世上应当有的生活态度。就历史背景而言，首先是改教者反对中世纪（即天主教）的圣功说的策略，强调人的全然被动，这与宗教改革原则之一——人得救赎"唯独倚赖上帝的恩典"，而与人自己的作为无关——紧密相连；二是针对中世纪神学对来世的强调，将侧重点置于人今世的生活之上，从而弭除天主教的圣俗两分法，将整个受造界都划入信徒服侍上帝、完成其天命呼召的领域。其三，"自我否定"一词源于圣经，用它诠释信仰，符合宗教改革"唯独圣经"的原则；最后，它亦站在基督教正统人论的立场，回应了当时相当一部分人文主义者对人的潜能和创造力过分乐观的态度。[3]

严格地说，加尔文主义的预定论并非加尔文自己提出，而是后世神学家，即所谓加尔文主义者根据加尔文在《基督教要义》中的思想总结出来，一般总结为"五大要点"包括：1. 人的全然败坏；2. 无条件的拣选（上帝拣选谁得救完全和此人自己的行为无关）；3. 有限的救赎（不是所有人都会得救）；4. 不可抗拒的恩典（人没有抗拒这种救恩的能力）；5. 圣徒永蒙保守（上帝拣选的人是不会失去救恩的）。预定论在圣经中的依据主要来自《罗马书》（8:29，9:11-13；9:20-21）。最严格的预定论认为，上帝不仅决定谁得救，而且决定了谁沉沦。之所以出现这样一种学说，和宗教改革的历史背景有相当大关系。当然，其实某种形式的预定论在中世纪的托马斯学派中已经出现，但是宗教改革将这种学说发扬光大，是因为这是反对赎罪券等功德论的良好武器。预定论的优点是维护了上帝的全能和主权，"上帝全能和绝对的统治"，而其缺点也是显而易见的，就是在客观上形成一种非常暴虐的上

---

3 参见卫真，《"自爱"抑或"自我否定"：从修辞学角度比较奥古斯丁和加尔文的自我观》，台湾神学院，神学硕士论文。

帝的形象，虽然有绝对的能力，但是却不拣选所有人得救，而且还要将一部分人打入地狱。

加尔文的神学体系非常讲求严谨和逻辑，加尔文主义者则更加追求理性化和体系化。随着近代人文主义的发展，尤其是浪漫主义对感性的培育，这种暴君上帝形象显得越来越难以接受。在麦克唐纳的时代，人们并不清晰地意识到《圣经》或者神学中的"神人同形类比"只是比喻而已。麦克唐纳是天性浪漫感性的人，富于想象力，很自然地会排斥这种上帝的形象和这种学说。而且就基督教思想史的线索来说，自文艺复兴至当代，基督的形象是经历了一个越来越突出其人性一面的过程。如此高高在上的上帝形象，似乎无法与人世的苦难关联起来。预定论不仅无法为一位以爱而成就正义的耶稣形象辩护，而且甚至破坏了这种形象。再加上在分别接触了国教和不从国教者两种教会以后，麦克唐纳感到，其实在不同的基督教教派中，都存在举止行为不像基督徒的人，也都存在固守自闭地保持狭隘的宗派偏见者。而相对加尔文主义等不从国教教会，莫里斯代表的国教广教会允许更多自由的思想，不那么抱持宗派偏见，而是关注社会正义，这就对麦克唐纳产生了更强烈的吸引力。他后来加入了国教，但是宗派对他并不重要。他在信中写道，自己首先是一个基督徒，然后才是国教徒，也就是说，他认可一种后来 C·S·路易斯所描述的"纯粹的基督教"（*Mere Christianity*），即某种最小范围的基督教教义，而且他认为这些最基本教义的重要性超过了各宗派抱持的偏见。事实上，童年时祖母狭隘而狂热的宗教信仰，以及严苛的加尔文主义，对麦克唐纳的信仰起到了一个往反方向推进的作用，即他感到，抽象的教条式的道理不及自然和梦境的启示欢愉有力，他认为类似《小教理问答》（Shorter Catechisms）这样的教条对人的灵性只能起到压抑和窒息的效果。自宗教改革以降，新教神学家一般偏重救赎论的教义，但麦克唐纳对社会公义的重视说明他期待从基督教信仰的角度出发，关爱受造的世界。

类似"五大要义"的刻板宗教教条过分否认了人性中的美善与自然的美善，或者说，由于太过强调救赎论，而忽视了创世论。创世论是基督教神学体系的重要组成部分，认为一切世界皆由上帝所造，在堕落之前，是非常美好的。（《圣经》来源是《创世记》第 1-2 章）而亚当夏娃犯罪堕落之后，虽然人与世界都不再完美，上帝却依然是世界的上帝，一切仍在他的掌管之下，即所谓神圣护理，因此，世界并没有彻底归属那恶者，而是能够在一定程度上彰显上帝的公义和美善；人亦如此，虽然堕落，上帝起初赋予的"形象和样式"遭到了损害，已经失去了与上帝对话的能力，但是却也没有彻底失去这起初的"形象和样式"，而是有可能借着圣灵，在耶稣基督里恢复这一"形象和样式"，虽然此世都不可能完成，但可以行走在"成圣"（sanctification）的道路上。五大要义的问题是，虽然它突出了救恩的可贵和上帝的主权，成全了"称义"（justification，即因信称义）的部分，但是"称义"之后，信徒应当走向"成圣"，即不断地"心意更新而变化"，（罗 12:2）"全身都靠他（即耶稣基督）联络得合式，百节各按各职，照着各体的功用彼此相助，便叫身体渐渐增长，在爱中建立自己。"（弗 4:16）"穿上了新人。这新人在知识上渐渐更新，正如造他主的形象。"（西 3:10）基督教不同宗派的人论侧重点有一些差异，如东正教的人论，就比较重视"成圣"，并称之为"Deification"（神化）。（事实上，改革宗神学十分强调"成圣"的教义，认为这是信徒与圣灵互动的结果。但是理性化、系统化的神学，在修辞层面已经压制了这种"成圣"中灵动的部分。）浪漫主义对人的精神性有许多肯定，尤其是非理性的一面，对超验的世界展现了一种向往。在启蒙之后，浪漫主义思潮起到了纠正启蒙对理性的过度强调的作用，同时也没有全面否定理性对人和世界的一些基本的新的划分。作为现代性中的一脉，同时也是其中反动的力量，浪漫主义发展出了不同倾向，其中隐含的"审美宗教化"脉络，在荷尔德林、黑塞等人的作品中有清晰的表达和反思。但是，在麦克唐纳这里，却发展成为另一条脉络。他吸收了浪漫主义中对自然、超验世界和人之间的关系的有机联合，将这种关系与童年的信仰结合起来，从而为基督教信仰在新时期的言说找到了新的讲述方式。因为深爱诺瓦利斯，麦克唐纳后来亲自翻译了他的一些作品，以分发的方式赠送给朋友和信徒，分享他的发现和收获。但是，与德国浪漫主义不同之处在于，麦克唐纳对世界的看法牢牢基于基督教创造论，在对自然的认识上，他不是从感性出发，而是从信仰出发。因此，他对受造世界的爱，使他免于浪漫主义（尤其德国浪漫主义）极易出现的沉迷于理念世界、忽视自然乃至社会本身的问题。创造论对受造世界的正面看法不仅影响了麦克唐纳笔下对自然的写作，也影响了他对人性的呈现方式，即使更突出人性中与上帝相似的积极的部分，而不是堕落的部分。

1847 年，麦克唐纳以优异的成绩从国王学院毕业，并获得了艺术硕士（Master of Arts）学位。在这段时间，对拣选和永罚的教义他越来越感到难以接受，但是此时他还没决定于自己的信仰传统断裂。1847 年春天，麦克唐纳经历了一次深刻的灵性经验，他在信中欢欣鼓舞地写道："如果没有信仰，我现在会是什么样子呢？除此以外这里再也没有什么能让我开心了，只有糟糕的健康让我一直觉得很悲惨，虽然我身上没什么真正重要的东西，但是我确信我能够为这一切感谢上帝，因为我希望他已经带领为了发现了存在的喜悦——真正的存在。"[4]

麦克唐纳为人安静、直率，勤奋而感性，充满想象力；他藐视鄙俗，很有道德勇气，并热爱真理。他十分认真地对待《圣经》中教导的信仰实践，总是将生活中的艰难视作上帝塑造自己品格的途径。对他来说，天堂是真实的。来自敬虔的苏格兰乡村，他在繁华的伦敦常常感到，身边许多的人和事正是《圣经》所谴责的自我中心和世俗化，很多自认为是基督徒的人并没有以基督的教训作为自己的生活准则，或者说足够认真地对待它们。

经过父亲的朋友介绍，他来到伦敦，担任一些孩子的导师（tutor），在此期间，他认识了路易莎·鲍威尔（Louisa Powell），他后来的妻子。路易莎来自伦敦一个中上层家庭，也属于不从国教派，家庭中同样有敬虔的信仰传统。路易莎年长麦克唐纳两岁，但在精神上麦克唐纳无疑是导师。他给她写了大量书信，分享他喜爱的文学，与他对信仰的思考、体验。他在一封信中写道："在一切的试探和试炼中，最简单易得的帮助是尝试向上帝祷告寻求帮助，并思想耶稣基督。……导致非基督徒的最大不幸是什么呢？是缺少足够的爱。我们是为爱而生的——但是我们徒然通过世界所能提供的狭窄渠道倾倒我们情感的河流——仿佛如果堵塞在我们心里，它们就会变成苦涩。耶稣基督的信仰将我们带回自己真实的自然状态——因为整个世界都处于不自然状态之中。这将给予我们唯一可以满足我们的爱去爱的对象——只有它，当我们攀登每一级阶梯，能够不断向我们显现更高更远的景象—— 由此，我们的爱的能力可以在无限的进程中扩展……"[5]

在另一封给路易莎的信中，他写道："再告诉我关于你身边的一切——自然的面容上的每个表情——告诉我你自己灵魂里的世界——那个活的世界——没有里面的，外面的是无生命的。在你身边一切的美物中思想神。他

---

4 Undated fragment, The Beinecke, Cited in *George MacDonald: Victorian Mythmaker*, 32-3.

5 Undated fragment, The Beinecke, Cited in *George MacDonald: Victorian Mythmaker*, 38.

们是上帝面容的表情，或者衣服，就像在《浮士德》里一样，我们通过它看见神圣者。"[6]

不久他决定进入海布里学院（Highbury College）学习神学，这是当时英国规模最大的不从国教者神学院，这意味着他决定以后以牧师作为自己的职业。学习非常紧张，所授课程基本是对基督教真理的可思考层面的彻底理性主义分析，老师教授巨细靡遗的大纲，学生要求接受并记住这些哲学化的抽象内容。头几年的课程中还包涵大量古典语和外语内容，学生需要掌握拉丁、希腊（古代与现代）、希伯来、法语、德语、英语。由于受过很好的学术训练，入学时就已经精通了这些语言，麦克唐纳用两年时间就完成了所有课程，甚至还在学校兼职任化学课老师，这是非常罕见的。在校期间，老师约翰·葛德文（John Godwin）对他产生很大的影响，（后来二人甚至成为连襟）葛德文对圣经有较独到的见解，擅长分析论证，颇受学生欢迎。他的思想大致是加尔文主义中的阿米尼乌主义者（Arminian），后来曾经被起诉异端，导致他只能教授哲学课，不能再教神学课程。阿米尼乌主义发源自荷兰改革宗，该宗派反对加尔文主义的预定论，认为上帝的主权没有取消人的自由，耶稣为一切人而牺牲。麦克唐纳的传记作者海恩（Hein）评论道：麦克唐纳喜爱书，也喜欢逻辑和论证，但是当时盛行的脆弱的宗教心态令他沮丧，因为这种心态认为，真理是彻底的前提命题式的，对神学观念的巨细靡遗的理性主义掌握就能完全领会信仰。这种智性氛围令人窒息。他越来越感到，"没有想象性探索的理性不只是彻底不完整，而且还意识不到这种不完整性"。[7]

麦克唐纳从幻想、诗歌、艺术和自然中感受、认识的世界与纯粹理性探索中的感受、认识不同，而且似乎指向了一个更普遍的秩序，虽然两者在很多时候不一定彼此冲突，但是麦克唐纳却看见了整合二者的可能性，他希望用鲜活的、独特的意象表现那些已经被僵化的神学和信仰表达。在此期间，他还受到了亚历山大·约翰·司各特（Alexander John Scott）的影响。司各特也是苏格兰人，比麦克唐纳年长约20岁，他是一位极受欢迎的长老会牧师。他公开放弃了威斯敏斯特信条，尤其当中关于预定论的部分，因此也面临异端的指控，并且被吊销了牧师资格。司各特同时也精通文学，仍然是大学学院的英国语言

6　Undated fragment, The Beinecke, Cited in *George MacDonald: Victorian Mythmaker*, 39.

7　Undated fragment, The Beinecke, Cited in *George MacDonald: Victorian Mythmaker*, 46-7.

文学的讲席教授，他的讲座同样极富魅力，这些相似性如磁石一般吸引了麦克唐纳。在司各特的教导下，他发现，表达他所相信的更宽广也更普遍的原则，是基督徒中的首要坚信。当时独一神论在英国流行，麦克唐纳甚至认真地考虑要不要成为一名独一神论者。1853 年，他在一封给父亲的信中写道："第一要紧的是认识作为人的耶稣，任何为了抬高他的神性，而使他不那么像人的理论——我都立刻拒绝。"[8]但是，他并没有迈出这一步。因为独一神论取消了耶稣的神性，认为他只是人，也因此被基督教正统视作异端。

1850 年从神学院毕业之后，他奔赴英格兰西苏塞克斯郡的艾伦戴尔（Arundel），在三一公理会教会担任牧师。在此期间他与路易莎结婚，并生下了他们的第一个孩子，莉莉。虽然家境贫寒，但是他们夫妇相濡以沫，生育了 11 个儿女。刚刚投身繁忙的牧师职责时，麦克唐纳就因为肺结核病倒了，一度病危。他担心自己万一离世，导致父亲过于伤心，就在给他的信中写道："我知道你已经给了我你所能给予的最好的一切——我心里的愿望，只要你能做到——我知道上帝比你更好，是基督自己教我们称呼他做父亲。如果我明天死去，我会感谢上帝我所拥有的一切，因为他丰富的赐予——我可以说'我曾经活过'。"[9]

麦克唐纳的讲道喜欢使用个人经验，并讲述他理解一段经文时的挣扎，而不是去重复肯定更加传统的解释。他的风格不是威权的，而是充满了个人色彩和热切的情感。麦克唐纳在布道中宣扬了一些相对较为自由的内容，尤其是对教会所属宗派相对而言不那么传统的思想，再加上他自己翻译了一些诺瓦利斯的作品，并赠送给朋友。（由于高等批评在基督教会中带来巨大冲击，在当时的许多传统教会中，凡是来自"德国"的思想都被认为是可疑的。）教会的一些信徒怀疑他的信仰的纯正性，为了迫使他离开，他们以金钱不足为借口，将承诺付给他的薪水减少了一半。尽管如此，他认为他的教导是有益的，因为与讨好会众相比，他更应该坚持上帝赐给他的性情。他认为将圣经更生动地带到听众面前，使圣经与他们的日常生活相连，比表达华而不实的东西更重要。他在给父亲的信中写道："我坚定地相信，人们迄今为止花了太多力气在教义上，而太忽视了实践。教义一词，在圣经中指的是关于职责的教导，而不是理

---

8 Undated fragment, The Beinecke, Cited in *George MacDonald: Victorian Mythmaker*, 53-4.

9 Undated fragment, The Beinecke, Cited in *George MacDonald: Victorian Mythmaker*, 69-70.

论。……我不是阿米尼乌主义者，也不是加尔文主义者，我不归属于任何体系。"[10]他对人类的生活经验抱持一种理想主义的态度，强调在每天的生活中行出基督教的善来。因此，他也决心不宣传狭隘的宗派主义。他所服侍的教会中仍然有许多信众喜欢他，他一直坚持到1853年，直到他发觉教会可能会因为他产生分裂，他才离开，来到了英格兰，以后大多数时间都居住在伦敦。从这以后他从未能正式回到牧职中，尽管曾经有过重新成为牧师的机会，这一方面是因为家族遗传的肺病（他的母亲，几个弟兄姐妹和三个孩子都死于肺结核）身体一直较弱，不能负荷繁重的牧师工作；另一方面原因是服务一群有着狭隘偏见或者任性意见的信徒令他不胜其扰。在肺病休养期间，他出于个人爱好写作了自己的第一部戏剧长诗《内与外》（*Within and Without*），1850出版后受到了好评，被认为是一个很有希望的年轻作家，于是他逐渐坚定了依靠写作和讲座为生的想法。1853年，他在给父亲的信中写道："耶稣的生活、思想、事迹、目标和信仰必须在每个时代得到新鲜的阐释，因为永恒的一切深邃之处在这些之中，他们必须在世界的灵性历史的每个新时代中更深刻地被看见。否则，那些需要比前人在基督里看见更高的东西的人……就一定会拒绝他……我可以帮助这些人。"[11]海恩评论道："深思人的同情心的本性，并在人与神之间进行类比，是麦克唐纳心灵中一场富有特色的运动。"[12]

在麦克唐纳的时代，基督教在英国乃至欧洲社会受到严重的冲击。原先为精英知识分子，如启蒙思想家、一些浪漫主义者、德国高等批评学者、部分自然科学学家等分享的较自由的宗教观念，在维多利亚时期已经改变了整体社会的信仰环境。基督教面临严重的世俗化、被边缘化，乃至丧失自己独特性的危机。麦克唐纳对基督教超验部分的确信，需要寻找一种能够被大众接受的表述方式。而这一代信众与读者，与加尔文改教乃至加尔文主义形成时期的已经完全不同。他们较为普遍地受到了自然科学方面的教育，而且其感性已经在浪漫主义运动的培育之后，远较前人敏锐。渐渐地，如查尔斯·泰勒所描述的，"对自我真实"成为现代人身份认同的重要部分。建制机构和传统的威权越来越失去对个人的约束力。这一代信徒，不仅需要像前辈信徒一样，在生命感受

---

10 Cited in *George MacDonald: Victorian Mythmaker*, 80.

11 23 May, 1853, The Beinecke. Cited in *George MacDonald: Victorian Mythmaker*, introduction, 1.

12 23 May, 1853, The Beinecke. Cited in George MacDonald: Victorian Mythmaker, introduction, 81.

上直接体验灵性经验，在理性上构成对系统的有说服力的世界观，而且也需要一种新的与是时代嫁接的公共语言，来讲述其信仰的高妙，而这就是麦克唐纳发现的自己的生命呼召。

在青年时期这段生活的困境中，所处教会的前景飘摇不定，一个关系亲密的兄弟因肺病去世，收入微薄，难以维持正常的生活……但是麦克唐纳感到自己的生命较以前成熟，没有被痛苦或者困境压垮，而是感到一种内在的力量和喜悦，这是他第一次有这种感觉，他对父亲写道："我变年轻了，更快乐了。……现在我有点明白了，只是一点儿明白，基督的深刻话语，关于变得像小孩子，关于为他丢下一切，关于服侍和真理和爱。"[13]对于麦克唐纳来说，生活是真实的跟随耶稣的场所，他在给父亲的信中写到："耶稣在世上的生活是贫穷与爱中的伟大质朴，为什么我不行？"[14]"真理的每个更高阶段都带着它自己的试探，就像在旷野中的那样，如果人不能在旷野中获胜，他就根本不能获胜。挣扎可能会很激烈。我希望我可以充满挣扎，这样我就可以充满得胜。但是耶稣在真正灵性之战中获胜了。我们也可以。我们的父将帮助我们得到他最喜爱的那些东西。"[15]

在这段时间，麦克唐纳渐渐形成了自己版本的普救论，这一立场他维持终身，并在晚年的《莉莉丝》一书中有形象的表达：那就是，在永恒里，所有人在经历了自己的罪的结果（在地上他们无法获得宽恕）之后，都会看见上帝在其真理中一切的美中存在的异象，都会得到机会决定反抗他还是顺服他。只要做积极正面的决定，就开始成为一个义人。上帝的公义要求每个灵魂都拥有清楚的选择机会，在地上很少有人有这样的机会。而且，他还相信，任何一个被净化的灵魂看见了上帝之所是，都不会不渴望他。这种版本的普救论显然有明显的缺陷。当然麦克唐纳没有将他作为教义传播，而是更多通过想象的作品来表达，因此是一种暗示性的，而非确定性的表述。其作用主要是给人一些启发，有可能从一种不那么"正统"的角度来看待信仰、上帝和世界。但是，同时必须承认，这种普救论的缺陷是，因为对人类的结局的同情心，此世的生活的重要意义被削弱了。也因此，《幻想者》中的宝贵生动的灵性经验，在《莉莉丝》

---

13 23 May, 1853, The Beinecke. Cited in *George MacDonald: Victorian Mythmaker*, introduction, 85-6.

14 Macdonald to his father, June 3, 1853. Cited in *George MacDonald: Victorian Mythmaker*, 97.

15 *George MacDonald: Victorian Mythmaker*, 100.

中多少有些僵化，因为事实上在《莉莉丝》版本的普救论中，基督代赎的意义无疑被降低了，而基督教最深刻、独特的部分也随之流失其深度和独特性。普救论直到今天仍有相当市场，因为这种学说中的上帝慈爱形象符合人性的需求。但是上帝与人之间的类比毕竟是有限的，三一上帝具有其奥秘的一面，不是人可以完全揣度测透的。这位"陌生的上帝"作为绝然的他者，其在《圣经》中启示，在基督耶稣身上的彰显，在历代教会中被传承，是需要被尊重的。而这种普救论在神学上的肤浅或者说不完善也是导致《莉莉丝》的故事有些僵化的原因。

这一时期他阅读了牧师查尔斯·金斯利（Charles Kingsley）的小说《希帕西娅》（*Hypatia*，1853），非常喜欢。金斯利的作品表达了一种对人性的认识，一种觉醒的社会良心，这些都引起了麦克唐纳的共鸣。后来，在1863年，金斯利出版了著名的教育童话《水孩子》。二人后来也成为好友。

E·T·A·霍夫曼（E.T.A. Hoffmann）的中篇童话《金罐》对《幻想者》影响很大。1857年，麦克唐纳的《诗集》（*Poems*）出版，诗歌有不少道德说教，但是"隐藏的生命"一诗被认为是他最好的无韵诗。很快，一些顶级的文学评论给予了正面积极的评价。这些都坚定了他以文为生的决心。但是，一般读者似乎理解他的诗歌有些困难，他尝试了另一种文体，即童话。在当时，卡莱尔翻译的德国童话正在流行，狄更斯和萨克雷都成果地写作了圣诞节童话，安德森的童话获得了极大的关注。由于自己非常喜欢童话，麦克唐纳很热情地写作《幻想者》，只花了两个月就完成了。"我正在写一种童话，希望它能够比过去那些严肃的作品带给我更多回报。"他在给父亲的信中写道。

显然，对麦克唐纳来说，想象的仙境提供了灵性世界的事实的绝好比喻。麦克唐纳感到他近来的经验提供了他洞悉这个更高世界的能力，这个更高世界，太少人深深涉足。他确信，任何人栖居的世界就是一个人的心灵向外展现的结果。每个人都对世界有不同看法，但是只有获得了某种程度的感性才能看见它的灵性现实，用比喻的说法就是，看见和进入仙境。但是，仅仅看见仙境还不够，还必须实现它。对于麦克唐纳来说，仙境就是那个宇宙的真实本性，在上帝的恩典之下，可以彰显这一点。

> 梦境的色调，古怪、甜蜜、温柔，
> 不过是完满的辉煌的暗示之影，
> 至高的父爱能够展现它

在他的顺服的孩子，谦卑的灵魂面前。

啊，我，上帝！在你那里有每种福乐

追逐它们的影子的人只能疲惫地错过。[16]

1858 年《幻想者》（*Phantastes*）出版了，这部作品完全不能被当代批评家接受，销量也很不好。处于养家糊口的考虑，他无法再继续这种文体。他写作了一部戏剧，被拒绝后，出版商建议他写作小说，因为这种问题的销量最好。1863 年，他出版了《大卫·埃尔金布罗德》（*David Elginbrod*），小说广受好评，于是他在 1851-1897 中创作了 50 多部作品，共 30 多部小说、5 部宗教著作（讲道集等）、4 部文学批评与翻译作品，短篇、中篇和长篇童话，以及许多诗歌。他的小说中有不少以苏格兰乡村生活为背景，这类小说的写作往往得心应手，他期待通过自己的作品在灵性上服务于同时代人。C·S·路易斯曾经评论道，他的小说技艺算不上第一流的，因为里面有很多冗长的教训，而且太追求形式上的流畅，但是其中有许多值得珍视的部分，里面的好人或圣徒，总是栩栩如生，而坏人则往往做作，不够自然。

在维多利亚时期，学习文学在中产阶级阶层渐渐变得时髦，尤其在女性中，她们希望通过理解各种文化来提升心灵，文学尤其被看重，因为它以想象的方式呈现道德真理，这也是麦克唐纳的个人兴趣之所在。为了生计考量，他也做了不少关于英国文学的讲座，从莎士比亚、弥尔顿，到柯尔律治、勃朗宁，是一位颇受欢迎的讲员，在曼切斯特女子学院中、自己家里等多处开办有偿讲座。他的讲座内容涉及文学、自然哲学、数学。此外，他还收男孩到家里当学生，充当他们的教师。基本上，这就是他勉力支撑他日益增加的庞大家庭支出的所有可能途径。维多利亚时期的家庭是高度结构化的，一般而言，父亲是最高权威，母亲是情感的中心，孩子们顺服地接受父母的教导。麦克唐纳夫妇从不溺爱孩子，但是也从不吝啬表达他们的爱。乔治·麦克唐纳一生都不富裕。刚成家不久，他就因为生病入不敷出，不得不和家人分开寄居在亲友家里，依靠朋友的资助渡过难关。尽管一些小说比较受欢迎，有不少在他在世时就数次再版，但是家中 11 个孩子的生活和教育是非常大的数目，再加上玛丽等几个孩子长期生病，更令家中的经济状况雪上加霜，偶尔甚至会揭不开锅。在他写作生涯开始的时候，拜伦夫人（诗人拜伦爵士的遗孀）是一位非常重要的赞助者。她阅读了他早期的作品，非常受感动，因为她一直期待发现一位文学才能

---

16 George Macdonald, *A Dish of Orts*, 5 April, IndyPublish, 2006.

和灵性都俱佳的作者，能够用良好的文学形式传递基督教精神。在得知他身体不好，亟需去温暖的南方休养，却没有钱启程之后，她赞助他去地中海居住一段时间。她还将麦克唐纳介绍给了当时伦敦的文人圈子。两人的交往愉快而短暂，不久拜伦夫人因病逝世，还留给麦克唐纳家三百英镑，这在当时足够一家人生活一年！在她的引荐之下，麦克唐纳认识了约翰·拉金斯、罗宾·罗宾逊等人，和他们成为朋友，受到他们的欣赏；他还结识了前拉斐尔派的主将。但是他最好的朋友还是以路易斯·卡罗尔的笔名闻名的数学家查尔斯·道奇森（Charles Dodgson），以"爱丽丝漫游"两部曲蜚声童话界。路易斯因为和麦克唐纳家交往非常频繁，以致被当成了家里人。卡罗尔之所以和麦克唐纳能够成为挚友，显然是因为他们二人有很多交集，其一就是卡罗尔也曾经读过神学，准备成为一名牧师，而他之所以没有成为牧师很重要的原因是，他有非常严重的口吃，这使他履行牧师最基本的职责——布道——几乎是不可能的。另一个原因也很明显，就是他们都酷爱奇幻文学，或者说童话。卡罗尔终身未婚，他和麦克唐纳都很喜欢给麦克唐纳家的孩子们讲童话故事，甚至他在这些孩子们写信的时候也喜欢用讲童话的方式来呈现。他的"爱丽丝"故事的最初读者就是麦克唐纳一家，在受到他们赞不绝口的肯定之后，才考虑出版。虽然和当时英国最出色的文学界有交往，麦克唐纳并不热衷于参与上流社会，他的精力主要花在如何养活这一大家子人身上：写作、讲座、授课，他同时也很享受在家中和孩子们在一起的时光。

对麦克唐纳影响较大的一位英国著名知识分子仍然是教会人士，即弗里德里克·莫里斯（Frederick Maurice），基督教社会主义者，英国广教会的奠基者。英国国家长期分为高教派和低教派，高教派倾向天主教，注重圣礼和圣职，低教派则在平民中较有影响。所谓广教会（broad church），是一种比较自由、现代的基督教派，它关注社会不公现象，重视对穷人的关怀，接受"最小限度的"教义。莫里斯在 1853 年出版了《神学论文》（*Theological Essays*），文中拒绝了对邪恶者的地狱永罚。因此被认为是异端，失去了在伦敦国王学院的工作。但是莫里斯却得到社会上的广泛同情，因为人们认为他表达了上帝的爱。麦克唐纳一直对穷人非常关心，他非常欣赏莫里斯的主张和行动，因此他长期在莫里斯担任牧师的教会中参加主日礼拜，并最终由莫里斯施洗，归入国教。

麦克唐纳的小说流传到美国，70 年代他受邀到美国旅行演讲约半年时间。他的讲演大受欢迎，新世界普遍赞赏他的道德、灵性关注，甚至有教会邀请他担任牧师。在这次旅行中，他和马克·吐温，惠特曼等美国作家成为朋友。但是由于他极少在美国正式出版小说，这里流行的其实都是盗版，因此除了演讲费之外，他无法获得其他收益，而且由于旅程安排过于密集，他数次吐血，不得不取消其中一部分行程和讲座。旅行回来以后，一些近作受到批评家的指责，出版社给他的稿酬不如从前了，而家里的开销随着孩子们需要接受更高的教育还在持续增加，这时麦克唐纳夫人想出了一个主意，由家里的孩子们演出戏剧来补贴家用。孩子们平时就常常在家里演戏作为游戏，尤其长女莉莉在表演方面极有天赋。尽管这个主意有些外部的反对声音，认为不够体面，但是麦克唐纳也接受了，他视之为让自己学习谦卑的功课，即让他承认自己无力支持全家的生活。孩子们对演出非常感兴趣，也很投入，他们的演出颇为成功，后来甚至麦克唐纳也在一些剧中担任固定的角色。

1871 年麦克唐纳出版了《北风的背后》，《公主与妖怪》，1877 年，以连载的方式写作续集《公主与科迪》。在麦克唐纳晚年，长女莉莉因肺结核去世，这使他心里异常痛苦，之前结核病已经夺走了他两个孩子的生命，而莉莉是家中公认的核心，她具有多方面的才华，对家人拥有无私的爱，是一家人的情感荫庇之处。他在小说《副牧师托马斯·文富德》（*Thomas Wingfold, Curate*）中曾经讲述"矛盾纷乱之处，没有任何可被称之为真理的东西有可能出现，也没有任何值得为之活的事物"，表达的正是这种生命中的绝望时刻。他的书信表明，他需要集结生命中所有的信仰力量来面对这件事，但是麦克唐纳始终持有他的信仰，因为正如他在同一部小说中所说的："如果这不是真理，那么我们天性中最高尚的部分就是浪费。"

麦克唐纳的基督教信仰是确定无疑的。虽然身处 19 世纪下半叶相对来说比较自由的广教会阵营中，却并没有受到德国高等批评以及各种科学发现与理论带来的冲击。而许多新教人士，尤其是国教徒的信仰都受到了不小的影响。当时的英国国教中，过分自由带来的世俗化问题也还没有那么明显。广教会的发展是 20 世纪西方自由神学的前身。在今天比较基要的基督教宗派而言，自由神学信仰根本称不上是基督教。因为这种神学按照理性的标准裁量一切，在其中所有神迹都被取消了，更勿论天堂、地狱等彼岸世界。更重要的是，由于耶稣基督的救赎被淡化，在很大意义上，耶稣成为某种灵性导师，而不是将人类从罪恶中拯救出来的救赎者。但是这种激进的信仰具有强烈的现实关怀，也是后来 20 世纪上半叶基督教社会福音运动的前身。麦克唐纳出于一些不同的理由亲近这些思想，对他来说，理性主义或高等批评没有带来多少冲击，因为麦克唐纳本来就非常熟悉当代科学的发展（甚至可以在大学教授相关课程），并且熟悉圣经原文，这是他在大学期间就已经完成的学习。更重要的是，他的父亲从小为他树立了一个鲜活的榜样，父亲对宗教的认识、思考与实践，与乐观、勤勉、活泼的生命很好地结合在一起，他敬虔却宽容，为人坚韧却同时极富幽默感；而他自幼年时就孜孜以求的信仰实践，使他的整个人的体验、认知、德性、对人生和自我的认识，乃至对每一天的度过，以及每一件发生在自己身上的事情的理解，都已经也能够和基督教信仰紧紧相连。信仰，或者说灵性生活对他是活生生的真实体验，整合了他的心灵能力、世界认知和自我看法，因而不会受到理性主义思潮多少干扰。而且，这一强大的信仰还成为思想资源，能够为他提供面对各种思潮的立足点。对于麦克唐纳来说，他最反感的思想莫过于物质主义，或者说唯物主义，因为将人的需求等同于利益的满足，在他看来，取缔了人身上最重要、最有意义的部分。在这一点上，他无疑接续了柯尔律治的基督教浪漫主义传统，不论其人论，还是他的教育理想。对他而言，灵性世界的真实是毋庸置疑的，上帝在个人生命的在场，也是毋庸置疑的。换句话说，不是因为不相信超验的存在，他恰恰是因为太相信上帝的爱和公义，所以不能够赞成有关地狱的教义。必须承认，自由神学和社会福音的发展，虽然在当时的时代中为基督教在社会和知识界的"在场"做出了贡献，但是，它对基督教会自身却发展成为一种根基侵蚀性的思想和运动。因为其思想倾向过度世俗化、理性化，导致基督教会失去了自身的特色。所以在 20 世纪的一个普遍现象是，信奉自由神学的教会虽然比较不容易引起世俗社会的反感和争议，但是却普遍地走向衰落，这在很大程度上是因为，它在某种意义上已经不具备基督教的身份标示。由于过分赞成时代的主流思想，或者说和世俗人文主义的妥协，自由神学中的基督教信仰的部分成为可有可无的部分，这使它最终失去了自己的特征和身份标示，也失去了发出独特声音的立足之处。当然，在这迹象，在麦克唐纳的时代，只有少数基督教思想家，如祁克果、陀思妥耶夫斯基等人，明确地察觉并表达出来。麦克唐纳的思想虽然和这种发展倾向相关，但是却没有其中许多的负面问题。他的小说和幻想文学，都是全力为具有特殊性的基督教信仰辩护呐喊之作。相对而言，他的小说甚至因为和具有基督教背景的道德劝诫关系过于紧密，而显得有些刻板，但是这种刻板，在他的幻想文学中却没有太多痕迹，因为幻想文学体裁特有的虚构性为他提供了灵性隐喻的完美介质。

由于健康的原因，1880 年麦克唐纳和妻子来到度假胜地伯丁格尔生活，并在那里完成了《格兰特太太》、《莉莉丝》等作品。1902 年，麦克唐纳的妻子去世，他返回英格兰，于 1905 年在一个偏僻的乡村去世。

自出版以来麦克唐纳的作品在英语世界中获得了广泛的传播，他的作品回应了当时为数众多的基督徒的灵性直觉：对超验理想世界的渴望以及对德性理想人生的寻求。他笔下的基督教不是物质世界的对立物，而是未觉醒的灵性的对立物。直到今天，他的作品和影响力仍然绵延不绝。作为奇幻文学发展史上的一个重要作家，麦克唐纳不仅创作出了一批优秀的幻想作品，还写作了一些文学批评文章，系统地阐述了自己的想象论等文学理论，并对莎士比亚、华兹华斯、雪莱等人进行批评。G·K·切斯特顿，[17]C·S·路易斯尤为推崇他的创作，公开承认他是自己的导师："我一直将他看做我的导师，我的每一本书都受到了他的影响，他做的最好的就是幻想文学。"[18]托尔金也非常欣赏麦克唐纳的作品，尤其喜欢他的《幻影》与《金钥匙》。W·H·奥登对他赞誉有加。[19]T·S·艾略特的诗歌中的一些关键性意象就来自麦克唐纳的作品。[20]麦克唐纳曾在他的文学批评文章《奇异的想象》中，提出构建另一个世界的构想与这种构想所需遵循的法则，而这些也体现在了路易斯和托尔金等人的创作理论和实践。

第二章 《幻想者》与"受洗的想象"

路易斯·马可尼斯（Louis MacNeice）认为："麦克唐纳身上独一无二之处在于，他对宇宙的热情的灵性态度，以及他发明了大量象征去具象化这种态度。"[21]对于麦克唐纳而言，人的灵性维度是真实的。就如他在《莉莉丝》中的一个重要比喻，灵性世界是"七个维度"之一，其中有所有人的"家"。通过他的大量创新性的意象群，或者说"象征"、"比喻"，麦克唐纳将基督教信仰

17 *George Macdonald and His Wife*, Introduction, 9-15.

18 C. S. Lewis, *George Macdonald: An Anthology*, New York: Macmillan, 1948, 10-22.

19 W. H. Auden, *The Visionary Novels of George Macdonald*, Anne Fremantle, ed. New York: Noonday, n. d., Introduction, v-x.

20 参见 Kathryn Walls, "George Macdonald's *Lilith* and the Later Poetry of T. S. Eliot", *English Language Notes* 16, 1978: 47-51.

21 *Varieties of Parable*, Louis MacNeice, Cambridge: Cambridge University Press, 1963, 96.

置于人类故事的核心，而不是其智力或者社会关系的核心。他在信中写道，他的写作是"为了使人们真正面对真实的而非败坏的人性，为什么我要花力气在那些人们不需要花任何力气就能明白的事上呢！我想表现我们可以、必须、应该是什么样的，以及表现为了实现这个目标所面对的一些挣扎。"22

比如在他的短篇童话《轻轻公主》中，麦克唐纳描绘了一位从出生起就零重力的公主。她生来不知愁滋味，不知哭泣为何物。一位王子爱上了她，他愿意为了拯救她所在的国家的干旱，被水淹死，而唯一的请求只是临死之前，轻轻公主能够和他交谈。公主在最后的时刻终于被打动了，留下了她的第一滴眼泪，从此以后，她就拥有了重力，开始和正常人一样生活。这个童话中的想象美好而别致。零重力的隐喻清新而涵义丰富，在这个隐喻中，究竟什么是正常人？为何不知愁滋味成为重大的缺陷？什么是爱？人和世界的关系是什么？人和人之间的关系应该是什么？都成为了问题，并得到了回答，而且表现得感人至深，尤为难得的是，却丝毫没有损坏童话故事本身需要的轻松愉快的氛围，完全符合童话寓教于乐的本质。

在《太阳男孩和月亮女孩》中，男孩一直生活在有太阳的白天，没有见过黑夜；女孩则一直生活在没有光亮的房间里，没有见过白昼与太阳。当他们各自离开自己的生活圈子，进入对方的世界时，都感到无比惊恐。但是女孩尼克特丽丝在黑暗中鼓励男孩福特根成为一个勇敢的男子汉，而福特根则在尼克特丽丝惧怕的白天里照顾她。当尼克特丽丝逐渐爱上白天，福特根逐渐爱上黑夜的时候，他们也爱上了彼此。男孩和女孩之所以一出生就这样生活在片面的世界里，都是坏巫婆的诡计，他们合力战胜了巫婆，终于生活在了一起。在这个故事中，白天和黑夜没有被简单地区分为好和坏，而是被隐喻为人与人生的不同侧面。这个故事虽然看似简单，却美丽地转化了人生中的光明面和阴暗面，将它们整合成为一个完整的人生。故事流畅而充满了智慧。

再如《北风的背后》中的北风，具有多重面貌，耐人寻味。她有时是自然界的风，带着小钻石拜访天空和海洋，有时又似乎是死亡，小钻石跟着她离去，最终一去不复还，有时还是一位慈爱、智慧的女性……自然与死亡的关系是什么？善良的小钻石夭折了，这对他真的是一件不幸吗？人应当如何面对自然，又当如何面对死亡？北风背后的世界若隐若现，激起人们无限的遐想。

在《公主与柯迪》中，公主与柯迪经历磨难过上了幸福的生活，将国家治

---

22 Macdonald to William Mount-Temple, 13 January, 1879, The National Library.

理地非常好，但是篇尾却笔锋一转，写到他们去世后，人们贪得无厌，矿井里的柱子被挖得越来越细，最后国家失去了支撑而坍塌消失了。反童话的结局暗示了灵性世界的胜利并非一劳永逸，每一代人，甚至每一个人都必须加入，并为之负上自己的责任，才可能保持灵性世界的存在。它不具有遗传性。这个结尾将人对世界的责任以一种具有威胁性的方式毫不留情地揭示出来，成为一个明确的提醒。

其他如"金钥匙"、"纺纱的老祖母"等等著名的意象不胜枚举。

对麦克唐纳的现状在西方已经延续了一个世纪，尤其在奇幻文学日益流行的今天，越来越多学者关注他的童话故事，将他推举为现代奇幻文学的先驱之一。下面是一些比较重要的麦克唐纳研究。

最早的传记是乔治·麦克唐纳的儿子格列维尔·麦克唐纳（Greville Macdonald）的《乔治·麦克唐纳和他的妻子》（*George Macdonald and His Wife*，1924），由于书中资料来源都是第一手的，一直是研究麦克唐纳的最重要的传记类参考资料。G·K·切斯特顿还为本书作序，并探讨了《公主与妖魔》的城堡。罗兰·海恩（Rolland Hein）是美国著名的乔治·麦克唐纳研究学者，他写作了研究专著《内在的和谐：乔治·麦克唐纳的精神构想》（*The Harmony Within: The Spiritual Vision of George Macdonald*，1982）与传记《乔治·麦克唐纳：维多利亚时代的神话制造者》（*George MacDonald: Victorian Mythmaker*，1999）。后者参考了数千封麦克唐纳未曾过的信件。而且不论在研究，还是在传记中，海恩都非常注重基督教信仰对麦克唐纳写作的影响。

克里·迪尔伯恩（Kerry Dearborn）在《受洗的想象：乔治·麦克唐纳的神学研究》（*Baptized Imagination: The Theology of George MacDonald*，2006）一书中延续了海恩的研究，比较全面分析了麦克唐纳的想象论的神学资源，这部专著主要研究、举例的对象是麦克唐纳的小说。这些小说在今天读者很少，而他仍然有着广泛市场、并公认为佳作的童话作品却几乎没有涉及。在笔者看来，这种取向很有可能是因为，小说中对基督教信仰问题总是正面讨论，因此十分容易和神学探讨嫁接，可是在童话中，上帝、耶稣，甚至罪、救赎这样一些话题都不会正面呈现或者触及。也就是说，麦克唐纳的童话比小说更构成对传统的基督教文学的讲述方式的挑战和突破，也更需要一种相应的文学批评或理论去解析和处理。

《献给像孩子一样的人——乔治·麦克唐纳的儿童幻想作品》（*For the*

childlike: George MacDonald's Fantasies For Children）[23]是一本由罗德里克·麦吉利斯（Roderick McGillis）主编的论文集，收录了 15 篇论文。他在 2008 年编辑出版了另一部论文集《乔治·麦克唐纳：文学遗产与继承人》（*George MacDonald: Literary Heritage and Heirs*），收录了 14 位学者对麦克唐纳的研究论文。这本论文集从麦克唐纳的历史想象、苏格兰文化环境的浸润、德国浪漫主义的影响、对达尔文主义的兴趣等方面进行了研究。如吉塞拉·科瑞林格（Gisela Kreglinger）在《诗人、做梦者与中介：诺瓦利斯的〈夜颂〉与麦克唐纳的〈莉莉丝〉中的梦、夜与死亡隐喻（*Poets, dreamers and mediators: the metaphors of dreams, night and death in Novalis' Hymns to the Night and George MacDonald Lilith*）中分析了诺瓦利斯与麦克唐纳的关系。另一个论文《〈轻轻公主的〉三个版本的叙述结构》（*"More is meant than meets the ear": Narrative framing in the Three Versions of George MacDonald's The Light Princess*）则指出，《轻轻公主》曾经有三个版本，每个版本的叙述结构都略有不同。在本篇论文中，作者简·苏西娜（Jan Susina）认为其中的两个版本都是为成年人而创作的，更加注重道德性，而写给儿童的那个版本则放弃了道德的宣教。麦克唐纳曾说自己的作品是写给像孩子一样的人看的，《轻轻公主》的三个版本正好体现了麦克唐纳的这一主张。在《父辈还是亲人？乔治·麦克唐纳与淡墨会》（*Parent or associate? George MacDonald and the Inklings*）（Inklings 即淡墨会，是 J·R·R·托尔金和 C·S·路易斯所建立的一个有共同文学爱好的组织，除托尔金和路易斯外，其成员还包括查尔斯·威廉姆斯等人。）中，科林·曼罗夫（Colin Manlove）论证了麦克唐纳与淡墨会成员的联系，认为麦克唐纳影响了淡墨会的创立。

《莉莉丝新解》（*Lilith in a new light: essays on the George MacDonald fantasy novel*）[24]是第一本针对《莉莉丝》的批评文集，对莉莉丝的形象和小说的寓意进行了细致的分析。

麦克唐纳认为在文学作品中充分调动自己的想象去探索和表达自己的宗教观念，是一件非常令人高兴的事情。通过这些创作实践，他赋予自己创造出来的想象世界一种内在的和谐，将无法显现的东西显现出来（show the

---

23 *For the Childlike: George MacDonald's Fantasies For Children*, Roderick McGillis, Children's Literature Association, 1992.

24 *Lilith in a New Light: Essays on the George MacDonald Fantasy Novel*, Lucas H. Harriman. McFarland, 2008.

unshowable）。

　　在《奇幻的崇高：19 世纪儿童奇幻文学中的浪漫主义与超验》（*The Fantastic Sublime: Romanticism and Transcendence in Nineteenth-Century Children's Fantasy Literature*）[25]中，大卫·桑德纳（David Sandner）认为，很多维多利亚时代幻想小说的创作，都源于为了使孩童高兴而即兴讲出来的口头语故事，而不同于传统的 18 世纪那些指导孩子如何长大成人的道德说教故事，这种被桑德纳称作"奇幻的崇高"的文学作品非常注重想象力和阅读的快感。该书通过对浪漫派的崇高叙事的结构的审视，以及对"幻想的升华"的探索，提供了一种理解 19 世纪儿童幻想文学甚至整个幻想文学的新途径。

　　国内研究目前主要是几部硕士论文和少量期刊文章，如蒋萍的《一颗纯真无谓的童心——解读乔治·麦克唐纳在〈北风的背后〉中的世界观》（《山东文学》下半月，2010 年 5 月）；《论乔治·麦克唐纳〈北风的背后〉主人公成长之路》（华中师范大学硕士学位论文，2012）；李雅蕙在《人生如梦——论乔治·麦克唐纳的想象观》（天津理工大学硕士学位论文，2009）中围绕《奇异的想象》探讨乔治·麦克唐纳的文学想象观等。乔治·麦克唐纳有两篇论述想象的重要论文《奇异的想象》和《想象的功能与文化》，但是李雅蕙只研究了较短的一篇《奇异的想象》。以及本人指导的北京师范大学硕士学位论文《乔治·麦克唐纳幻想文学作品的意象研究》（2013 年）。国内目前的研究显然还在起步阶段，对麦克唐纳的研究还主要停留在童话的层面，没有尝试从基督教的角度切入的研究，而且主要集中在已经翻译过来的作品中。

　　《幻想者》（*Phantastes*）是麦克唐纳早年的作品，问世之初几乎无人问津。但是在今天看来，这几乎确定是他最重要的作品。虽然他因为生计考虑没有继续这种新型文体（除了晚年的《莉莉丝》），而是改写小说，或者比较容易被一般人接受的童话。但是，这部作品无疑是一种新的文体形式，不仅表现了麦克唐纳高度的原创性，而且蕴含着多样的发展可能性。C·S·路易斯曾写道：和他的小说的成就不一样，"他的奇幻文学（fantasy）是他的作品中最好的"，而且在他看来，在这种文体中，无人能出其右。路易斯写道：

　　"……介于寓言和神话诗之间的奇幻文学。而在我看来，在这方面他超过了任何人。面对它的文学批评的问题在于，这种艺术——神话创作的艺术——

---

25 *The Fantastic Sublime: Romanticism and Transcendence in Nineteenth-Century Children's Fantasy Literature*, David Sandner,Greenwood Publishing Group, 1996.

是否是一种文学艺术的类型。反对这种分类的意见是，神话基本不以词语的方式存在。我们都同意巴德儿（Balder）的故事是伟大的神话，有不尽的价值。但是我们在说的是哪个版本，谁的词语呢？对我而言，回答是我没有在想任何人的词语……那让我喜悦、得到滋养的是一种独特的事件模式"。路易斯认为，这一点上神话与诗歌迥然有别，比如提炼济慈的《夜莺》的主题，结果是什么也得不到。因为对于诗歌而言，词语就是生命；诗歌的语言本身承载着更新语言的作用。路易斯认为神话是不同的：任何媒介成功将这些事件嵌入我们的想象是最重要的，而媒介的好坏相对是次要的。"在诗歌中，词语是身体、"主题"或"内容"是灵魂。而在神话中，想象的事件是身体，而某种无以言表的东西（something inexpressible）是灵魂"。他认为，媒介甚至都不是衣服，而只是电话，比如卡夫卡的神话就是如此。"大多数神话都在史前出现，我认为，它们根本不是个体的有意识创作。但是神话也不时地在现代社会出现，一个天才——一位卡夫卡或者一位诺瓦利斯——可以写作这种故事。麦克唐纳是我知道的这种类型中最伟大的天才。但我不知道怎么归类这种天才。"这种艺术或者天赋被批评极度忽视了。"它可能是最伟大的艺术之一；因为这种才能给予我们（第一次相遇时）许多快乐和（长久熟悉之后）许多智慧和力量，就像最伟大的诗人的作品一样。……它超越了我们已经感觉到的事物的表达。它在我们里面激起以前从来没有过，也从来不期待拥有的感觉，好像我们突破了意识的正常模式，并'拥有了我们的出生所未曾承诺的喜悦'（"possessed joys not promised to our birth"）。它进入我们的皮肤下面，在比我们的思想甚至激情更深的地方击中我们，将最古老的确定性直至所有疑问都解开，一般来说，将我们震撼至比我们一生大多数时候都更清醒。麦克唐纳卓越的正是这种神话诗艺术。"

路易斯承认，他从《未言说的布道》（Unspoken Sermons）中获益，是一个人可能从他人那里获益最大的程度，对于许多人来说，也对他们接受基督教信仰产生了不可缺少的帮助。路易斯不愿将麦克唐纳在神学或历史上归类，因为在他看来，盖上某种主义的烙印是"消灭良心的声音的极有效途径"，"在麦克唐纳里面，总是有一种良心的声音在说话。"而在这种良心的声音中，想象、幽默和幻想都传递出了极好的智力声音；"在现代，或许没有人更意识到律法和福音之间的区别，以及纯粹道德主义（morality）的不可避免的失败。"

路易斯进一步观察到，"一种浪漫的、从枯燥智性神学的叛逃很容易就会受骗，变得过于重视纯粹的情感和所谓'宗教经验',"事实上，麦克唐纳在 19 世纪作家中是罕见的，他仍然坚定地保持大公教会的立场，将情感放在其适当的位置上。他的自然哲学更贴近 20 世纪的哲学家，如怀特海德，而不是斯宾塞，或者像大多数 19 世纪知识分子一样，在机械论（mechanism）和观念论（idealism）之间徘徊。所有浪漫主义者都鲜明地意识到变动性，但是大多数只是满足于为之哀嚎，但是对麦克唐纳而言，乡愁不过是起点，他出发去探索它的目的地。他的心理学也很值得留意，他像现代人一样清晰地意识到，反思所揭示的意识的自我（conscious self）是 a superficies。"因此，他写作了国王城堡中的小阁楼（《公主与妖怪》），自己的房子中的恐惧……，但是他也不遗余力地批判我们日常的自我假设。"我从不隐藏这一事实，我视他如师；其实我怀疑，自己是否从未写过一本书，里面没有引用他。"

"至少已经 30 多年了，我几乎是不情愿地买了一本普通版的《幻想者》，因为我在书报摊上看见它多次都没买。几个小时之后，我知道我已经越过了一个伟大的边界。我已经深深浸润于浪漫主义之中，足以在任何时候都进入它更黑暗、邪恶的形式中挣扎，沿着陡壁下滑，它带我从喜爱奇异到喜爱怪异乃至反常。《幻想者》当然是足够浪漫主义的，但是却有不同之处。那时候基督教离我如此遥远，以致我不知道这种差异是什么。我只是意识到这个新世界是奇怪的，同时也是寻常、谦卑的；如果它是一个梦，那么至少是个让人在里面感到警觉的梦；整本书都拥有一种凉爽，早晨的天真，以及，绝不会错地，一种死亡，善终的特质。它真正对我做的是，皈化（converted），甚至洗礼了（当死亡出现的时候）我的想象。他对我的智识和良心（当时）没有任何作用。这些来得晚多了，在其他书和人的帮助下。

但是，当整个过程完成的时候——我当然指的是'当它真正开始的时候'——我发现还是和麦克唐纳在一起，他伴随我一路，而我现在终于准备好去听很多他一开始不能告诉我的东西。但是在某种意义上，他现在告诉我的和他一开始已经告诉我的，是完全一样的。这里不存在穿越核心就扔掉壳的问题，没有镀金药丸的问题。药丸从里到外都是金的。

他的想象之作中使我着迷的特质最后发现是真正宇宙的特质，我们都生活在其中的神圣的、魔法的、恐怖的、狂喜的现实。如果有人在我当时十多岁的时候告诉我，我在《幻想者》里学会喜爱的是善（goodness），我会被吓着。但是现在我知道了，我看见里面没有欺骗。欺骗以各种其他方式存在于将善局限于法律和责任的贫乏道德主义中，这种道德主义从不让我们感受到脸上甜蜜的客气吹自'公义之地'（land of righteousness），从不揭示飘忽不定的形式（Form），一旦人们看见它，就会不可避免地以几乎感官的欲望来渴望它——'比金子还金子'（用萨福的话说）的事物。"[26]

路易斯曾经写过一部《乔治·麦克唐纳：文选汇编》（*George Macdonald: An Anthology*），里面介绍了几乎所有麦克唐纳发表的作品。考虑到麦克唐纳作品的数量相当大，路易斯无疑称得上是最了解麦克唐纳的人之一，而且就像他所承认的，他接受了麦克唐纳多方面的影响，而且从中结合了自己的体悟和认知，在写作中进行了演绎和发展。他对麦克唐纳的评价相当中肯、有见地，值得我们重视。

为什么路易斯会这样评价麦克唐纳？为什么他要提到"善"、"形式"这样一些具有明显柏拉图印迹的词呢？麦克唐纳究竟提供了一种什么样的浪漫主义，将深谙浪漫主义文学套路的路易斯引向了另一个方向呢？我们下面集中分析《幻想者》一书，因为这部作品集合了麦克唐纳童话中最具有原创性的部分，是他的集大成之作，也正是这部作品，开启了路易斯这位20世纪最重要的基督教平民护教士的皈依之路，而且《幻想者》从核心立意到叙事建构，都与"想象"密切相关，是一部探讨"想象"理论的元小说。路易斯称这部作品"洗礼了他的想象"，本篇将着重关系，这种对想象的"洗礼"是在什么意义上完成的。

《幻想者》（*Phantastes*）的副标题是"给男人和女人的仙域传奇"（A FAERIE ROMANCE FOR MEN AND WOMEN）。Phantastes一词是麦克唐纳杜撰的。他使用希腊语词根Phantasy（幻想）与-tes（者），组合成这个词。Phantastes作为一部讲述仙境故事的童话（fairytale），而且是面对成年男女的，这个书名具有明显的自反特征。书中从头到尾没有再出现标题这一个词，所以，《幻想者》究竟是指故事的主人公阿多诺斯，还是指作者自己，或者与作者一样分享了仙境的读者呢？作者并没有明说。可以推测，当作者将幻想者这一词提出的时候，就是尝试在重新界定一种新人的类型，这种人或许一直存在，但是却未能得到命名。这种人看待世界和切入世界的视角不同于任何一种其他人，所以只能给予新的命名。"幻想者"肯定不是理论家（theorist），或者理性主义者

---

26 以上C·S·路易斯评价乔治·麦克唐纳的文字均来自他为《莉莉丝》（*Lilith*）做的介绍性序言。Gegorge Macdonald, *Lilith*, Eerdmans, 1981, Introduction.

（rationalist），不是道德主义者（moralist），神学家（theologian），或者通常意义上的敬虔者（pietist），如同清教徒（puritan）一样；他的特征在于 fantasy（奇幻）对于他有重要的意义。尽管在论文中麦克唐纳主要使用和探讨的词是想象"imagination"，但是此时他却自觉地使用了该词的希腊语词根，因为作为希腊语的 phantasia 与根于形象的拉丁词 imaginatio 有不同的强调之处。imaginatio 更强调视觉，而 phantasia 则适用于各种感官，且和 vision（幻象）有关。那么这位整合了各种感官并形成幻象的幻想者的独特价值何在呢？这个标题作为全书的题眼，展示了一个幻想者可能的生命旅程，从而提供了一种与"经典"浪漫主义不同的模板或者典范；并通过这个模板，笔者以为，揭示了另一条浪漫主义的路径，即路易斯所说的"洗礼了想象"。

　　《幻想者》的故事由第一人称"我"讲述，"我"是阿诺多斯（Anodos），一位刚刚满 21 岁的青年。[27]生日这天阿诺多斯从父亲那里继承了一把书桌的钥匙，他兴奋地去开启，却遇见了一个活的微型老妇人，自称是他的祖母，已经活了两百多岁，她告诉他，第二天他将进入他期待存在的仙境。第二天阿诺多斯在自己的房间里醒过来，发现里面原本模仿自然的装饰（花、叶、动物）在渐变成为真实的：装饰着仿造鲜花芳草的地毯成为草地，盛水的脸盆变成喷泉，床帘上的藤蔓印花成为真正的绿植……麦克唐纳的细节描绘非常出色，他通过阿诺多斯的眼睛看见，黑橡木家具上的第一片叶子雕刻是人工的，第二片看上去有点奇怪，第三片则无疑是常春藤了，而就在它正上方，铁线莲的须蔓缠绕在抽屉的第一个镀金把手上……虽然他匆匆穿上衣服，但是洗漱完毕的时候，已经身处一棵大树下，他的房间已经不复存在，一条路从他脚下通往森林中，他由此进入了仙境。麦克唐纳这段描写是神来之笔，他出色地链接真实和虚幻的能力展露无遗。

　　阿诺多斯在仙境中最早遇见的人是一对母女，她们提醒他当心灰树和赤杨，相信橡树、榆树和山毛榉。在她们家的花园里，他看见了花的精灵如孩童一般嬉戏。他在黑夜中遭到灰树的追杀，被山毛榉救了。他来到一处石壁，发现上面有一个非常美丽的女性形象，阿诺多斯无师自通地对着石壁歌唱，呼唤她从石壁中出来，在歌唱三次之后，这个形象（阿诺多斯称之为白夫人）真的破壁而出，随后便失去了踪迹。阿诺多斯在夜晚遇见一位自称是白夫人的女性，在魅惑之中被她引导到赤杨的巢穴中，在几乎丧命之际被骑士帕西瓦尔所

---

27 Anodos，在希腊语中 odos 是道路的意思，而加上 an 的前缀，则意味着上升。

救（之前帕西瓦尔曾经提醒过他当心赤杨）；他因为受莫名的好奇心驱使，观看了女怪房间里的密室，结果从里面跑出一个影子，从此以后如影随形跟着他，使他的仙境之旅蒙上了一层阴影。阿诺多斯顺流而下，来到白色殿堂之屋。他在这里享受看不见的精灵的服侍，并阅读了许多书籍。其中一部讲述了一面魔镜的故事。在殿堂最深处中他再次用歌声将被隐身、石化的白夫人解救出来，却因为违反了"不可摸"的禁忌，再次而且永远失落了她。他失魂落魄地在一条很长的黑暗隧道中行走，直到在出口处跃入海中；从海中他来到一座小岛上，岛上的小屋里有一位他见过的最老的妇人在纺纱，她有一双非常年轻的眼睛。他进入她小屋中的四扇门，分别是哭泣、叹息、死亡和永恒之门。在叹息之门中他看见白夫人已经与帕西瓦尔结合。由于贸然闯入永恒之门，阿诺多斯被迫立刻离开小屋，他遇见两位王子，他们依照老妇人的嘱咐在等待他。因为三个巨人破坏了他们的国家，他们正在亲身制作盔甲和武器，准备与之战斗。阿诺多斯慨然同意加入，他们一起生活了一段时间，制作骑士的装备，并练习战斗，然后与巨人们决一死战。巨人们被消灭了，但是两位王子也战死。阿诺多斯处理善后事宜，被国王加封为爵士。他在路上遇见一个邪恶骑士，竟然勇气全无，被他所胁迫，幽闭于一座高塔中。这时塔外响起歌声，在歌声的鼓励下，阿诺多斯脱离了幽禁，他感到自己愧对封号，遂脱下骑士装，令他惊讶的是，他的影子从此消失无踪。他遇见帕西瓦尔，主动成为他的侍从，在跟随他漫游的过程中，他因为破坏邪恶的祭典被恶狼所杀。帕西瓦尔和白夫人将他埋葬，他的灵魂却从土中上升，回到了他所来的人间。他发现在这里，他不过消失了 21 天，虽然他在仙境中已经历经多年。

《幻想者》有些松散的故事中包含着许多创新性。这个被麦克唐纳定义为成人童话的故事中融汇了许多新老童话元素：帕西瓦尔背后的亚瑟王传奇系列故事，自然精灵背后的苏格兰民间传说，有魔力的歌声与魔镜等呈现的阿拉伯魔法世界……更重要的是，本书以前所未有的方式探讨了文本世界与现实世界之间的关系，称得上是一部童话的"元小说"，或者说"元童话"。我们下面从几个方面来分析这部作品：首先，作为镜像的仙境；其次，描述不可言说者的修辞；再次，"逆成长"故事；最后，描绘理念世界。笔者认为，这四个方面，最终构成了《幻想者》作为现代奇幻文学的开山之作也是巅峰之作的地位。我们在后面会发现，本文后面的三位作者的奇幻文学写作和理论，大体上都沿着他开创的路线向前发展。

首先，作为镜像的仙境。

虽然奇幻元素在各种民间故事、神话传说里都很常见，但是将仙境作为一个完整独立的"第二世界"呈现，在麦克唐纳的《幻想者》之前却是罕见的。在此前，大多数出现类似"第二世界"的文学作品，都是将它呈现为梦境，如《农夫皮尔斯》、《玫瑰传奇》等中世纪欧洲文学，《天路历程》等近代欧洲基督教文学，乃至《爱丽丝梦游仙境》这样稍晚于《幻想者》的作品。梦境也是一个类"第二世界"，和文本的现实世界形成一个对照关系。与梦境世界相匹配的一般还包括抽象概念人格化，一般来说，作品会携带着浓厚的说理和道德训诲的色彩。和"第二世界"的功能类似，梦境中呈现事物的本质，不过是以比较抽象的方式直接呈现。[28]

这种梦境呈现方式为什么自麦克唐纳（尤其是托尔金）之后，慢慢被独立完整的"第二世界"取代呢？主要是因为梦境必须有醒过来的时刻，所以无法像"第二世界"一样无限延伸；而且梦境的设定本来就假设了其虚幻的特性。但是，无疑，不论梦境，还是仙境，其主要特征都是和所谓"现实世界"的镜像关系。在《幻想者》中，仙境是一个平行世界，阿诺多斯在其中进行了一次穿梭。就像麦克唐纳在《想象的功能与培育》中所说的，仙境的特点是，尽管物理规律可以被改变，道德律却是一样的。我们下面来看一下他笔下的仙境的特点：

第一、仙境被呈现为美丽的自然。相对阿诺多斯生活的城堡，仙境是更"原始"的自然场景。在麦克唐纳笔下，自然不再是仙境的背景，仙子也不复是仙境的主角，人在自然中行走的故事，被演绎为仙境的传奇。相对于故事类型上比较接近的斯宾塞的《仙后》，自然在《幻想者》中几乎占有主角的地位。这一传统具有深刻的英国浪漫主义印记，尤其是在华兹华斯笔下的自然。通过与自然的相遇来经历内心的成长，没有什么人比华兹华斯表现得更为详尽。他的长诗《序曲或一位诗人心灵的成长》细致地回溯了自己的童年、求学、在法国经历大革命、重获想象等阶段。

当阿多诺斯在山毛榉树的怀中睡着的时候，作者用非常精炼优美的语言描绘了他与这棵树一同经历四季的感受。这些描写在文中比比皆是，仿佛是和

---

28 路易斯·卡罗尔的爱丽丝系列的第一部探讨"梦境"（其主题是荒谬），第二部探讨"镜中世界"（其主题是颠倒）。从某种意义上，正说明了"梦境"与"镜像"的相似性。

主题无关的。但是在自然中徜徉，行诸笔端，便是在自然中发觉、感受自己的感性的过程。在麦克唐纳这里，这种自我发现与他尝试表达的灵性世界必然是一致的。就像华兹华斯在《序曲》第一章中写到：

> ……当天上芳风不断吹拂着
> 我的躯体，我隐隐觉得胸中
> 吹起呼应的和风，最初它轻轻地
> 移游，来激发生命，现在已成
> 风暴，一股强劲的能量，让激生的
> 造物像波涛一样汹涌，感谢它们
> 风与风的相同，当它们一起
> 暖化持久的冰寒，它们带来了
> 春天的希望，那时每天每日
> 将充满活力，激励我的是那飞逝的
> 时光；那时如意的休闲要交纳
> 深奥的思想，也不忘按时晨祈
> 晚祷，但吟诵的却是悦耳的诗章！" [29]

又如在《序曲》的结尾章，他写道：

> 大自然以如此方式将这支配力
> 展示给人的感官，受触动者都会
> 承认它的作用，而它恰似
> 一幅逼真的肖像，描绘出心智
> 超卓的人们所拥有的那种辉煌的
> 才能，因为杰出的人们正是
> 以如此姿态与宇宙万物交流；
> 他们亦能让天然的原我向外界
> 输出相同的异变，为自己创造出
> 类似的现实…… [30]

---

29 华兹华斯，《序曲或一位诗人心灵的成长》，丁宏为译，中国对外翻译出版公司，1999，第 2 页。

30 华兹华斯，《序曲或一位诗人心灵的成长》，丁宏为译，中国对外翻译出版公司，1999，第 348 页。

很多学者都指出，华兹华斯的《序曲》最终定为 13 章，正是模仿了《忏悔录》的章节数。换句话说，华兹华斯自觉地希望，就如同奥古斯丁在《忏悔录》中的体悟叙事活画了中世纪人的灵魂图景一样，他的《序曲》也能够为新时代的人们提供新的灵魂图景。只不过上一次是人如何面对上帝的自我寻索，而这一次是面对自然的自我探求。《序曲》深深受到了柯尔律治的影响，不论是在创意上，还是行文中，柯尔律治都是无法抹去的影子。虽然华兹华斯、柯尔律治、麦克唐纳在一些细节的理念上并不完全一致（也不可能完全相同），但是对自然和人之间彼此发现、生成的过程的观察却是共同的。

第二、在仙境中，逻辑推理是有效的，换句话说，理性依然是有效的，如下面这些细节：我最初得到母女的警示之时，并不知道这些提醒意味着什么，但是我满足于这种想法，即有足够的时间去发现其中的意思，在需要应用这些警告的时候，时机会揭示告诫的意思。又如：我在途中肚子饿了，有点担心在仙境中能不能找到食物满足自己的需要，但是我再次用希望安慰自己，继续向前。后来，他推理这个国度的食物应该是自己可以吃的。在尝试之后，发现果然如此。"我发现我的推理是正确的"。在这个国度，可以进行推理，在很多时候也需要依赖直觉，也需要经验的学习。

显然，阿诺多斯是运用一种综合的理性去适应仙境规律的。换句话说，在《幻想者》的仙境中有效不只是道德律，其实还包括因果律，这些都是人生活下去依赖的基本规律。（将因果律与物理规律剥离，突出的是人与物理规律不一定有必然的联系。换句话说，人和其他规律的关系反而变得不可剥离。）

幻境与现实的交替之处（即镜子）是最真实的。就如中国的佛学，虽然强调"空"，即一切所谓的"真实"其实都不过是虚妄，但是，人既然具有这种能够看透一切都不过是虚幻的智慧和洞察力，具有必须有更高层次的智慧的真实存在——即所谓"妙有"，这就是人所拥有的"佛性"。正如中国唐代宗密禅师所说："人能够看透世间的事物原来只不过是镜花水月，但是能反映出这花和月都是虚假的镜子和水，本身就必须要有其真实性才行，并非只是虚幻。所以，能够看透一切都是虚假的那种"本觉真心"，就不是空，而是一种"妙有"，那就是人的"佛性"。[31]

第三、仙境的颠倒呈现：夜晚是仙子的白天，月亮是他们的太阳。他们遵

---

31 温伟耀，《成圣、成仙、成佛、成人：正视人的高贵与丑恶》，香港：明凤出版，第 2015 页，第 76 页。

守昼伏夜出的生活规律，这使他们在某种意义上承担了类似《太阳男孩和月亮女孩》中月亮女孩所代表的生活中必不可缺的隐形层面的功能。而仙境中的水是不会呈现倒影的，但是天空却会呈现下方整个世界的倒影；这就隐喻了镜像世界中不再有镜像（因为会破坏镜像世界的完整性，就像一个人手中拿着镜子照另一面镜面，结果有两种，一种是形成多层次的幻象，另一种则是镜子的幻象被打破）。天空与下界的倒影则是对整部小说的文本世界与现实世界之间关系的隐喻。

在《幻想者》中，镜像无处不在。一些关于观看和镜像的隐喻无处不在。如我发现自己必须和村庄的人需要保持一定的距离，才能双方互相看地合适。当我怀着巨大的好奇心不断触摸女孩的玻璃球，玻璃球就会爆炸。这种镜像隐喻有可能说明，镜像世界必须完整，镜像在某种意义上是反思的代名词。但是同时，过度的反思，和缺乏距离的观看，却有损无益。

当"我"在船上漂流的时候，我陷入了沉思，"为什么所有倒影都比我们称之为现实的更可爱呢？——它可能不那么宏伟或强烈，却总是更可爱？发光的大海上滑行的帆船很美好，但它下方摇摆、颤动、不息的航行却更美好。是的，那倒映的大海自身，在镜子中反射，那水中也拥有一种奇妙，我若直接转向大海，这种奇妙就会消失。所有镜子都是魔镜。（All mirrors are magic mirrors.）当我转向镜子的时候，一首诗里的房间也不过是最平淡无奇的房间。"

在另一处，阿诺多斯则反思："无论用什么方式来阐释，我们都可以确定一件事，就是这种感情并不是虚假的，因为在本性和灵魂的单纯无欲的情感之中没有虚假。其中必定蕴含着真理，虽然我们或许只能部分理解其中的意义。即使过往痛苦的记忆都是美的，过往的欢愉，虽然只能透过悲伤的阴云的裂缝窥见，也如仙境般美好。但是，当我不过身处漂往仙境的仙宫时，我如何竟能游至灵魂更深之处的仙境呢！月亮是下沉的太阳的更可爱的记忆或反射，在沉思的夜晚里那微光的镜中，快乐的日子将我的心夺走了。"

记忆、反射、镜中、倒影，在这里以一系列几乎同义词的方式出现。作者通过主人公的心灵思考，为什么镜像更美？这里的问题没有明确回复，答案是开放性的，同时，又具有倾向性或者意向性。镜像更美，被作为一个真理或者事实已经接受下来，并邀请读者去参与并解释这种体悟。就像另一处阿诺多斯提出的问题，"美和丑为何如此接近"（他竟然将赤杨的侍从误认为白夫人）。虽然仙境中的女子给出了一些答案，他仍然难以理解。

笔者在此尝试给出一些解答。美的存在，首先是因为某种距离，过于熟悉之物难以感觉到美；而类似痛苦忧伤，在当下几乎难以有美感，可是逝后的回忆中却可能出现美感，正是拥有了距离的缘故。面对镜像之时，我不在镜中，或者说不是完整地置身镜中，而只是可以看见自己的镜子中的一面。这种距离感是美感所需要的。因此，从某种意义上说，美感与当下的在场感，是彼此排斥的，而后者往往是伦理学最强调的在场方式。但同时，美也因此有超越当下情境的功能，因此可以与伦理考量彼此互补承担。其次，镜像的优势是，一览无余全景（尽管可能是片面的全景），就像柯尔律治一再指出的，美是多统一于一之中（multiplicity in unity），美能够提供整全性的反观。只有碎片是无法形成美感的，无限也是无法形成美感的，必须有一个镜框将它们框在一起，才可能成为美的。对于电影而言，镜头就是镜框；对于绘画而言，画框就是镜框，而对于文学而言，书本的边际就是镜框。

从这个意义上来说，《幻想者》中的"仙境"很重要的一点就是，必须表现其绝美。其中的美越真实可感又指向超越，则仙境尝试传递的真理就越真切。

第四、从上面这些方面来看，可以将仙境视作麦克唐纳心目中的灵性世界的象征体系。灵性世界是需要被唤醒的，否则主人公总是处于对其茫然无知的状态。虽然隐隐的向往是一直存在的，如21岁遗传自父亲的钥匙，在生日前一天关于仙境和妹妹的交谈，进入仙境之后，某种灵性本能会不断隐隐地带领主人公的。从未来过这个仙境，"我"仍然有某种"仙人血脉（fairy blood）"。

在故事中，当人们对仙境怀疑的时候，如世俗主义的父子俩影响了阿诺多斯对仙境的看法之后，他看见一个手里拿着一本书的小女孩，就可以立刻恢复对仙境的信仰。所以孩童和书本其实在《幻想者》中被视作进入仙境的钥匙。关于孩童的比喻，我们在第三个部分来探讨。但是关于书作为仙境钥匙的比喻，却包含着这个"元童话"的根本结构。换句话说，在麦克唐纳的笔下，书具有某种启示性。在《幻想者》大约中间的部分，有一个篇幅很长的故事，是阿诺多斯在白色殿堂之屋中阅读的，其中包含着这个童话的某种"元结构"。故事的主人公克斯摩（Cosmo，改词原义为宇宙）是一个嗜好古物的穷学生，一天，他在古董店里发现了一面古镜，被其魅力所惑，倾其所有买下。晚上他在家里观看镜子的时候，竟然发现镜像中的他的房间的沙发上躺着一位美丽的女子。这名女子只有晚上才会出现，她仿佛可以看见自己置身于他的房间，但是却看不见克斯摩，且总是极为惆怅，以泪洗面。克斯摩疯狂地爱上了她，为了将房间装饰得更好，收学生教授剑术。终于有一天，受不了对女子的思念之苦，他学习了魔法，使用魔咒将女孩从镜子召唤出来。女孩出镜之后，却说，她是因为感受到克斯摩炙热的爱被召唤出来的，她恳求他打碎镜子，使她不再受其幽禁，虽然不知道此后会有什么结果。但是克斯摩担心从此以后她就消失了，竟然犹豫了。在女子绝望的责备与良心的谴责下，他举剑想打碎镜子，却被雷电击中，醒来时镜子、女子都消失了。他四处打探，听说了该国公主被施魔法，而镜子又被一位贵族买走了，于是他潜入贵族家中，将镜子打碎。脱离魔镜的公主大喜奔出宫殿，在街上找到了身受重伤的克斯摩，但是二人旋即生死诀别。先前公主谴责克斯摩犹豫打碎镜子并非是出于对她的爱，而现在克斯摩却用生命证明了自己的爱是真诚的。

克斯摩的爱的问题是过于偏重自我指向，和叙事者阿诺多斯对白夫人的爱情一样，克斯摩的爱太过注重自己的占有，而非爱的对象自身。显然，魔镜的故事和《幻想者》的主线故事有许多相似之处。为什么麦克唐纳要在这里讲述一个偏离主线的故事呢？除了书里书外主人公的爱情故事具有彼此呼应之处。里面非常核心的情节是，正如阿诺多斯用歌声将白夫人从石刻中解脱出阿里，克斯摩也用魔咒将公主从镜中解救出来。语言（或者说诗）成为一种魔法力量，具有解救的功能，能够将赋予被僵化者以生命。这种对诗与生命的关系的思考处于麦克唐纳的思考的核心。对于他而言，语言是有魔力的，必须借助语言，人才能够将自然与人之间的缝隙弥合，将人的内在与外在打通，激发被偏斜的世界（观）遮挡、僵化的真相（truth）的显现，而真相总是令人无比惊艳的位格性存在。只有语言能够达到这种真理性的存在。但具有这种能力的语言并非随意的语言。必须是心底升起的歌声，或者刻苦习得的有用咒语。语言如果是僵死的文字也是没有用的，需要被活生生的人讲述，以全部的心来讲述，才能够起到那样的效果。为什么必须是诗歌呢？这里涉及浪漫主义的核心信仰，诗是生命的呼声，它不应该被轻视，它具有魔力，它讲述真相，向真理呼吁，并以位格向另一个位格呼唤。诗的真理之声就是爱，对美永恒的爱，它的意向性是善。

在《幻想者》的文本世界中，诗歌是重要的关键性因素之一。当阿诺多斯按照老妇人的指示加入王子的战斗行列时，他们在一起居住了一段时间。两位王子铸铁造盔甲武器，他则应邀向他们歌唱。王子中年长的一位和一位心爱的女子订了婚约，另一个则与父亲关系密切，他们已经预先知道，在这场战役中二人都不会生还。于是，我按照祖母向两位王子承诺的，经常对他们唱歌，歌里讲述了他们的死亡，以及未婚妻和老夫妻闻死讯时的场景。他们因这些诗歌深受安慰。当消灭三个巨人后，阿诺多斯感到，自己做了一生中第一件有价值的事，安排好王子的后事之后，他启程准备去告诉那位与王子订了婚约的女士发生了什么事。但是处于沾沾自喜之中的主人公在路上遇见了一位孔武有力的骑士，发现自己面对他时懦弱无比，在对方的命令下竟然成为他的扈从。他痛苦地跟随这个骑士走进一座塔中，虽然明知此人与黑影同源，但却因为囿于自己的怯弱无法脱身。此时塔外歌声响起，他在歌声的感召下离开了屋子，再次遇见那个他曾经打碎对方的球的女孩，她已经成大成人。当时球被阿多诺斯弄碎，让她十分伤心，但是仙后并没有修复女孩的球。相反，失去了玻璃球的女孩从此以后就有了歌唱的能力。在《幻想者》中，歌唱是一项非常特殊的技能。因为在仙境里没有音乐。唯一的音乐就是歌唱，而且也不是人人都能够歌唱。阿多诺斯和碎球的女孩是比较少有的能歌唱的人。激发阿多诺斯歌唱能力的是他对石头上的女像的向往，而女孩则是失去了她最心爱之物。但是阿多诺斯的歌唱能够祛除魔咒，也就是说，如同克斯摩的故事里呼唤女子出镜的咒语一样，歌唱具有魔法的作用，能够将雕塑转变成有生命之物，祛除禁锢雕塑原本生命和真相的东西。女孩此时感谢阿多诺斯，因为她的歌声具有释放（deliverance）的能力。在这部童话中，老祖母的歌唱和阿多诺斯的歌唱还都有预言的作用，以及一种奇妙的抚慰作用。麦克唐纳在童话中表达了这样一种观念：语言的极致形式——诗歌，能够预见未来，这说明语言具有和外界环境的本质关联，它可以言说世界的真相，具有真实的所指，而不是任意的。如果从现象学的角度来说，人的感受只有通过语言传递出来，才说明他或她认识到了事物和自我的真实关系。这种关系的言说是至关重要的，不可能是任意的，因为不准确的所指是无意义的。一种言说（parole）必须达到另一个人那里，才是有意义的，言语必须引起他人的内在呼应，"心有灵犀一点通"，否则就是无意义的语言。因此，言语之中有真相。而每次真理的言说，都只能在一个人面向他者的时候发出。没有他者，真理便没有言说的对象，但是真理又不等于他者。（现象学的分析）没有无人称的真理。同时，真理又只在言语（不是语言）之中存在。因为真理不等同于存在。

这些关于语言的探讨，如果回归到《幻想者》的文本，则给予了这个文本一种真理意义上的地位。因为它言说了某些至关重要的真理。

其次：描述不可言说者的修辞。

《道德经》有云："道可道，非常道；名可名，非常名。……众妙之门，玄而又玄。"对于极致的道（真理）的言说是困难的，是一种不可言说的言说，这几乎是古今神秘主义的共同领悟。在基督教的传统中，有一种神学被称作否定神学，即以否定的方式来言说上帝，突出了，代表人物有（伪）狄奥尼修斯，库萨的尼古拉等人。圣胡安·德·拉·克鲁斯（San Juan de la Cruz, 1542-1591），又译"十字架的约翰"，是西班牙十六世纪的灵修大师，被后世尊称为"神秘主义者中的王子"、"神秘圣师（Doctor mystique）"。他对"暗夜中与上帝"的相遇的讲述是基督教灵修文学中的一面丰碑。同时，他的作品也被众多诗人推举为最美丽的诗章。下面我们以他的作品为例，对比麦克唐纳的《幻想者》中的类似修辞方法。

他的《灵歌》等灵修作品使用了大量的自然隐喻和吊诡语言，用以讲述神秘的灵性经验。《灵歌》化用了基督教灵修传统中几乎是核心的隐喻，即以《圣经·旧约》《雅歌》为底本，将其中良人与佳偶彼此寻找的故事，讲述为灵魂与基督彼此寻找相爱的故事，全诗充满了极致的神秘主义的也是灵修的语言。如下面《灵歌》的开篇：

我良人巍巍高冈	MiAmadolasmontañas,
莽莽幽谷	losvallessolitariosnemorosos,
奇异的岛群	lasínsulasestrañas,
澎湃的河江	losr í ossonorosos,
习习情风的微响	elsiluodelosayresamorosos.
恬静的黑夜	lanochesosegada,
临近曙光的展现	enpardeloslevantesdelaaurora,
缄默的音乐	lamúsicacallada,
铿锵的孤单	lasoledadsonora
令人销魂的晚宴。	lacenaquerecreayenamora.[32]

其他在诗歌中出现的吊诡用于不胜枚举，比如，"缄默的音乐（música

---

32 此处及下文与十字架约翰相关的文献均引自《圣胡安·德·拉·克鲁斯的神秘主义诗歌》，范晔，北京大学博士论文，2006 年，第 51-87 页。

callada）"，"铿锵的孤单（la soledad sonora）"，"温柔的灼伤（cauterio suave）"，"惬意的创口（regalada llaga）"，"火焰焚消却不带痛伤（con llama que consume y no da pena）"，"生命哪！你生非所在"，"你在致死中将死亡换为生命"，"死而未死（que muero porque no muero）"，"不生之生（vivo sin vivir en mí）"，"我有意失去自己好让他得着（me hice perdidiza y fui ganada）"，"我进入未知之处／一无所知／并超越一切知识"，"我升得越高／[…]／降得越低／力尽筋疲"，"我下降，下降／升得更高，更高"，"幽暗之火（fuego tenebroso）"，"黑暗之光（oscura luz）"……

由于修女们读不懂《灵歌》等作品，十字架的约翰又为这些诗写了注疏，在他的注疏中同样充满了对不可言说者的言说。如：

"关于这一诗节所有能说的都远逊于其中所存的，因为灵魂在上帝中的转化是不可言说的"。

"关满于那充了美好与荣耀、并上帝温柔之爱的呼吸，我就此搁笔，亦不愿谈论，因为我深知自己无力述说，纵然勉强为之，也只能是辞不达意"。

"我现在并无意去阐明丰饶的爱之灵在这些诗节中所蕴含的全部丰盛，若认为关于神秘领悟的爱的言语——如这些诗节——能够用语言解释清楚，乃是无知的想法；"

"谁能述说在天主居住的钟爱灵魂内，天主所赐予的领悟呢？谁又能诉说，天主传达给她们的感受呢？最后，谁能解释天主所给她们的渴望呢？的确，无人能够！即使是亲身经历过这一切的人也不能。"

再来看麦克唐纳文中常常出现的类似修辞。

"她说话的声音让人奇怪地想起暮光，芦苇河岸与微风，即使在这个死寂的房间里。"[33]

和十字架约翰在《灵歌》开头的一连五个比喻一样，《幻想者》中也常常出现这样频繁使用通感的修辞。袖珍老祖母说话的声音原来是听觉，但是这里却用三个自然意象——分别为视觉、视觉（+触觉）、触觉——来传递这种听觉带来的感受。这样连续的通感使用，最后使读者的思绪不停留在具体的某个意象中，而是停留在这些意象所唤起的某种类似的内心感受之中，其意向性导向的终点虽然不明确，但是方向却是明确的，即一种恬静的感受。老祖母也因这

33　《圣胡安·德·拉·克鲁斯的神秘主义诗歌》，范晔，北京大学博士论文，2006年，第8页。

一连串的比喻，和自然有紧密的联系，我们在下文会看见，这种联系与《幻想者》中自然的功能是相呼应的。

"我不知道如何描述它。它激起了一种新感觉。就像一个人不能将一种可怕的气味，或者一种可怕的疼痛，或者一种恐怖的声音转换成语言。我也无法描述这种新型的骇人可怖。"

这段话中有两个元素值得我们注意，其一是重复了两遍的"无法描述"，这是神秘主义文学中常见的修辞，因为属于"不可言说的言说"，在表达超越层面时，这种修辞与最高级的修辞同样有效；其二是连续使用通感。这里是为了描述恐怖。神秘主义的讲述，相对于系统神学，总是充满了不确定性。它肯定语言的有限性，虽然语言可以在一定程度上指向存在，但总是有其未能达到之处。这意味着人对于真理的认知、把握总是有不及之处。而体验总是能够在某种意义上又突破语言，虽然体验和语言都是在发展、进展之中的。

又如："就像在所有甜蜜的音乐中，一丝忧伤也会在每个音符中存在。我们也不知道生命中有多少欢愉都归功于混合的忧伤。喜悦无法显露最深的真理，虽然最深刻的真理必然是最深的喜悦。"

"我起来时，如同死亡抹除了生命的悲伤，并且自己也在新的早晨死去了。"

骑士帕西瓦尔说："这个仙境国度虽然美好，也有许多问题。如果有了不起的辉煌，也有相应的恐怖；高峰与深渊；美丽的女子与可怕的恶魔；高贵的人与怯懦者。每个人都必须必所能的做得更好。"

十字架的约翰擅于使用悖谬的观念传递超越者和神圣感。诗歌字词之间毗邻的矛盾关系尤为吸引读者，将其思绪导向悖谬之后不可言说的言说。相对来说，散文更难呈现这种悖谬，但是麦克唐纳却能够用散文的方式来呈现，就如上面这一小段。甜蜜和忧伤在音符和真理中的并存。虽然文中的深意似乎不能指向超越者，而是一种更普遍化的经验，但是麦克唐纳的发现和表述却是精准、优美，有说服力的。

和传统的神秘主义文学不同的是。《幻想者》不仅使用了灵修文学常用的修辞：自然、悖论、连续隐喻／通感，而且还增加了一个新的元素，就是表达渴望。下面这样的表述在全文中频繁出现。

"被眼前的美人所折服，一股不可思议的无法抵挡的力量（an attraction irresistible as incomprehensible）将我吸引向她"。

"它们使我充满了不知名的憧憬。"

又如下面这个渴望与自然（即仙境）并存的段落。

"我一看窗外，立刻，一股惊诧和渴望如同海洋的潮水一般流淌过我的灵魂。仙境在我眼前展开，将我吸向它无法阻挡的引力。树木在清晨的吹拂中洗濯它们巨大的脑袋，而它们的根部深深扎根于幽暗中，除了阳光冲破森林的边缘，来到大树的根基之处，或者照耀着森林的路径中婉转冲刷的激流，才显露出败叶和坠落松果的丰富棕色，以及长草和苔藓构成的小森林上那微妙的绿色覆盖着的沟渠，光在沟渠上方掠过，形成静止的光河。"[34]

又如自然与"我"的感应关系：

"我啜饮泉水，发现自己奇迹般地复苏了。对这欢快的小溪之爱在我心中升起。它在沙漠中而生，但却仿佛在对我说，'我要涌流、歌唱、冲洗我的河岸，直到我的沙漠成为天堂。'"

"我发现自己在一个华丽的夏夜，宽阔的河边休憩，一棵辉煌的七叶树矗立于我之上，它雪白的、血红的花瓣在我四周洒落。当我坐下的时候，一股喜悦之流从心中涌起。"

"最后，在河湾处，悬叶累累荫翳，静止、深邃，如同一个灵魂中，痛苦的激流漩涡挖出了一个深坑之后消退了，留下坑中静静、无底的悲伤，我看见一只小船停泊着。"

"魔女月亮已经用她惨白的眼睛将它们全都催眠，沉入我的灵魂，我感到仿佛在一个梦中死去，而且永远不会醒来。"

自然与人的灵魂隐喻的呼应关系，在这些句子中都清晰地表达出来。按照华兹华斯和柯尔律治的浪漫主义传统，回归自然，即是回归自我。人需要常常回归自然，因为这是自我最好的对应物。在灵修文学的传统中，灵魂被认为是一个非常美好的居所，是人心中内在的"天堂"，如大德兰的《七宝楼台》，通篇就是进入心灵的内在不同层级的描述。人的灵魂被认为是耶稣的形象得以反射的明镜。而在《幻想者》中，美好的自然成为仙境的同义词，自然替代了人的内心成为神圣的隐喻。

与十字架的约翰的修辞别的是，麦克唐纳在《幻想者》中多出了一个重要的元素，就是强烈的渴望，除了上文的开头，还有其他多处出现，如：

---

34 《圣胡安·德·拉·克鲁斯的神秘主义诗歌》，范晔，北京大学博士论文，2006年，第45页。

"我的心在胸中因渴望（longing）而昏暗。"

"要是我能看一眼大地之灵，就像我曾经在山毛榉女人处看见的那样，再看一眼和我的白大理石美人，我就会满足。满足！哦，若是死在她眼光之下，我该多么快乐！"[35]

关于自然之子的插曲。男人有手，女人则只有翅膀，翅膀的颜色依照出生的季节、天色而定，而且会随着自然的变化而变化，女人在自然中会发现婴儿，如同发现野花，每个女人都会发现一个带回抚养。

"即将来临的死亡的迹象或者原因是，对某样东西无法描述的渴望（longing），他们不知道是何物攫住了他们，驱使他们孤独，内在耗尽，直到身体倾覆。当一个少年与一位少女深深对视，这种渴望就会攫住并占有他们，但是却没有将他们彼此拉近，他们各自在孤寂之处徘徊，因渴望（desire）而死。但是在我看来，后来他们就成了我们地上的婴儿。"[36]

相比《灵歌》等作品突出灵魂与耶稣相处的甜蜜，《幻想者》更表现出人生的不完满，以及对永恒的渴望。这种对渴望的表达在路易斯的《渴悦》（Surprised by Joy）和托尔金的《魔戒》中都反复出现。对于至善者的渴望，对至美者永远淹留的期待，是无法磨灭、销魂蚀骨的。

下面我们集中地来看文中的一个片段，分析以上这些元素是如何在文中综合运用，达到作者想要传递的效果的。这是阿诺多斯在书房初见微型老祖母时两人的对话：

"阿诺多斯，你从来没见过这么小的人，对吗？"

"没有，"我说，"其实我现在都不相信我看见了。"

"哎！你们男人总是这样，你们开始什么都不信；如果光用重复来说服你接受开始不认为无法相信的东西，就太愚蠢了。我不和你辩论，但是会赐予你的一个愿望。"

我忍不住在这里用蠢话打断了她，但是我没有理由为之忏悔——

"但是你这么小，怎么赐予或者拒绝任何东西呢？"

"这就是你21年来学到的所有哲学吗？"她说。"形式很重要，

---

35 《圣胡安·德·拉·克鲁斯的神秘主义诗歌》，范晔，北京大学博士论文，2006年，第 73 页。

36 《圣胡安·德·拉·克鲁斯的神秘主义诗歌》，范晔，北京大学博士论文，2006年，第 56 页。

大小却无所谓。这只是关系的问题。我假设六英尺高的阁下不会觉得自己无关紧要，虽然在其他人眼里，你的叔叔拉尔夫至少比你高半英尺。但是大小对年长的我来说毫不重要，所以我也可以调整适应你的愚蠢偏见。

这样说的时候，她从桌子上跳到地上，成为一位高个儿、优雅的女士，脸色苍白，大大的蓝眼睛。她的黑头发披散身后，呈波浪卷，但没有打卷，直到腰身，她的身体在白色袍裙中清晰地直立着。

"现在，"她说，"你会相信我了。"

被眼前的美人所折服，一股不可思议的无法抵挡的力量（"an attraction irresistible as incomprehensible"）将我吸引向她，我想我向她伸出了手，因为她向后退了一、两步说——

"傻孩子，如果你碰到我，我会伤到你。再说，去年仲夏前夜我就已经两百三十七岁了。你知道，一个人可不能爱上他自己的奶奶。"

"但你不是我的奶奶。"我说。

在两人交谈的结尾，老祖母让阿诺多斯看她的眼睛。

"我热切地服从了。它们使我充满了不知名的憧憬。我莫名地记起当母亲去世的时候，我还是个婴孩。我深深地凝望那双眼睛，直到它们像海洋在我身边延展，我沉入海水之中。我忘记了其余部分，直到我发现自己在床边，阴沉的窗帘拉起来了，我站在那儿凝视满天的繁星，在月光下闪烁发光。下面是大海，在月光中如死般寂静古老，冲刷着海湾、海角和海岛，越来越远，我不知道在哪儿。突然！大海消失了，只有一个月光下的池塘。"但是哪里肯定有这样的海！"我对自己说，一个低低的甜美嗓音在我身边回答：

"在仙境，阿诺多斯。"

我转过头，没有看见人。"[37]

这段对话和人物描写虽然简短却妙趣横生。一方面，它充满了童话的元素：人的变形（从小到大），有人声却看不见人，看见美丽的幻象，以及煞有

---

[37] 《圣胡安·德·拉·克鲁斯的神秘主义诗歌》，范晔，北京大学博士论文，2006年，第8-10页。

介事的关于逻辑的强词夺理的探讨；另一方面，它又没有止步于这些常见的童话元素，比如关于童话视角的探讨（"小的"教育大的，女性教导男性），以及我对美丽的海洋的不尽渴望；后者传递的哀伤情愫在一般的童话中是不常见的。但是，更为重要的是，这一切塑造的文中的"我"——阿诺多斯——是一个前所未有的形象。这是一个在童话中不会出现的主角。一般来说，童话的主角不是"我"，而是某个孩子，某个小动物，为什么呢？因为"我"作为童话的唯一讲述者意味着，等于要求读者的代入视角是第一人称，他被要求认同这一主体，认同仙境的真实性。

阿诺多斯的"自我"是不同于一般浪漫主义文学中的自我，最明显的是，这个"自我"是敏感而温良的。华兹华斯笔下的"我"总是处于一种哀伤的情愫之中，柯尔律治的诗人主体"我"则充满了现代人的气息，十分复杂，综合了理性、妄想、反思。拜伦的"我"对世界充满愤世嫉俗的愤怒和厌倦。阿诺多斯与这些"自我"一样敏感多情，但是却相对不那么庞大，他与自然、他者处于非常灵动的互动之中，并不执着于"我"。这种对人的灵性直觉，或者说"里面的人"[38]的描写与灵修文学一脉相承。灵修文学的写作，是将灵魂置于上帝面前，因此虽然描写自我，"自我"却难以膨胀，因为绝对的"上帝"在场。因此，自我不是纠缠于和自我对话，而是在"上帝"面前与自己对话。（在《幻想者》中，仙境／自然在客观上起到了上帝的在场作用。）甚至，阿诺多斯并不刻意建构一种稳定的有说服力的自我形象，比如《简爱》中的"我"，卢梭的《忏悔录》中的我，突出表现是，这个"我"的反思并不多，他滞留在一种情绪中的时间也往往不长，而是一直向与外界的互动开放。

再次："逆成长"的成长故事主线。

欧洲现实主义小说的主线是成长小说。成长小说的前身是启蒙时期的教育小说。在《幻想者》出版的时候，英国现实主义文学已经十分成熟。但是，童话却是教育小说的另一种变体。因为，从某种意义上，童话的主线故事并不是成长，相反，对某种孩童之心的保持，孩童视角的始终在场是童话非常重要的维度。《幻想者》显然无法轻易归入以上任何一个阵营，因为故事的主角从头到尾都是一个成人，但他闯荡的"世界"——仙境——却令他恢复了孩童之心。

小说临近结尾之处，阿诺多斯已经回到人世，他总结自己的仙境经验道：

---

38 参考《圣经》中的保罗书信。

"因此我出发去寻找我的理想，回来时却为失去自己的黑影欣悦不已。"

他进一步思考："我能够将我在那边的旅行经验转化成普通的生活吗？这是个问题。或者我必须重头再活一遍，再学一遍，以属于此世之人的其他方式，此世的经验还是与仙境的经验平行？"一次，在山毛榉树下休憩时，我偶然在树叶中仿佛看见老妇人的脸，听见她说："许多的善正在来临之中，在来临之中，朝向你，阿多诺斯。"他的回应是："我知道善正朝向我来临——善一直在来临之中；虽然在一切世代中极少有那般纯净和勇气去相信。"这是阿诺多斯从仙境中的收获，以"一切世代中极少有那般纯净和勇气去相信""善一直在来临之中"。

20 世纪下半叶，天主教神学家巴尔塔萨在《赤子耶稣》(*Unless You Become Like This Child*) 中围绕《新约》中关于孩童和天堂的问题展开了神学的也是灵修学的思考。这些思考在某种程度上，是对麦克唐纳在 100 年前的写作的回应：(太 18:2-5) 耶稣便叫一个小孩子来，使他站在他们当中，说：'我实在告诉你们：你们若不回转，变成小孩子的样式，断不得进天国。所以，凡自己谦卑像这小孩子的，他在天国里就是最大的。凡为我的名接待一个像这小孩子的，就是接待我。'"[39]巴尔塔萨思考了这段话究竟意味着什么。显然，耶稣的"像这小孩子"，指的是精神面向上的。在这里，进天国，不意味着加入某种教派，相信某些信条，而是与上帝建立起一种位格之间的关系。这种关系里充满了信赖，一种（用巴尔塔萨的话说）原初脆弱的孩童信靠失落之后重建的"综合的孩童"（诺瓦利斯语）。对这种"孩童之心"的唤醒和培育，是想象的重要工作。耶稣这段教导中的结尾处，令人惊异地发生了一个递进式转折或者说跳跃。他与孩童认同了。这里的孩童显然不是仅仅解释成为弱势群体。接待小孩子，是善待、怜爱，与孩童建立关系，在和小孩子的关系的建立中，能够体会到与三一上帝的关系，这是为什么呢？此时的耶稣不是以"万王之王"的身份出现，而是赤子之状，他邀请进入和他的关系，那为天父的心肠，只有在与子认同，才能体会到。

在《幻想者》中，阿诺多斯一次在睡梦中梦见自己在山上俯视自己的白色城堡，他写道："我的心因喜悦而雀跃。哦，再次成为一个孩子，天真、无畏，

---

39 参见《新约·马太福音》19:13 "那时，有人带着小孩子来见耶稣，要耶稣给他们按手祷告，门徒就责备那些人。太 19:14 耶稣说：'让小孩子到我这里来，不要禁止他们，因为在天国的，正是这样的人。'"

不带羞耻或欲望！我向着城堡走下去。"

在中国古代的经典中，也有类似的洞见：《孟子·离娄下》："大人者，不失其赤子之心者也。"[40]老子《道德经》："含德之厚，比于赤子。"[41]强调人应当一生抱持赤子之心，不论做的事情多么复杂，面对的情形多险恶，却始终应当抱持"善一直在来临之中"的意向。在这里，面向性（或者说人生态度）传递的不是迂阔，而是理想，但也不是空洞的理想，而是将德性立场和判断作为比行动本身更本质的东西。

在 1867 年的一场布道中，乔治·麦克唐纳提出，"儿童都是上帝的恩赐"，"进入天堂的唯一途径就是变成儿童"。在他的理论和作品中，进化成儿童的目标是到处可见的，如《莉莉丝》中的卢娜。他在给祖母的信中也曾提到过：我的孩子们一点都不小了，但随着他们的长大，却越来越像儿童。这种思想深刻的影响了《金钥匙》中的时间观念。海洋老人、大地老人和火焰老人，看上去一个比一个年轻，而实际上后者比前者年纪更大且更富有智慧。

他很确定地在文论中说，他的作品是为了"孩子和孩子般的人"（for child and childlike）写的，不论他们是 5 岁、55 岁，还是 75 岁。

从某种意义上，他和路易斯·卡罗尔的友情也是基于这种孩童之心。其中牵涉着他对人和人之间真实的精神联系应该在什么层面的思考。因为灵性的修习不只是个体的事情，而且也是共融，是识别他人的孩童之心。

作为仙境的故事动力来源的善恶斗争不再主要发生在骑士和恶魔的仆役之间，而是转化为主角自己的成长故事。这是麦克唐纳对现代奇幻文学的巨大贡献。仙境中的恶不再被具象化，尤其是清晰地人格化。自然本身，以及普通日常生活中的事件的真正核心，如果从基督教的角度来看，都是神秘的。

灵性，看似与日常生活中的鸡毛蒜皮的小事无关，但是麦克唐纳的写作，展示了灵性是人"更深层次的自我"，是人最重要的构成。除非内心觉醒了，否则人是不完整的。虽然在肉身，但人需要实现超越，否则难以满足。这种超越和肉身之间的关系什么，需要直观式的呈现。灵性一旦觉醒，人可能会因此受苦，受肉身之苦，也受灵性之苦，但这是值得。麦克唐纳的写作，使宗教经验成为人更整全的经验。麦克唐纳相信，一旦人的灵性得以开放，人类经验的一切方面都具有了不同的维度；而所谓"逆成长"或者说赤子之心的重塑，与

40　《孟子》，万丽华、蓝旭校注，北京：中华书局，2016，第 114 页。

41　《道德经》，王孺童编，北京：中华书局，2013，第 157 页。

人的灵性叙事，不过是同一个故事而已。

最后：描写理念世界（或者原型）。

在前面的引文中，C·S·路易斯认为麦克唐纳描写了 Form，这是一个柏拉图词汇。显然，麦克唐纳和路易斯都是某种柏拉图主义者。世界上的一切不过是天上真实的理式的影子，这是一种与他们的世界观契合的想法。但是，与柏拉图不同的是，他们二人都不遗余力地"拯救表现世界"。尤其是麦克唐纳，他绝然反对因为理念世界，就轻视表现世界，对于他来说，表现世界不是因为理念世界的存在就应当被舍弃的不完美世界，而是通往理念世界的唯一途径。用一句话来总结的话，就是《幻想者》运用自然作为素材，运用想象（imagination）构成幻象（vision）描写原型／形式（Form），从而通过审美经验唤起对永恒的乡愁。

《幻想者》中有大量对人生最重要的命题的书写：死、爱、忧、惧、恶、美、善、苦难……这些最原初也是基础生活经验的描写，使《幻想者》的文本具有很强的超越维度。比如在其中，诗歌（诗即歌）的形成的原因，是对一个模糊的又是理想的女性的渴望和呼唤，又如这样的片段：

"它看上去是一个非常非常古老的森林，作为森林是完美，也带来完美的欣悦。"

"是的，人不过是短暂的火焰，在周遭夜的安歇中不安地躁动；他无法不这样存在，他是部分由它构成的。"

《幻想者》对这些原型的展现不是基于道理，而是在意象圆融中的输出，如对于恶的探讨，是通过"影子"来呈现的，但是这个因为窥视不可以看的密室而粘在脚下的影子（shadow）究竟象征着什么？从头至尾文本都没有用道理来展现，而是距离几个例子："它给予我接触的所有事物带来的影响，可以从几个分别的例子看出来。"

"我躺卧之地的花朵被压到地上；但是我看见它们很快就抬起头来，又在阳光和空气下雀跃。而我的影子覆盖过的地方不一样。它的外形恰好可以依据枯萎的草和焦灼的花追踪，它们站立却死去，毫无复活的希望。我颤抖着匆匆离去，心怀悲伤的预兆。"

"但最可怕的是，我发现现在我有点满意影子的存在。我甚至开始以我的伴随者为傲，对自己说，'在这样一个地方，幻觉无处不在，我需要他帮助驱逐我身边事物的魔力。他清除了所有表象，向我显现它们真正的颜色和形状。

我就不会被庸众的虚浮愚弄。我不会在没有美之处看见美。我将敢于如物之所是那样看待它们。如果我生活在荒原而非天堂中，我也知道我是住在哪里。"[42]

在现实生活中，阴影永远是恐怖的来源之一，这是感官经验最直觉的感受。因此，在文学作品中阴影也常常被用来象征人生经验中的负面因素。

我们看他对一段恐惧感的描写：

"黑夜中，一种不适感慢慢升起，当无处不在的快乐仙子们渐渐消失，我充满了焦虑和恐惧，但却不能将它们与任何一种确定的对象相连……我继续前行，凭借意志的直接努力对抗渐渐渗入的恐惧，……我说不出我在怕什么。事实上，关于我的敌人（即灰树）的本性，我处于在最模糊的不确定性之中，不知道他的攻击的类型，……这种模糊但强大的恐惧是我的危险所有迹象。"月光下的阴影造成了增强的幻象，我产生了一种内在的颤栗（an inward shudder）。"手的阴影没有抓住躺着的我，知道恐惧冻结了我的头脑。我看见最奇怪的形象，模糊，影影绰绰，中间部分几乎是半透明的，向外部分的则渐渐变深，直到手尖部分可以投下阴影……"[43]

这段描写将恐惧的非具象本质，描绘地活灵活现，恐惧作为一种一无所知、不确定性的威胁而临到。

从心理分析的角度，麦克唐纳无疑触及了很多原型。如纺纱的年老女性是智慧的象征，而山毛榉则仿佛母亲的原型。二者既有叠加，又有差异。但有趣的是，这部远在现代心理学兴起之前出版的童话，其价值并不只是作为荣格的心理学的注脚而存在。麦克唐纳使用了他的直觉抓住了个体生命的根源性经验，并依赖重新回到经验治愈他的主人公。这种"重回"的经历，同时也在治愈和引导读者。具有普遍性的人生经验，是一种伊万斯·斯蒂芬所说的"有神论的自然符号"。因为每个人都是在母亲或者像母亲一样哺育和喂养的人怀中长大的，回到这个生命的原点，是一种，在犯错并受惩戒之后，得到心灵复苏和医治，重新上路的方法。如下面这段对心灵得医治和恢复的描写：

在文本中，当触摸白夫人导致她再次逃离之后，阿诺多斯走进了一条非常漫长、幽暗的隧道，在其中独行不知多久，沿着它来到了悬崖，下方是海洋，于是他跃进大海，重新感受到山毛榉般的温暖怀抱。他在海中游泳的时候，一

---

42 *Phantastes*, 48.
43 *Phantastes*, 34.

艘无人小船靠近了，他爬上船，躺着任它漂流。在此时的旅途中，过往的一切仿佛幻影般重新，使他充满了美好的回忆。

"我全部的过去在波浪下模糊地漂流而过。我的童年所处的田地，我年轻时劳作的厅堂，我住过的大城市的街道，我其中疲惫地寻求安息的人们的聚会。但是这些异象如此含糊，以致有时我认为我在一片浅海上航行，奇怪的岩石和海生之物的森林迷惑了我的眼睛，足以被幻想的魔法转换成常见的物件和地域。然而，有时，一个可心的形式似乎紧挨着我下方沉睡，眼皮轻颤，好像要放弃意识之眼，手臂向上抬起，仿佛他们在梦中寻找令人满意的存在。但是这些活动可能也只是来自这些形式和我之间的水的起伏。我很快入睡，为疲惫、喜悦所胜。在无法言说的喜悦（unspeakable joy）之梦中——恢复的友谊，重温的拥抱，从未逝去者言说的爱，那些消逝已久的面容以微笑的唇讲述他们对坟墓一无所知；还有恳求的宽恕却获得爱的洪流，以致我几乎高兴自己犯了罪——我这般经历了巧妙的黄昏。醒来时感到亲吻与爱已经使我的心满足，发现我的小船静静停靠在芳草丛生的小岛边。"[44]

我在这些幻象美好的回忆中进入睡眠，仿佛重新得到了生命中过往美好之物的滋养，重新苏醒，醒来之后，船已经停泊在一个花草丛生的小岛旁。岛上有一个小茅屋里正是纺纱的老妇人，她非常年长的女性（是我见过的最老的女性），却拥有一双非常年轻的眼睛，以及世上最甜美的声音。我仿佛见到了祖母一般，在她的怀中受安慰。她给我喂食，唱起了古老的谣曲。

> 哎！事情多么容易变糟！
> 多叹息了一声，或者一个吻太长，
> 便带来一阵迷雾和一场哭泣的雨，
> 生活于是不复像过往。[45]

关于原型的书写，纺纱老妇人小屋子中的四扇门可以说是最集中、突出的表现之处之一。阿诺多斯依次走进这些门。第一个门里称为"哭泣之门"，阿诺多斯重新经历了童年时的创痛。一大夜里，他和最亲密的兄弟吵架不和，第二天早上，他还没来得及与他和解，他却溺死在河里了，我为此事重新痛哭不已。在第二个"叹息之门"，阿诺多斯看见白夫人和骑士帕西瓦尔结合了，他们谈论起阿诺多斯"虽然有高贵的念头，却没有高贵的行动。"骑士和白夫人

---

44 *Phantastes*, 162.
45 *Phantastes*, 165.

还讨论了他们的爱情。女士承认她有些爱主人公，但那是月光之爱，她对骑士的爱则是太阳之爱。骑士慷慨而宽容地接纳了这一事实，因为"他赐予你这样的礼物，很难不以爱为回报。我同样欠他胜过所能言语。"这对爱人的高贵与相爱使我羞愧难当，同时又万悔莫及。我回到老祖母的身边哭泣，她抚慰我，并唱了一首歌：

> 坐在水源边，
> 胜过征服海浪；
> 生活在爱的源头，
> 胜过在爱流入之处。
>
> 孩子，让你的心成为一口爱的井，
> 流溢，自由地，确定的；
> 因为一个爱的水箱，虽然未被玷污，
> 却不能保持灵的纯净。

听完这首歌，阿诺多斯站起来，因为认识到爱的本质是付出，而非收获，感到自己前所未有地爱着那位白女士。

然后阿诺多斯走进沮丧之门。在这里他遇见一个从前认识的女孩，他无法面对她，因此赶紧逃走。随后他进入了死亡之门。死亡抹杀一切人世和欢乐，使他感受到无比的虚空和阴郁。死亡作为一种负面力量的威胁咄咄逼人。当他出来之后，老妇人唱道：

> 我们为欢乐哭泣，为悲伤哭泣；
> 眼泪却是一样；
> 我们为渴望叹息，为安慰叹息；
> 叹息只有一个名字；
>
> 与濒死的冲突
> 缠绕的呻吟不是悲伤
> 死亡的冲击是生命的悸动，
> 它的记号有时是欢乐。
>
> 面容多么奇怪苍白：
> 这是大地唯一的地点
> 那光微弱的闪回，

　　　　活着的人看不见。[46]

　　在这个岛上，只要老妇人的炉火一直燃烧，他们所在之处就一直是白天。阿诺多斯从她的歌声和怀抱中重获力量之后，不顾她的阻止冲进了第四扇门，但是进入之后离开晕厥了。醒来时已经回到她身边，是她不顾一切将他从"timeless"（永恒之门）中救回。代价是她必须和海水持续对抗一年，防止它们淹没她的小岛。阿诺多斯再次因为自己的冒失必须离开，但是她嘱咐主人公，"无论你多么悲伤，无论事情看似多么无法被安慰，无法补救，都要相信村舍里的有一双年轻眼睛的老妇人知道些什么，虽然她不会总是说出来，这会非常安慰你，即使在你苦难中最糟糕的时刻。"

　　追寻理想之路是由不断的失败，以及对不断失败的自我的认识铺就的。就好像麦克唐纳最喜欢的童话《安迪恩》一样，在他看来，童话的核心是关于如何成为一个人的问题，或者说，如何拥有一颗人的心。在《丑小鸭》里，是满满的励志，还有浪漫主义常用的二元结构：又见了《金罐》。在这个圣俗两分的世界中，主人公是一个与俗世格格不入的人，而他属于某种天赋异禀的群类，俗世永远不能理解他，总是嘲笑他的，而最后他也终于脱离世俗，进入童话的国度。但是在麦克唐纳这里，向往是有对象的，即使不是白天鹅，主人公却不是特殊族类，反而，他在自己身上认出俗世，竭力尝试成为一个更好的人。而他最后的使命，仍旧是在俗世中生活，但是也身处仙境的方式。因为他唯一带出仙境的记忆使他的自我认同已经改变了。他在这个世界中失踪了 21 天，虽然在仙境他好像度过了 21 年那么长。"我有时有种奇怪的感觉，我是个鬼魂，被派到这个世界来照顾我的同伴，或者修复我曾经犯下的错。"

　　当阿诺多斯在女子歌声的帮助下离开高塔，重新启程的时候，由于盔甲很重，而且也为自己感动羞愧，我脱下骑士装，仅携一枚短斧上路。此时，他发现，黑影竟然离开了。此时他才觉悟，自己之前的生活都是期待看见理想中的自己，"我的理想很快就成为我的生命，然而，之前，我的生命由一个徒劳的企图构成，即就算没有在我自己里看见我的理想，也希望在我的理想里看见自己。"而此时，他可以说，"我就是我，一点也不多。""我失败了，我失去了自己，那大概就是我的影子。"而现在他虽然意识到了这一点，"另一个自我也会依旧出现，仿佛从死者身上的白色精灵，从过去被践踏的哑言的自我之中。而这个自我也应该死去并埋葬，从他的坟墓里再升起一个长翅膀的孩子……"

---

46 *Phantastes*, 172.

"即使杀死自我，自我也活过来；但是有比它更深、跟更强大的东西存在，它会最终从灵魂的不知名深渊中出现：它会是肃穆的阴郁，有一双燃烧的眼睛吗？还是雨后的清晨？或者一个微笑的孩子，无处可寻，又无处不在呢？"[47]

成长中的自我不断经历着死亡和新生。《幻想者》以几乎是形而上的笔调描绘了这一规律。爱、死亡、美，是诗歌的永恒主题，也是《幻想者》的主题。《幻想者》用一个"逆向"的成长童话，以自己的方式将这几个最重要的文学主题连缀在一起，既描绘了仙境，也烛照现实。乔治·麦克唐纳的文学成就将浪漫主义和基督教结合在一起，首次在现代赋予了基督教近乎完美的感性形态，在其中获得满足的不只是人的感性，也包括其伦理、意义、价值和追寻的需求。这一遗产被后来者清晰地识别并继承。

第三章 "想象"的教育功能

乔治·麦克唐纳写作了两篇论述想象的重要论文《奇异的想象》（The Fantastic Imagination）和《想象的功能与文化》（The Imagination: Its Function and It's Culture），是研究麦克唐纳想象观的最主要重要参考资料。下面我们分别来看这两篇文章。

《奇异的想象》一文较短，是《轻轻公主与其他童话》（*The Light Prince and Other Fairy Tales*）一书的序言。整篇文章以问答的方式探讨了童话（fairytale）。首先是"什么是童话？"作者拒绝给出定义，而是说"读《安迪恩》（*Undine*）"，也可以再读一些其他，只不过他认为安迪恩是最美丽的。麦克唐纳一直非常喜爱《安迪恩》，认为它是一个完美的童话，是这个文类的完美典范。安迪恩是一个水精灵，她变成了人类，被一对渔夫夫妇收养，但是她渴望得到人类的灵魂。她爱上了一个骑士，而这个骑士的爱却在安迪恩与另一位女士之间摇摆，虽然他与安迪恩结婚了，最终对那位女士的爱却还是占了上风。安迪恩善待了他们二人，为此自己经历了许多痛苦。但是在悲伤与苦难中，她却渐渐得到了她最想要的东西，真正的人类灵魂。《安迪恩》在 19 世纪非常流行，有多个改变版本，成为数部戏剧、音乐、绘画、文学的题材。麦克唐纳对它的喜爱，显然是因为在他看来，这部作品非常成功地讲述了他关心的"成为人"的问题。就像接下来他说的，就认同有人会避免定义"人"一样，他也

---

47 *Phantastes*, 197.

会避免定义"童话"。这句话暗示了"人"和"童话"的某种相似性。

然后他继续面对这种"想象"的文学形式，进行了一些辩护。他认为，自然世界有其规律，而人至多只能使用这些规律，无法改变它们。但是在人自己的想象里，却可以创造一些新的形式，"当这些形式是古老真理的新体现时，我们称之为想象的产物，当它们只是杜撰，即使是可爱的，我也称之为幻想的产物：在两个例子里，规律都何其殷勤地工作。"

"一旦他的世界（指童话作家笔下的文本世界——笔者注）被发明出来，起作用的最高原则是，在规律之间应该有和谐，这样新世界才能够借助这些规律开始存在"。如果不依据这些彼此和谐的规律，人们会受不了其中的龃龉之处，"人的心理是活规律的产物；它依据规律来思考，居住于规律之中，从规律中聚集它的成长；因此，只要有规律，心灵可以单独工作至任何结果。……规律是唯一美可以在其中生成的土壤；美是唯一可以包裹真理的东西。"[48]

麦克唐纳进一步指出：道德世界则是不同的，人们可以用不同的新形式去表现它，让想象自由地发挥，但是他却不能进行任何发明。一个人可以在物理的层面上有所发明，却不能在道德的事情上这样。"[49]

接下来，他又假设了一个提问："你这样写作，好像童话是一个重要的东西似的：它必须有意义（meaning）吗？"

答案是，"它必然有些意义（meaning），如果它有比例、和谐与生命力，生命力就是真理。……但是，任何人都依据自己的天性和发展来阅读他的意义（meaning）：一个人可以读出一种意义（meaning），另一个人会读出另一种意义（meaning）。"

"'那么我怎么确认自己是在读出你的意思（meaning），而不是把自己的意思（meaning）读进去呢？'

面对这个假设的问题他答复道，"为什么你需要这么确认呢？也许你把自己的意思读进去是更好的，……你的意思可能比我的意思更好？"

但是，假想的成人继续问：'假设我的孩子问我童话意味着什么，我该怎么说呢？'

---

48 George Macdonald, *The Heart of George Macdonald*, ed. Rolland Hein, Wheaton: Harold Shaw Publishers, 1994, 424.

49 George Macdonald, *The Heart of George Macdonald*, ed. Rolland Hein, Wheaton: Harold Shaw Publishers, 1994, 425.

"如果你不知道它意味着什么，照实说是最简单的。如果你在里面看见了意义，你就可以这么告诉他。一部真正的艺术作品必然意味着许多东西；它的艺术越真，就意味着越多东西。……与其说是传递一种意义，不如说是唤醒一种意义。如果它没有激起任何兴趣，就扔了它。意义可能有，但不是为你准备的。再说一次（前面他做了一个画马的比喻），如果看见马的时候你不知道它是一匹马，在它下面写个名字，对你来说没什么用。不论如何，画家的工作不是教动物学。"

但是事实上你的孩子们不大可能用意义来麻烦你。他们发现自己能够找到的，再多点就太多了。对我而言，我不是为孩子们写作，而是为像孩子一样的人，不论是 5 岁、50 岁，还是 75 岁。"

麦克唐纳声明了童话不是寓言，而是像音乐一样起作用，允许人们产生多重解释。可是这个假设的发问人还在继续发问，"但是词语不是音乐，词语至少是要去也适合去承载一种准确的意思的！"

麦克唐纳的回答是，"事实上词语很少真正承载任何词语使用者的准确意思。……词语是活的，可以不同的方式服务于不同的目的。"同样的场景激起不同人的不同反应，"最伟大的力量存在于难以理解的领域。"[50]

在此，作者愿意更近一步，他写道："你能够为人们做得最好的事——除了唤醒他的良知之外——就是不给他东西去思考，而是唤醒他里面的东西。"接下来他谈到了自然的工作，"自然对我们做的最好的事情是，在我们里面引起某种情绪，而最高意义的思想会在这种情绪中升起。自然的任何一个方面只能唤醒一种思想吗？她曾经暗示只有一个确定的意思吗？她难道不是激发了一些比理解更深层的东西吗——潜藏在思想之下的力量？……自然是催生情绪、激发思想的，奏鸣曲如此，童话也应当如此。"

对于自然和童话的这种比较，在某种意义上具有一种不对称性。但是，麦克唐纳对二者的相似性的比较，立足于他的这样一种认识：即童话在源头上与人对自然界的感受的亲近性。人在与自然接近的时候，很容易会产生一些感觉，即接收到伊万斯·斯蒂芬所说的"有神论的自然符号"。而童话常常会不断指向这些符号。

麦克唐纳在下文从另一个角度比较了自然（上帝的造物）和文学（人的造

---

50 George Macdonald, *The Heart of George Macdonald*, ed. Rolland Hein, Wheaton: Harold Shaw Publishers, 1994, 426-7.

物)："在上帝造的一切东西里，都有层层上升的意义；他也在一种思想的越来越高的类别中表达同一思想：这是上帝的造物，他的造物适合他自己的目的，为表达他的思想；这是上帝的造物，他的思想的体现，人只能够使用这些，模塑并使之适应于他自己的目的，为他自己的思想的表现。"当然，这种表现，仍然允许读者的不同解读。麦克唐纳坚持认为，阅读童话的最好方法，是学习去向面对自然一样面对它："任何通往想象之作的钥匙都接近，如果不是，荒谬。"童话就如萤火虫，时而发亮，时而黯淡，但也可能继续发亮。"被不喜欢这种东西的手抓住，他就会变成毫无意义的丑陋之物，既不能发光也不能飞。""最好的方法是……安静下来，让它在我们里面那个它为之存在的部分工作。我们用智识的贪婪破坏了无数宝贵的东西。有人想成为人，不想成为孩子——最后只能——成为小人，就是侏儒。但他并不需要安慰，因为他确认自己是一个非常大的生物。"

"如果我的'破音乐'的任何旋律使一个孩子的眼睛发亮，或者他的母亲的眼睛朦胧一会儿，我的工作就不只是一场徒劳。"[51]

雅各布森从对失语症的研究得到启发，认为隐喻（有时也称为暗喻）和换喻（有时也称转喻、提喻）是两种基本的诗学功能。隐喻和换喻原本是两种基本的修辞方式，与明喻、排比、对比等并列，但雅各布森赋予它们更深层的普遍意义，将作为传统修辞格的隐喻与转喻提升为人类一切文化符号运作机制的两种基本模式，也将它们作为诗学分析的基本模式。雅各布森认为，人们对语言符号的选择具有相似性（即隐喻）；在对语言符号的组合过程中具有毗连性（即换喻）。他还认为，诗歌中隐喻多于换喻，散文中换喻多于隐喻。诗歌中占支配地位的是相似性原则，这种相似性可以表现在任何方面，比如音韵、形象方面；而散文中占支配地位的是毗连性原则，换喻在其中起了很大的作用。如果借用雅各布森对诗学基本修辞的作用，则可以说，童话这种文学形式的特征在于，它作为一种散文，其换喻的修辞是建立在整体的隐喻性之上的。这是在浪漫主义诗学之后才可能出现的一种发展。因为在浪漫主义诗学之前，西方诗学传统受到亚里士多德《诗学》中"模仿论"的影响，在理论上未能突破对诗歌的"所指"功能研究，（尽管在文学创作实践上常常能够突破）浪漫主义诗学通过将想象定义为一种至关重要的心灵能力，并将文学（也包括艺

---

51 George Macdonald, *The Heart of George Macdonald*, ed. Rolland Hein, Wheaton: Harold Shaw Publishers, 1994, 427-8.

术）视为对这种心灵能力的极致彰显，建立了文学的主体性。也就是说，浪漫主义诗学，将文学的主要功能不再定义为对现实的模仿，在这种定义中，文学的功能依附于现实，以是否"写实"或者服务于现实为评价标准。而浪漫主义美学的发展，让文学功能聚焦于"想象"，文学艺术作为一种新的创造，其构造的符号能够成为人与自然的中介，甚至是必不可少的中介，如果考虑到语言原本就是一种符号的话。那么评价文学的标准就在于是否能够输出、打造新的"符号"，这些符号能否在一个新的层面上揭示人与自然的关系。隐喻是诗的基本功能，即使小说也不例外。童话的基本诗学仍然是隐喻，也就是说，是建立在童话使用的语言符号与现实生活中使用的符号的"同名同义同源性"，建立一系列联想，不直接指向物质现实，而是指向某种意向性的暗示。隐喻的基本功能是暗示，如果读者接收不到这种暗示，是可能的。

在《想象的功能与文化》这篇篇幅较上文长数倍的论文中，麦克唐纳集中探讨了想象这种心灵能力的教育功能。相对于前一篇《奇异的想象》中的探讨，这篇探讨显然更加严肃、完整和严谨。开篇就提出了教育的目的问题。麦克唐纳首先从教育（文化）的目标开始谈起。他反对文化的最终目的是使人得以休息，而认为人的目的是一种高贵的休憩。因为人充满了寻求的欲望：是从死亡中不停息地更新觉醒，为了解释未来无止境地追问过去，对生命行动的不断催促……因为上帝造人使之不断追问。而"追问上帝所造正是想象的主要功能。"因而教育的最终目的使人变得高尚。在这篇论文中，麦克唐纳始终致力反对的是：视科学为自然的唯一解释者。麦克唐纳对想象的定义、理解和功能，直接继承了柯尔律治等人的经典浪漫主义美学中的想象观，如他写道："（想象）是人里面最类似上帝的第一性运作理论的才能，因此被称作*创造的（creative）*才能，也拥有其*创造*运动。*诗人*意味着*制造者（maker）*。麦克唐纳认为必须承认这一类比的局限性，因为上帝是无限的。所以"这不过是依据人所由之生的力量给予了人的才能的名字。人的想象是在上帝的想象的形象中产生的。人的一切都必须首先是上帝的，所以如果首先成功地理解上帝的想象，就能有助于我们理解人里面的想象及其功能"，这里的所谓"上帝的想象"，即上帝的造物。人是上帝的戏剧，他的艺术品，上帝将世界言说出来，使之有形可见、有生命。"一切年代的进程都是上帝的科学，一切历史的流变都是上帝的诗歌。"

"如果我们仔细思考人里面所谓的创造才能，我们会发现它并非在第一性的（primary）意义上是创造的。事实上，当一个思想在他的心灵中升起之时，一个人与其说是在思考中，不如说是在被思考中。""因为他身边的世界是他的心理条件的外在具象……意义已经在这些形式之中，否则它们就无可揭开的外衣。上帝创造了世界，使之以这种方式服务于他的创造，世界在这种符合想象的需求的服务中发展。""因为世界是——允许我们使用平凡的比喻——人类的内在向外翻出。人心中活动的一切都在自然中得以象征。"

在这一段中，麦克唐纳的用词，基本理念，都对柯尔律治的《文学传记》中的想象论有明显的继承。如"第一性的"，"是有限的心灵对无限的我是的永恒创造活动的复制"，以及想象"溶解、扩散、耗尽，为了能够再创造"等。区别在于，柯尔律治更多在哲学的层面上展开讨论，而麦克唐纳却直接引入神学的维度，而且非常重视自然作为上帝的创造或者想象，由此而产生的自然与人的之间想象的关系。换句话说，麦克唐纳是直接诉诸读者的宗教世界观和信仰理解来探讨想象的问题。他的探讨从创造论直接切入。

创造论是基督教系统神学中重要组成部分，在新教神学中，有很长一段时间，创造论没有受到应有的足够重视，但是在20世纪神学的发展中，创造论获得了发展。比如德国神学家莫尔特曼从创造论的角度出发，提出了基督教对生态问题的思考。创造论由于拥有显然的此世面向，所以在特别强调狭义的救赎论——表现为只关心个体的灵魂得救，将世界和教会圣俗两分区别——的年代中，很容易受到忽视。当代福音派的"关爱受造世界"运动，[52]便是创造论受到重视并发展的结果之一。而在麦克唐纳的年代，新教教会神学界对创造论，尤其其中的自然观是比较忽视的。麦克唐纳基于自身的经验和直觉，整合了他的神学训练、思考和创作实践，自觉地继承并强调了浪漫主义运动的自然向度。更为重要的是，他在创作中诉诸直觉，提供了这样一种面向上帝、自然同时也是自我的叙事。他写道："虽然人的想象因此有就思想构成形式的神圣功能，他还有一个完全属于人的职责——是这种功能中最高的，即这种功能源自他与上帝的直接关系，因此有追随并发现制造其形象的神圣想象的职责。想要做到这一点，人必须观察神圣想象的记号，他的彰显。他必须沉思何为希伯来诗人所谓他手的工作（works of His hands）。"所谓"他手的工作"指的就是

---

52 洛桑运动全球专题会议"关爱保育受造世界与基督福音"于 2012 年在牙买加举行，会议在第三届洛桑世界福音会议所发表的宣言《开普敦承诺》的基础上，探讨《承诺》中有关保育受造世界这课题的进一步行动，行动面向经济、环保、社群医治等多个领域。

自然（宇宙万物），这是麦克唐纳在想象、自然与上帝之间建立联系的最核心依据。上帝的想象即自然，而上帝为人设立的想象的能够是读取、接受这些自然为上帝的记号。

"'但是去跟随它们是智识的职责，不是想象的。'（此处隐藏的质问者再次发问。）我们现在必须放下这个问题，对自然的工作的诗性解释和智识无关，而想象则无处不相关。不需要坚持，一朵花的更高存在甚至依赖于人的想象对它的接受，而科学可以把雪花分成碎片，也不能发现受苦的希望与黯淡的确信中的顺服这些观念，正是为了这些，春天的心上人从天堂（即上帝的心）向往观看，注视我们这些他更智慧也更罪恶的孩子……

'那么，人类的智识，'我们问，'比人类的想象更容易与神圣想象连接吗？'这个更高者的工作必须被较低者的寻找在程度中发现，二者在类型上是相似的。请别假设我们排斥智识参与了每个最高职能。人不是分开的，当他的生命在卓越彰显之时。"因为智识和想象的工作密不可分。"我们想要坚持的是，在发现上帝的工作是，智识必须像工人一样劳作，在建筑师——想象——的指导下。"然后，麦克唐纳通过很多方面论证，即使科学的领域也需要很多想象的心灵能力的介入和参与。但是，他特别指出，在一些不确定的领域中，想象尤其重要。"在这个世界上，有多少事情是如此确定，以致于不需要留下不确定的空间呢，而与这个领域相关的才能正是想象？……实实在在地说，一种智慧的想象是上帝的灵的临在，是人们能够拥有的最好道德指导，因为不是我们能够看清楚的东西对我们最影响力；对超越的事物（something beyond）的不明确（undefined）、却栩栩如生的异象（visions），那些眼睛不能看见、耳朵不能听见的，比逻辑序列（智识通过它论证同样的事物）对我们的影响更大。是事物的本质，而不是它的轮廓，决定了它的运作。我们依赖信心（faith）而非眼见（sight）而活。"

不论就从小的宗派背景，还是国王学院和神学院中的学习来说，麦克唐纳都非常了解加尔文主义神学。加尔文神学延续基督教正统神学，认为在上帝的创造中，圣灵与作为智慧的基督相互配合，基督仿佛各样秩序的设计者，而圣灵是这个方案的执行者。既然圣灵是创造秩序得以维系的根本原因，那么受造之物就是圣灵大能和上帝荣耀的直接见证。因此，加尔文将上帝的创造比喻为"剧场"、"书"、"镜子"，认为受造物反映了创造者的属性，比如：上帝的荣耀、智慧、能力、良善、公义等等。故此加尔文也毫不吝啬地赞叹自然之美，在他看来，上帝以无限的恩赐，装饰祂的创造，创造界"如一栋既宽敞又豪华的住宅，里面充满许多高贵的装饰，"而这些装饰也以各式各样的方式，述说上主的荣耀：

"在此世界任何一处，在天或在地，祂已经写下了，正如祂已经刻下了祂的荣耀，是关于祂的能力、良善、智慧和永恒的……因为所有受造物，从穹苍到地的中心，都是祂的使者，向所有人见证祂的荣耀，吸引他们寻求祂，并且在他们找到祂之后，服事并尊敬祂，是照着祂作为一位如此良善、有能、智慧与永恒之主的尊荣……因为鸟儿歌颂上主，动物宣扬祂，自然的力量敬畏祂，众山以回音传颂祂，河流与众溪水向祂眨眼，花草对祂微笑。"[53]

对加尔文而言，自然中的一切，包括鸟儿、动物、花草、树木、众山、溪水、河流等等，都在以各自的存在方式，向人们述说上主的荣耀，证明圣灵的大能，因此他以这种拟人化的修辞描写自然界中万物的见证。既然上帝的创造无时无刻不在见证上帝的荣耀，那么人就有责任从创造界中认识上帝的作为，并向他发出赞美。人是否从创造物中认识，并进而敬拜那位独一的创造者上帝，是辨识人是否有真智慧的标准："因为人的智慧就是去发现上主的工作，以及让自己的心思完全专注于它们。上主已经命定这世界像一个剧场，在其中我们瞻仰祂的良善、公义、能力和智慧。"[54]

麦克唐纳在这里的基本看法，我们看见，并没有越出加尔文神学的范围。不论对造物的赞美，认识，还是对人的想象与圣灵（即上帝的灵）的互动。

"一切所知都应当获得严肃的认知，但是否因此就不存在适合这些无数不确定领域的才能呢，在我们知识的微弱光亮从黑暗中挖掘出之处，这种不确定性无处不在？它们难道不是想象的自然所有物？在那里它们有空间生长？在那里，人们可能学会像造他的上帝那样想象，他自己发觉它们的奥秘，借助跟随并敬拜想象。"[55]

但是一个严峻的问题是，事实上麦克唐纳像很多前人和同时代一样，认识

53 Cited from H. Paul Santmire, *The Travail of Nature: The Ambiguous Ecological Promise of Christian Theology*, Minneapolis: Fortress, 2000, 128.

54 John Calvin, *Sermon on Ephesians* 3:9-12, CO 51:462. Cited in Susan Schreiner, *The Theater of His Glory: Nature and Natural Order in the Thought of John Calvin*, Baker Books, Grand Rapids, 1995, 113.

55 John Calvin, *Sermon on Ephesians* 3:9-12, CO 51:462. Cited in Susan Schreiner, *The Theater of His Glory: Nature and Natural Order in the Thought of John Calvin*, Baker Books, Grand Rapids, 1995, 416-22.

到，想象是一种容易被滥用的力量。"这种力量原本应当去构想最高贵的行动形式，实现真心的、忘我的生活，可能去建造虚幻野心的空中城堡，无限的财富，不劳而获的景仰。……如果她（想象）没有被美占据，就会被欢愉占据；它不去外面敬拜，而是在家中享受感官。……不要寻求你的孩子们不去看见异象，不去做梦，而是寻求他们看见真的异象，做高贵的梦。"所以，在麦克唐纳看来，最好的让想象不作恶的方法，就是让人们看见真正的善，包裹在美中的真理，就像列维纳斯说的：书尝试为所有真理寻找面容，这就是艺术所有伟大和谎言的来源。制造美善真实的想象，以对抗邪恶的想象占据人的心灵，终将达到培育德性的目的。

麦克唐纳对"想象"的理解接承了柯尔律治的基本观念，即想象作为一种"融合性的心智力量"，原本就和人的认知能力密不可分。因此，一切认知、发现，即使是科学层面的，也有赖于想象的使用。如他在文中所说："远见的想象……看见或者发明在部分与运作之间的和谐关系，并派遣智力去发现是否它们之间不存在和谐关系，……在现象中的诗性联系自身可能对想象暗示了统治其科学生命的规律。是的，更进一步的是，我们胆敢为真实的、孩子般的、谦卑想象宣告，想象自身拥有的这样与宇宙秩序的内在统一，是对事物的真正本质的洞察。""想象常常能够一瞥规律本身，远在规律被确定为规律之前。"以及"属于纯粹智力的领域被紧缩了，想象努力拓展其领域，给它空间。"

但是他同时也认为，想象在科学领域中无法发挥她完美的工作，她的工作属于一个"比智力真相更高的领域"，即"丰富展开的人性领域，她在其中运作，催生了诗——在美之中的真理。"即他像柯尔律治一样强调了所谓"第二性想象"——诗性想象——的重要性。

麦克唐纳在文中反复强调："自然的形式（形式 forms 一词指的是自然影响人的感觉的条件）与人的心灵条件的表现如此接近。外在，一般称之为物质的，是根据内在，或者无形——即思想，获得其形式，或者由其赋予形式。自然的形式是人思想的表现，通过它们成为上帝思想的化身。（The forms of Nature are the representations of human thought in virtue of their being the embodiment of God's thought.）人因此与自然和谐，尝试发现它更多的意义，正是去搜寻上帝之事。"但是让我们的想象的解释至少向我们揭示其中一个分裂的意义，即自然领域在时间中向我们敞开的整体的和谐，这种敞开并非易事。"

麦克唐纳举例道："甚至蓝天中掠过的凝结的云朵的不经意曲线也能安慰

一些扰乱的念头，可以消灭一些私念。更何况那些辉煌的场景，如绿色玉米田中的绯红色木偶，我们最喜欢的成片百合花，他们对救赎主自己诉说上帝的恩典，在他的眼光中喜悦，因着上帝设计的行列中的荣耀。想象从这些异象中，收获大地上最美好果实，正是为了这些，一切科学涉及其建构的科学，都是次一等的，并恭顺的美好支持。"

"想象能够向我们展现新的思想形式——新的，即作为思想的揭示。它没有创造任何能够构成这些形式的物质。它也没有作用于任何原材料。但是它使用已经存在的形式，围绕一个比它们高很多的思想聚拢它们，它们能够聚拢、驯化、调和它们成为一个整体，这个整体能够表现、解释这个思想。""一种新的对思想和形象的安排，能展现一种前所未有的意义。""一种对思想的新形式，使我们感受到新鲜的真理。每种对已知真理的新表现必须是一种新的更宽广的启示。没有人能够自己看见任何真理的全部；他需要它在宇宙中来自每个灵魂的回声，而其核心仍然隐藏在众光之父那里。因此，由于形式或思想是新的，我们可以暂用创造一词，依据我们之前的定义稍作调整。"

"这种最高贵的才能……即创造……""事实是在一件艺术品中总是存在更多东西——这是表现想象的最高人类结果——比制作者自己制作时觉察到的更多，这在我们看来构成了一个强大的理由，即艺术有比人更大的来源之处。"

由于这种对应关系，麦克唐纳认识到，"难道诗人，建造者（Maker）不是不如发现者的名字合适吗？至少，发现的才能不是先于言说的才能吗？"所以，诗人在一个意义上创作者，因为他表现新的形式，在另一个意义上，他不过是发现者。接下来麦克唐纳再次强调邪恶的想象可能带来的问题："无法否认，邪恶可能从想象中升起，就像从其他东西里一样，除非是上帝的完美的爱。但是想象的缺席将会导致更加无限可怕的邪恶。自私、贪婪、肉欲、残忍，将会十倍猖獗；撒旦的权势将在孩子们开始选择之前就牢牢地建立起来。"

但是压抑是不可取的："他们害怕他们从没有感受过的激情，于是他们不是珍惜这神圣之物，不是给它空间和空气去健康生长，他们碾压、限制它。……杀死了那青年的粗糙幻想和狂野白日梦所由生长之处，你就永远不会带他们超越沉闷的事实——沉闷是因为，他们彼此之间的关系，以及在他们之中工作的唯一生命，将不会被发觉。"因为"沉溺的解毒剂是发展，而非限制，这就是创造了想象的祂的聪明仆人的职责。"

　　反方再次设问：要是年轻女孩们都沉溺于空中城堡，而可怜的现实又无法为这种理想提供空间，该怎么办呢？麦克唐纳的回答是："要是世界如此贫乏，那么就更没有理由为它感到满足了；更有理由超越它，进入上帝认为真实的永恒的领域。这个外在的世界只不过是常在之真的流逝的幻象（vision）。……我们是一个神圣宇宙的栖息者，在其中没有一种欲望是空幻的，只要它们足够大。""实实在在地说，一种智慧的想象，是上帝的灵的在场，是男人或女人能够拥有的最好向导；因为不是我们看得最清楚的东西最有力地影响我们；某种超越之物的不确定却鲜活的异象，某种眼不能见耳朵不能闻的东西，对任何逻辑序列的影响要有力地多，逻辑序列将同样的事物展示给智力。……我们凭着信心，而非眼见而活。""最重要的是，如果想象不为善、真理、生命工作，就会为邪恶、虚假、死亡工作，应该构思最高贵的行为模式，实现最真心的、忘我的生命的力量，将会构建虚幻野心的海市蜃楼，……从不寻求真实或者高尚的事物，只关心表象，因此他的想象从未为新的发明有任何的发展，当想象对他呈现他自己的内在状态时，唯一剩下的都定睛在地狱之火上。"

　　"人是'世事的屋顶和冠冕'。他是世界，而且不只是世界。因此他的想象（次于造他的上帝）的主要范围，使他从中连接他自己的生命与世界的关系。

　　"如果这种想象，接触了精良的议题，有了自由的视野，对他呈现了高贵图景：关系与职责，性格提升的可能性与行为可以获得的正义，友谊与爱，以及最重要的，所有这些应当在生命中作为一个整体来理解的，必须成为这最高贵的人类力量的最崇高的渴望，那么人会在世界和内心的关系中做得更坏还是更好呢？"

　　麦克唐纳的下面这句话则启发了切斯特顿的童话诗学："最高的想象和最低的常识常常处在同一边。"

　　"因为想象的终点是和谐。一种正确的想象，作为创造的映像，将会进入事物的神圣秩序，作为其自身运作的最高形式；'将在门槛处调整其乐器'依据内在的神圣和谐，将单单满足于朝向神圣观念的成长，其中包含人的不完美想象中一切美好的，将认识到每次偏离这样的成长都是下降，也因此将人从它最崇高的表现中出发，在最衷心、充满希望的精神中去履行最令人厌倦的呼召的最寻常职责。这是正确想象的工作"。"想象的培育""它（想象）的发展是生命的神圣教育的主要目的之一，付上他所有的努力和经验。"

　　"因为一切都属于上帝；成长为与其旨意相和谐的人，将成为与自身和谐；祂的存在的一切隐藏荣耀都将发出，进入谦卑意识的光中，这样他就能够最终成为一个纯洁的小宇宙，忠实地反映宏观宇宙，以他自己的方式。我们因此相信，没有什么能够为智力或想象成为善（being good）做得更多——我们并不指的是，依照任何公式或者任何信条，而是单单地依据祂的信实，他在天上执行天父的旨意。"

麦克唐纳在这里还重复了柯尔律治对美的定义："每种美都有它的词，一切美都将附属于最终的美，即，整体的统一。"柯尔律治认为，美是多统一于一之中（multipliciy in unity）。这一美学观念，不仅仅是基于经验总结，也与柯尔律治对整体性的强调有关。因为想象作为一种融合性的心灵能力，其特长在于联络各种素材和心灵能力，建构某种一体性。当一个整体中联络的素材、整合的心灵能力越多，就越美；而复杂的各种元素越能整合成一个整体，也就越美。就像美的建构需要想象的发挥，去感受这种美，同样需要调动想象。这种感受美的过程，就是麦克唐纳推崇的美的教育过程，他写道："在这样的教导下，"好老师会让学生容易取悦，却难以满足；准备好去欣赏，却不轻易去拥抱；敏锐于发现美，但迟疑说'我要栖居于此'。"因为美的教育不能是机械的，必须以来人心灵能力的综合调动，所以，所谓美育便是使训练这种调动，形成人心智内在的和谐、一致和充分互动。在这个过程中，善如何形成呢？麦克唐纳的看法是比较乐观的："……当向他显示了诗人对自然的反思之时，祂不会满足于不将他派遣至自然自身，催促他在乡间漫游，使他对甜美的构造和自然在他身边的混合而保持睁开的眼睛；在城市中行走，观看'人神圣的面容。'""而且，他会向他指出，在幻想和思想之间的，在做梦和想象之间的本质差别。"

麦克唐纳认为，"这种训练不是仅仅适合艺术才能的可能发展。世上很少有人能够讲述他们的感受。更少人能够用自己的形式来讲述。也没有必要有很多这样的人。但是所有人都必须能够感受。必须所有人都能够理解、想象善；至少所有人都开始跟随并发现上帝。"因此，诗性想象者是重要的教育家，他们发觉新形式讲述善，那被人们的日常生活所掩埋的善，使人们能够理解善，向往善，并跟随、发现上帝。

该文的最后一段，引用了《圣经·旧约》《传道书》中的一段话：

"我见上帝叫世人辛苦，使他们在其中受经炼。上帝造万物，各按其时成为美好，又将世界（the world，此处在中文版本中是永远）安置世人心里。然后上帝从始至终的作为，人不能参透。"

"所以，在这个游戏中成为上帝的玩伴，小孩子可以采集雏菊，追逐彩绘的飞蛾；这个王国的孩子可以沉思田地的百合花，如天空的飞鸟从光秃秃的山楂上搜集信仰一样，搜集信仰，因上帝为它们预备的仓储而面色红润，而科学家：

> 可以坐下，正确地拼读
> 天空中显现的每颗星星，
> 每片缀饮露水的香草，
> 直到古老的经验获得
> 某种预言的旋律。

切斯特顿曾经在《乔治·麦克唐纳与他的妻子》（由麦克唐纳之子撰写的第一部麦克唐纳传记）一书的序中写道，麦克唐纳对他影响极深。

"在某种非常特殊的意义上，有一本书可以证实改变了我的整个存在，它帮助我从以阿卡似乎就以某种方式来看待事物；它使我对事物的异象（vision）构成了一场如此真实的革命，以致最终只有改宗教可以确认、完成它。"[56]这部作品就是乔治·麦克唐纳的《公主与妖怪》（*The Princess and the Goblin*）。

"这部童话与其他任何童话不同之处，其哲学与任何其他哲学不同之处在于：我总是对进步（Progress）的理想感到不满，甚至包括其中最好的《天路历程》（Pilgrim's Progress）。它很少认为，最好和最坏的事物从一开始就离我们非常近，尤其是在最初的时刻。虽然我像其他明智的人一样，看重磨坊主的第三个儿子出发去寻找财富的普通童话（在续集《公主与科迪》中麦克唐纳模仿了这种形式）

旅行进入遥远的仙境的提法，这是这种童话的灵魂，导致它无法获得这种特殊的目的，即使所有寻常的楼梯、门和窗子都成为魔法之物。"

"当围攻我们的邪恶之物出现的时候，他们不在外面，而在里面。"

在切斯特顿看来，所有其他麦克唐纳的作品，都有类似的特色。"常见的寓言向普通人传递常见的事物和必要的习俗，为了使它们惹人喜爱或者栩栩如生，给它们穿上公主、妖怪或者好仙子的衣服。但是乔治·麦克唐纳真的相信人是公主、妖怪或者好仙子，他给人们穿上普通人的衣服。童话是寻常故事

---

56 此处及以下相关引文均出自切斯特顿对《麦克唐纳和他的妻子》一书所做的序。
Macdonald, Greville · *George Macdonald and His Wife*, Allen &Unwin, 1924, preface.

的内在而非外在。其结果之一就是所有作为故事的舞台财产的无生命事物都保留着无名的魅力，这是它们在一个字面意义上的童话中获得的。"虽然麦克唐纳的小说也有着类似的效果，但是在切斯特顿看来，作为小说它们并不平衡，而作为童话则尤为具有一致性（consistent）。（在童话中），他没有一刻失去自己穿越整个百纳布的内在线索，这是仙女老祖母放在科迪手中，带领他走出妖怪的迷宫的线。"

在切斯特顿看来，麦克唐纳成功地逃离了他的环境的偏见，即一种狭隘的宗教宗派主义、预定论及其严苛的道德主义，"他从自己的神秘沉思中发展出一种完整的神学选项，通往一种完全相反的情愫。"

"麦克唐纳为自己创造了一种灵性环境，一种神秘之光的空间与澄明，这在他的民族和宗派环境中尤为特殊。他所讲述的仿佛骑士秘教徒，仿佛天主教圣徒，有时像柏拉图主义者或者斯威登堡主义者，却一点也不像加尔文主义者……我想他未来会被作为一个神秘主义者被研究，当人们发现在一个非常不规则的布置中搜集珠宝是可能的时候，我幻想，人们会发现他代表着基督王国历史上一个非常重要的转折点，就像他表现了特殊的苏格兰人基督教民族一样。就像新教徒谈起宗教改革的晨星一样，我们或将允许到处留意这些名字，作为重新联合（Reunion）的晨星。"

切斯特顿以罕见的洞察力捕捉到麦克唐纳身上几个彼此相连的重要方面：首先，麦克唐纳构筑了不同寻常的灵性空间，他识别并表现了日常生活中善恶的普遍性，与此同时赋予了这种善恶斗争和抉择以超验的维度，甚至还赋予了笔下的人物尊贵性。切斯特顿惊人地预言了麦克唐纳作为神秘主义者的意义，其重要性还表现在，他的作品中蕴含着超宗派的丰富元素。事实上，我们发现，切斯特顿也是最理解麦克唐纳的人之一。在传统关注人的灵魂的（spiritual）灵修文学失效的情况下，麦克唐纳首先发现了近代公共场域中讲述精神的（spiritual）基督教旅程的形式与语言，换句话说，他在新的浪漫主义的语境中为基督教文学找到了公共性。

麦克唐纳的超宗派元素在切斯特顿、C·S·路易斯的护教辞中得到了继承。而他的基督教精神之旅的公共性，则为托尔金所继承。

"热情、诗意的苏格兰人显然应该像热情、诗意的意大利人一样，有一种充满美和鲜活热情的宗教，这种宗教不让魔鬼拥有所有鲜亮的颜色，以荣耀和荣耀征战，以火焰和火焰征战。它应该平衡达·芬奇和圣弗朗西斯，没有生动的年轻人会真的认为，它可以和约翰·诺克斯彼此平衡。结果是苏格兰文学中的这种力量，尤其在完整加尔文主义神学的日子（黑夜）中，以一百种方式被削弱和浪费了。在彭斯那里，它像疯了似的，到期了就迸发出来，在苏格兰它只能作为记忆被容忍。苏格兰人只能成为一个中世纪主义者，通过成为他或许会称之为古董，或者我们称之为唯美主义者的东西。他不得不假装他的爱已经死去，然后才得到允许去爱她。就好像尼哥底母在晚上去见耶稣（见约翰福音3:1），唯美主义者只能在月下去教堂。"

"只有一个人能够真正表现苏格兰宗教应该有的样子，仿佛它继承了苏格兰中世纪诗歌的颜色一般。在他独特的文学作品类型中，他事实上实现的阿伯丁的圣弗朗西斯的明显的悖论，看见环绕每一朵花和每一只鸟的同一种光环。这有别于任何诗人对花鸟之美的欣赏。一个异教徒一样可以感受到这些，仍然是一个异教徒，换句话说，他依旧悲伤。这是一种特殊的重要意义，最重视它的传统称之为圣礼（sacramental）。在整个少年时期浸润其中，却走出了加尔文主义者之镇的黑色安息日，是想象的奇迹（a miracle of imagination）。"

当代现象学的发展在某种程度上呼应了麦克唐纳的许多洞见。如哈娜·阿连德在未完成著作《精神的生命》中论述了'思维'、'意愿'和'判断'的三合一辩证法；她认为理论的本质不是逻辑推论，而是判断；事件的本质也不是机械式的劳动，而是政治性和道德性的行动。麦克唐纳写作《幻想者》及其"辩护词"的时候，西方哲学中还没有出现现象学，或者现代的阐释学。但是当代现象学的一些洞见，却和他的文论、文学文本彼此呼应。"人的生活世界的特征，正是在于：生活世界不只是现实的构成，而且也包括与它对立、并与它共存的'彼岸'。这个彼岸是超越的，但它的超越性及其与人共存，正是人的生存的基本条件。彼岸是由他者所构成，是人自身可以在一定条件下进行穿越的未知世界和可能世界，也是时刻发生着难于想象的变化的神秘世界。"[57]麦克唐纳远在存在主义兴起之前，就因其对伦理的强烈关注，以及对艺术／美的深度理解，发觉了人存在的本质不是理性，也并非世俗，而是走向善。

当20世纪法国哲学家列维纳斯反复强调"他者"的超越性，在这样做的时候他不但暗示了对上帝虔诚的必要性，而且也肯定了艺术，"作为'没有世界的存在'（l'art comme existence sans monde），对于存在者在真正的存在中探索自由的存在论意义。"列维纳斯一开始批判海德格尔的存在论的时候，就明

---

57 《法国现象学运动的新转折（下）》，高宣扬，《同济大学学报》，2007年10期。

确地把艺术的审美创造活动，作为"存在者越出世界、走向真正的存在，'在匿名的存在的异国风情中'寻求自由的可能途径。"相对麦克唐纳而言，列维纳斯承认艺术是一种"可能性"，但是因为列维纳斯的面向（也是终端）不是自然，而是"他者"，所以，事实上比麦克唐纳的面向（自然），似乎更具有导向善的可能性。但尤其令笔者感到惊讶的是，麦克唐纳并没有停留在自然之中，善归根到底是与人相关的，就像他在上面的引文所提及的："……当向他显示了诗人对自然的反思之时，祂不会满足于不将他派遣至自然自身，催促他在乡间漫游，使他对甜美的构造和自然在他身边的混合而保持睁开的眼睛；在城市中行走，观看'人神圣的面容。'"

列维纳斯非常注重他者"神圣的面容"："事物参照于一个作为特定世界的部分的内部，它们是认识的对象或通常物体，是在它们刚刚发生变化的时候，被日常实践的恶性循环所把握；但艺术却使它们走出世界，把它们从中拔出，并因此而从它们所附属的主体中拔出"。一切艺术，包括对现实世界的摄影，都是"为了把事物从世界的景观中拔出"，以便促使它们有可能在无底无边的'他者'中，审美地尝试真正的自由，一种在现实的世界中所不可能达到的存在方式。麦克唐纳（或者英国浪漫主义）对人和自然的关系的洞见，完全可以与"他者"的面容互相补充。毕竟，我们无法将所有事物"面容"化，"他者"必须是人，是位格存在者，在面向时，有许多困难；而艺术中呈现的自然，却往往是治愈和恢复。二者的关系并非此消彼长。走向他人和走向自然、走向自我，可以是一个恒定的方向。就好像在列维纳斯这里，艺术是为了进入超越的世界而被生命开创，在另一位当代哲学家米歇·昂利那里，艺术创造是深入生命的内在性、再从深不可测的内在性中探视世界的一种审美方式。艺术在他们这里，是存在者与存在之间发生存在论关系的一种超越形式。存在的维度之一即超越。超越并不神秘。艺术创作从来都不是对自在的外在世界的复制或模仿，而是发现和启动艺术原料和资料中的敏感性质，使之通过想象的艺术加工，通过特定的艺术形式，呈现出隐含于艺术家心目中那些难以表达、甚至无法说出和不可见的世界的意义。

所以，艺术作品本身就是以可见性的形式表达不可见性事物的典范。在这个意义上说，艺术创造的意义指向，类似于现象学的观看。换句话说，现象学家就是艺术家，因为现象学家的任务，恰恰就是像艺术家那样，使本来不可见的本质还原成为'可见的不可见性'；反过来，艺术家的艺术创作，无非就是对于不可见世界的审美探索，或者，引用画家马蒂斯的话来说，是在"对于'可见性'进行'战斗'（le combat）"的创作历险中，坚持不懈地揭示'不可见性'的引人着迷的豪迈而神秘的工程。[58]

童话，《幻想者》，麦克唐纳的创作，灵修文学……这个家族谱系正突出了这一文学艺术本身的功能。麦克唐纳还有一篇很长的论文《对个人成长的一份素描》（A SKETCH OF INDIVIDUAL DEVELOPMENT），用散文的形式，以一种接近现象学的观察，描述了一个人从出生到成年的心灵成长过程。在其中，他仔细地描绘了人的内在如何感受、如何成长，心灵的困境、想象的作用，爱的拥抱的支持，对情感的渴望……巨细无遗。可以视为对《幻想者》的说理式呈现。

教育的目的是什么？从华兹华斯和柯尔律治开始，英国浪漫主义就尝试对抗机械主义、功利主义的教育理念。他们是英国文学大师中最早为童话辩护的人。华兹华斯的《序曲》中也记录了他阅读《一千零一夜》的片段。而在19世纪初，即使在英版《格林童话》风靡的情形下，仍然有许多反对声音，斥之为荒诞不经，败坏常识和德性。但是事实再次证明，浪漫主义者的教育理念已经转化为今天人文主义教育思想的内在组成部分。在今天，秉持人文主义教育理想者，都会为孩子阅读童话，购买绘本，恰恰是因为认可了它们对孩子心灵的有益影响。而千千万万孩童对童话的喜爱，也说明了浪漫主义深远的先见。童话事实上通过调动想象，能够建立常识，培育德性。

---

58 Henri Matisse, Ecrits et propos sur l'art. Présenté par D. Fourcade. Paris. Hermann. 1992: 133. 转引自《法国现象学运动的新转折（下）》。

书山拾趣

正统的新声——
评切斯特顿《回到正统》[1]

对于大多数中国读者来说，切斯特顿恐怕是个有些相当陌生的名字。笔者读过有一个萧伯纳的小故事？萧伯纳个高体瘦，一位论敌讽刺他说："看到你就知道非洲在闹饥荒。"萧伯纳答道："看到你就知道非洲闹饥荒的原因。"这位我们记不清楚名字的论敌就是 G.K. 切斯特顿（1874-1936），身高 6 英尺 4 英寸，体重 300 磅（约 1.9 米，136 公斤），关于他的体重还有许多别的小轶事。喜欢侦探小说的人大概会知道《布朗神父探案集》，这位天真、睿智的胖神父也出自切斯特顿之手。除此之外，多数人对切斯特顿的了解只怕少而又少。

但正是这位切斯特顿的小说《名叫星期四的人》启发迈克·科林斯领导爱尔兰独立的运动；他的一篇专栏文章激发圣雄甘地引导印度人反对英国殖民统治的运动；他的耶稣传记《永恒的人》影响 C.S. 路易斯归信了基督教；他没受过大学教育，关于查尔斯·狄更斯的评论却被 T.S. 艾略特、萧伯纳等人认为是对这位作家的最佳著作；他晚年客串了一把托马斯·阿奎那的传记，倾其一生研究阿奎那的学者认为这部传记直击这位伟大神学家的思想核心，并且说："切斯特顿是人类历史上最深刻的思想家之一；他深刻，因为他正确……"历史上真实的切斯特顿不是衬托萧伯纳的丑角，而是以 4000 篇报刊文章、200 个短篇故事、5 部小说，优秀的文学评论、传记等屹立于 20 世纪上

---

1 《回到正统》，G.K. 切斯特顿，庄柔玉译，北京三联书店，2011 年。本文曾于 2012 年发表于《读书》，1 月刊。

半叶的英国最伟大的新闻工作者，用我们今天学界的话说，一位具有思想个性、广泛影响力，承载道义的不折不扣的公共知识分子。

或许读者会奇怪，他如果真的这么重要、伟大，为什么此前只有"布朗神父"为国人所知？因为切斯特顿同时还是一个令人尴尬的存在，他是一个尽其一生为基督教摇旗呐喊的信徒。他竟然在理性的时代公开宣称大多数当代思想其实并不理性，真正理性的是基督教。他不仅为耶稣和圣徒辩护，甚至为历史上的基督教辩护，认为它是唯一整全、健康、理性、能够作为道德根基的思想体系。基督教的印记标识了他的大多数创作，完全可以将他最主要的作品（包括小说在内）全都看成护教之作。人们下意识地遗忘他，因为他批评唯物主义、科学决定论、相对主义、无神论和不可知论，以及其他流行于学术殿堂上百年的哲学。他的辩论有时被认为流于简单鄙俗，因为他撰写报刊文章和小说，以普通人对写作对象，摈弃思想严谨与严肃的外观；但也有人认为，人们忽略切斯特顿，是因为与他争论意味着输……所以，事实上，不仅在中国，甚至是西方，人们也在重新发现这位深受他同时代人爱戴的作家，正如他最著名的宿敌萧伯纳的话，"世人对切斯特顿的感激还不够。"

《回到正统》（原文名 *Oxthodoxy*，即正统）作于 1908 年，与《异教徒》（原文名 *Heretics*，1905）为姐妹篇。切斯特顿在《异教徒》中批评了一系列当时著名的文人作家，其中一位回击道："若切斯特顿先生也提出自己的哲学，我或会替自己的哲学担忧。"切斯特顿正中下怀："对一个太乐于写书来回应最轻微挑衅的人作出这样的提议，似乎有点儿轻率。"于是有了他的代表作以及20 世纪的基督教护教经典《回到正统》。

《异教徒》批评时代之声，《回到正统》剖白心路历程。切斯特顿在书中回顾了他如何"试过建立自己的一套异端邪说，却在最后修订的阶段，发现那原来就是正统信仰"的浪漫故事。这本书的主线是通过展现切斯特顿在思想上回归基督教的过程，论证"基督教神学的核心思想，正是活力和正统伦理的最佳基础"。所谓"正统"，他解释道，即基督教神学思想，其纲要充分见于《使徒信经》。《回到正统》不仅展示了一位思想家健全的智慧和缜密的思考过程，而且以一种前所未有的方式为基督教作出辩护，切斯特顿没有条分缕析地证明《使徒信经》中的每句话如何是真理，而是带着一颗异教徒的心巡回了各种近代思想对基督教的攻讦，最后却得出了截然相反的结论。他的辩护使正统在一个理性主义与怀疑论盛行的时代发出了新的声音。

有人说基督教是黑暗时代的产物。切斯特顿却认为，"教会正是唯一把我们带离黑暗时代的力量。"

基督教的世界观阴暗、不近人情。切斯特顿说，"历史上从来没有，也永远不会有不狂欢的基督教。"

基督教若卸除教条的盔甲，剩下的只是贵格会的"灵光"。切斯特顿回答，"做基督徒唯一的乐趣，就是不用留下了和灵光在一起，而是能确认有外在的光；外在的光晴朗如太阳、澄澈如月亮、威武如旗帜飞扬的军队。"

正统信仰是沉重、单调而不会出错的事物。切斯特顿：正统信仰具有"令人震撼的浪漫"，神学中小小的论点失之毫厘"就可能粉碎全欧洲最精雕细琢的雕像"，"可能会叫一切舞蹈停止，叫一切圣诞树凋萎，叫一切复活蛋被捣碎。"

如果基督徒真的相信有天堂，就应该立刻自杀。切斯特顿叹道，人们真的不了解基督教。不知道教义是完整的体系，不能偏执一端，更不理解基督徒不是悲观的厌世者，反而更深地体会生命的欢愉。

切斯特顿最后的结论是："也许，最终是基督教正常，而一切批评基督教的人神经病；虽然发病的方式不尽相同。"

这些关于基督教的颠倒"常识"的观点如何得出？在理性时代为基督教作辩护，切斯特顿打出的牌不是启示，恰恰是常识，这也是他谋求和读者认同的出发点。他说："我不打算证明的，是一种我提议该视之为自己和一般读者有共同基础的东西，那就是一种对积极和富想象力的生命的渴求，亦即是一种如画般优美，如诗般充满好奇的生命……要是有人说灭亡胜于存在……他就不是我所指的普通人。"

这就是切斯特顿的立足之处，普通人的常识。他捍卫普通人对生命诗意和浪漫的渴求，捍卫正面、积极的人生观，即人生应当有意义、有价值，而且有惊喜，有希望。这种人生观具有普世性，千百万年来人们正是怀着这种人生态度繁衍生息。因此，切斯特顿重视家庭，重视两性的分工与联合，捍卫英国传统，捍卫民主，捍卫伦理以及要达到伦理必须首先具有整全的世界图景。也因此，他认为大多数当代思想往往是萎缩的常识与无止境的理性的结合体。如他在《回到正统》的第二章"疯子"中对唯物论的批评：

"麦凯布先生认为我是个奴隶，因为我的信仰不允许我相信决定论。我认为麦凯布先生是个奴隶，因为他的信仰不容许他相信仙子。把两种禁制细加比较，不难发现麦凯布先生的远较我的具有禁制性。在极多情况下，基督徒尽可自由地相信宇宙是具有安稳的秩序并按着必然的规律发展。相反地，对唯物论者来说，宇宙这部完美无缺的机器绝不能容许丁点儿神迹或唯心论的瑕疵。就是那个或藏身于海绿花丛中极微小的魔鬼，可怜的麦凯布先生也不能承认其存在。"

"基督徒承认宇宙是多种多样，甚至是包罗万象，正如神智正常的人晓得自己是复杂的一样。心智健全的人知道自己带着少许野兽的性情、少许魔鬼的邪恶、少许圣人的情操、少许凡人的俗气。不仅如此，健全的人知道自己带着少许疯子的气味。相反地，唯物论者的世界颇为简单、牢固，正如疯子颇为确定自己是健全的一样。唯物论者肯定历史只是简单的因果锁链，正如前文所述那个有趣的人肯定自己只不过是简单的一只鸡。唯物论者和疯子从不感到疑惑。"

这是切斯特顿的典型行文风格。他喜好采用看似悖谬的论点撼动人们习以为常的观念。人们往往认为基督徒不自由，因为基督徒的思想必须服从上帝的意志及其教义为他圈定的边界，在行为上又必须服从各种清规戒律。可是切斯特顿却通俗、幽默地指出，相对于唯物论，基督教信仰并不见得受到更大束缚，至少基督徒的宇宙允许神秘或超自然事物的存在，承认人的复杂性和有限性（在知识上也在能力上）——这是人们的常识。相反，唯物论却假设已经洞悉宇宙的根本奥秘。究竟谁更狭隘？恐怕切斯特顿挑战读者要再想一想。而对自由等同于解除一切束缚的说法，切斯特顿是不屑一顾的，他认真思考如何防止受欢迎的制度以惊人的速度沦为压迫人的制度，认为我们只能带着"最大的束缚""抵达乌托邦"。在常识的光照下，许多流行的新思想不攻自破，不论他们多么高深莫测、别具一格，一旦它们脱离了常识的轨道（就如他在第三章"思想自尽"批评的怀疑论、"进步论"、实用主义和唯意志论等），在过分逻辑的思路和不切实际的结论中奇异地放弃或偏离了对人性的基本认识，就会被切斯特顿拆得现出原形。

1905 年，著名的《伦敦新闻画报》邀请切斯特顿撰写专栏，内容除了宗教和政治，什么都可以写；可是切斯特顿却回答说，除此以外没什么值得一写。他在接下来三十年中每周在这个专栏中发表一篇有关宗教和政治的文章。他指出了这个奇怪的现象："宗教自由原本设想每个人都能自由地讨论宗教。实际上却变成了几乎不允许任何人讨论它。"西方社会现代化的进程伴随着世俗化的进程，宗教一步步退出了公众生活领域，政治学、社会学、历史、教育学、心理学……关于人的各种阐释和理论的建立往往以脱离宗教前提为起点，并逐步形成了自成体系的术语、问题和思路，尝试以非宗教的视角着手处理人类的各种事务和问题。于是宗教越来越退隐成为个体的选择，而最终成为一种可有可无的选择。1908 年，西方理性主义思潮的危机尚未充分暴露。切斯特顿先知般地捕捉到了这个时代表面上的繁华昌盛背后潜藏的问题——唯理论包裹之下的非理性；急于抛弃传统；以及各种流行思潮已经导致的伦理危机。一切似乎都打着进步的旗帜试图向前跃进，切斯特顿却说，当前面的人到了悬崖边的时候，只有后面的人才会继续喊叫"进步"。根本不知道目的地，何来"进步"。现代社会抛弃了完整的和最终的世界图景，企图通过改良社会中的一个小碎片来"改进"人类的生活；搁置了最终也是最重要的世界观问题，对之采取一种怀疑主义、不可知论、乃至唯物主义的态度，切斯特顿认为，这不仅是放弃了哲学的核心问题，推卸了思考的责任，而且是严重的自欺，不过表现了当代人思考力的孱弱和实践上的怯懦。

切斯特顿在第四章"仙域的伦理"中更细致地陈明了他的常识观。"所谓仙境，其实只是普通常识这个阳光普照的国度。"我们可能已经发觉，切斯特顿的"常识"（common sense），不等同于我们说的常识。我们的常识可能是：麦当劳卖汉堡可乐，银行卡从提款机上取钱，是生活中常用常见的知识。切斯特顿的"常识"却是伦理和世界观层面的，比如好好生活、爱护家庭、忠于祖国，持平等、正义的观念，承认爱与饶恕是必要和美好的。所谓"仙域伦理"指的是童话蕴含并教导人们这些基本观念。所以，"童话故事讨论疯狂的世界中正常人做的事。今天那些严肃的现实小说讨论枯燥的世界中疯子做的事。"切斯特顿肯定了童话严肃的教育作用："自从我把童话故事遗留在幼儿园的地板上，我再也没有碰上更合乎情理的书了，自从我离开传统和民主的保姆后，我再也没有遇上比这两者更健全而激进或健全而保守的现代理念了。"显然，切斯特顿所谓的"常识"更多是西方传统中的德性观念和生活态度，与东方文化中同一层面上的"常识"难免有别。但在全球化的时代，我们显然已经越来越熟悉甚至在一定程度上接受了这些"常识"。

与常识——仙域的伦理——一同保留的还有对整个世界的诗意感触："无论昨日或今日，我同样感到生命像钻石般闪烁夺目，又像窗玻璃般易碎易坏，……不过，有一点必须记住，容易打碎不等于容易毁灭。玻璃受到撞击，就是一秒也抵受不住，但只要不迎头碰撞，千年也不会消亡。在仙境或在尘世，这似乎就是人类的喜乐所在"。在这里，切斯特顿遥遥回应了柯尔律治的英国基督教浪漫主义传统，他指出这种对世间造物的欣悦与敬畏之情并不是纯粹想象力的造物，却是人类的本能。自近代人从"存在的链条"中解下，人们普遍感受到机械宇宙的冷漠与荒诞，但却鲜有人能像切斯特顿，站在如此坚实的立场上，毅然决然地恢复诗意的宇宙观。

经历浩劫不断的 20 世纪，如今西方学界已经远较 100 年前清醒地认识到唯理主义的各种弊端，但切斯特顿的远见却不止于此。他不仅指出疾病，而且开出了自己的药方。尽管直到今天，基督教这剂药仍然不受欢迎，但是他的关注与洞见却与当代的伦理学转向遥相呼应。比如，1981 年，当代西方最重要的伦理学家之一麦金太尔出版了《追寻美德》，描述了当代人生活在各种伦理图景的碎片之中，指出启蒙运动以来力图确定一种任何个体都能认同的美德阐释系统，但这种努力所诉诸的理性概念却不够充分。1988 年，他出版《谁之正义？谁之合理性》，承认了个别的美德只有在系统的图景中才是可能的。在 1990 年的《三种对立的道德探究观》中，麦金太尔考察了欧洲历史上三种重要的道德探究模式：百科全书派、谱系学以及传统。在他看来，百科全书派和谱系学的道路必然失败，但是，它们的主张能够从基督教的（准确地说是天主教的）托马斯主义中获得最充分的理解和评价。切斯特顿与麦金太尔，20 世纪初的新闻工作者与 20 世纪末的学界泰斗，用截然相反的语言体系表达了类似的思考路径。读毕《回到正统》，我们几乎可以肯定地说，即使麦金太尔也没能穷尽切斯特顿的智慧，他的鲜活生命力不是因为他绝妙的笔触，而是因为他不同寻常的坚实基础……

今天我们常听闻《浮士德》中靡非斯特的论调："我是经常否定的精神！""永恒的造化何补于我们？不过是把创造之物又向虚无投进。……我所爱的却是永恒的空虚。"与 100 年前的英国一样，今天盛行怀疑主义、不可知论和肤浅的唯物论。我们同样厌倦了各种打着"真理"之名的"宏大叙事"，渴望寻求个体和自我的发展空间，结果是我们同样倾向拒绝任何"真理"的存在，轻视理想主义，不愿寻求完整的精神图景，自愿在各种传统和思想的碎片中追寻此世的福祉。在采用功利主义的算计为人类谋求幸福时，我们试图否认人只有超越功利主义才能真正快乐的常识。我们尝试在实践中超越形而上学，但离开了形而上学连人的定义都会出现问题。切斯特顿一语中的，现代人抛弃了人类赖以为生的常识，夸夸其谈，提出各种"改良"措施，而不自知已经连理想、诗意、勇气、神圣与信心都一同放弃了。失去了"宏大叙事"，个体叙事不一定奔向灿烂的"多元化"，却可能趋近平庸、无聊、绝望以至邪恶。

评论一位大师级的评论家会让任何评论者气馁，不能停留在高山仰止，又无法企及他的高度。但阅读切斯特顿实在是快事，一边深为切斯特顿的宽广、深刻和正确性折服，一边赞叹到他犀利的文风充满智慧和欢愉，总能在最严肃的话题上举重若轻，使人会意大笑。最后再列举三个阅读切斯特顿的理由：寻求真理；砥砺思维；怡情悦性。如果读书的终极目的是与伟大的心灵对话，那么《回到正统》就是那本书。

为喜悦所惊，如风般不安
——评《惊悦》[1]

  《惊悦》的书名来自华兹华斯的诗"为喜悦所惊，如风般不安"（Surprised by joy-impatient as the Wind），中文依据书旨意译。十余年前上海六点开始推路易斯的《返璞归真》护教系列，渐渐路易斯的文学作品——从收入英文课本的"纳尼亚传奇"到动人的悼妻之作的《亲亲如晤》（A Grief Observed）——也都有了中文版，随后，路易斯的学术著作，如《中世纪与文艺复兴时期的文学研究》以及书信等也相继翻译过来。自《惊悦》中文版问世，汉语的 C·S·路易斯译介终于大致完整。[2]《惊悦》是路易斯早年生活自传，记述他自幼年至成年，最后在牛津工作时皈依基督教的经历。如果没有这部书，很难将他在三个方面——文学、护教、学术——喷薄的创作连缀在一起，了解他如何成为人们传颂的"最伟大的牛津人"。这部自传在英文界是名篇，显然不仅是因为作者的知名度，更是因为路易斯以灵动的笔致真实地记录了一位"标准的"当代知识分了精英，如何在求知与践行的推力下，竟然皈依古老信仰的历程；而且篇中的自述读来一反路易斯常见的理性辩论文路，异常亲切感人。

  标题中的喜悦（Joy）是全书之眼，路易斯追溯自己的经历时触及了一个在现代审美经验中总是在场却很少被明说的现象。笔者以为，鲜有人如他这般深入探索和总结这一现象，即喜悦作为一种"审美类宗教"经验；而在这样做

1 《惊悦：C·S·刘易斯自传》，C·S·路易斯，丁骏译，上海文艺出版社，2016。本文曾于 2017 年发表于《读书》，第 8 期。
2 C·S·路易斯，《惊悦》，丁骏译，上海文艺出版社，2016。

的时候，他以自己的方式回应并总结了英国浪漫主义的一个小传统。

　　喜悦是基督教正典——《圣经》文学记载的一种频繁发生的信仰感受。在深刻影响现代英语文学面貌的詹姆斯钦定本英文圣经中，喜悦以不同的词性（joy、joyful 以及 joyfully）出现近 200 次。[3]它不仅描绘以色列人欢喜快乐的状态，而且展示他们正与上帝处于美好的关系之中。因此，使徒保罗写作的收录于《新约》中的《加拉太书》总结道："圣灵所结的果子，就是爱、喜悦、平安……"[4]爱在《新约》中被总结为上帝最重要的诫命（即爱神和爱人如己），喜悦紧随其后，表明它在耶稣门徒品性的中具有重要地位。相对于向外表现为行动的爱，喜悦是偏内向的感受，是由内而外的情绪流淌，蕴含着对自然的欣悦和恩典的足意中世纪基督教文学虽然继承了《圣经》的这种宗教情感，却往往滞留于圣人的灵修笔记中，未能超越那个时代人在自然和神律之下的重负，普惠平信徒。近代西方自然科学的发展使人与自然的关系经历了驱魅，山林菏泽不复幽暗；而工业化导致的人与自然的距离，也使知识分子开启了新的看待自然的眼光。在英国第一代浪漫主义诗人华兹华斯与柯尔律治的笔下，自然成为人的导师，培育感性被视作成为健全的人的必要条件。这两位诗人与华兹华斯的妹妹多萝西三人，在昆布兰湖区常常跋涉数日，漫游乡野，开启了英国青年的感性之旅。而"喜悦"是他们诗文中常现的字眼。如华兹华斯在名篇《丁登寺》中忆及"我们的身体进入安眠／并变成一个鲜活的灵魂"的刹那，"和谐之力，喜悦深沉的伟力／使我们的眼睛逐渐安静／我们能够看见事物内在的生命。"[5]柯尔律治也曾在《沮丧赋》（Dejection: An Ode）中发出对喜悦的思考与赞叹，这首诗以沮丧为主题，高潮却是喜悦，

> 灵魂中这雄浑乐曲究竟是什么；
> 这片烟霞和瑞彩，这道光，
> 这种美的和产生美的力量，
> 它们究竟是什么，存在于何方。
> 女士呵，是喜悦！这喜悦不轻易授予，

3　Joy 在《圣经》中文和合本中常常被译为"喜乐"。在本文中，我们使用喜悦而非喜乐一词来翻译 Joy 一词。原因之一是喜悦一词是更常见的中文词汇，"悦"字更较"乐"字注重内心，而非呈现于外。
4　《加拉太书》5：22a。
5　《丁登寺》，第 46-50 行。翻译参考杨德豫的译文，略有修改。《华兹华斯诗选》，广西师范大学，2009。

> 只授予纯良者，在他们最纯良的时光；
>
> 像云霓和霖雨，生命和生命的溶浆，
>
> 喜悦呵，它就是那灵，与那力量，
>
> 是大自然下嫁我们时随带的嫁妆，
>
> 一个新天新地，
>
> 纵欲傲慢者绝不能梦想，
>
> 喜悦是明丽云霞，甘美乐调，
>
> 我们在自身中喜悦。[6]

《沮丧赋》是柯尔律治的后期创作，他在沮丧中反思自己为何缺乏喜悦，悟得喜悦虽然是与外在的相合，却基于感受者内在的品性。需要我们留意的是，"为喜悦所惊"也同样是一首哀伤之作，表达了华兹华斯丧女之情。开篇的诗句"为喜悦所惊，如风般不安"如奇峰突起，精彩夺目，同时也去向不明，既蕴含着"喜悦"所开启的门背后的惊喜，也昭示着与喜悦相遇瞬间的不安定，难以把握。相比而言，《旧约》《哈巴谷书》中文末"喜悦"的信仰告白，则表达了更坚定的情绪："虽然无花果树不发旺、葡萄树不结果、橄榄树也不效力、田地不出粮食、圈中绝了羊、棚内也没有牛。然而我要因耶和华欢欣、因救我的上帝喜悦。主耶和华是我的力量。他使我的脚快如母鹿的蹄、又使我稳行在高处。"[7]这是先知亲耳听见上帝的声音之后，在完全没有自然收获的情形下，体验到的与上帝（我的上帝）、自然（脚如母鹿的蹄）、环境（在高处稳行）以及自身（充满力量）的内在和谐。换句话说，华兹华斯和柯尔律治虽然在现代诗中唤醒、表达了"喜悦"，寻找到了"喜悦"的新"面容"——自然，以诗为媒介，将一种宗教情感转化为兼有审美和伦理意味的体验，但是，他们也止步于此，滞留在"惊悦"不确定的旅途中，正如早年的路易斯。

柯尔律治之后，这个英国浪漫主义小传统的继承者，也是路易斯多次致敬的导师——乔治·麦克唐纳在他对路易斯产生极深影响的成长童话《幻想者》（Phantastes）中，更清晰地指明，对"喜悦"的渴求，在本质上是对永恒的向往，不只是渴望灵魂不朽，更是人对至善的追寻，而且这至善不是柏拉图意义上的，是在肉身实在意义上的。

6　《沮丧赋》，第五章，翻译参考杨德豫的译文，略有修改。《柯尔律治诗选》，广西师范大学，2009。

7　《哈巴谷书》3：17-19。

　　因此，喜悦在英国浪漫主义叙事中是一条若隐若现的线索，但 C·S·路易斯第一次将喜悦作为一条重要的主导线索，贯穿了一个现代人的成长故事，沿着浪漫主义的小传统溯流而上，寻索并回归它的根源，并最终为浪漫主义这一小传统提供了新的认识途径。

　　在童年回忆中，C·S·路易斯重点记录了他生命早期的几次类似体验，他承认，"我最早的审美体验，如果确实称得上审美的话……已经是无可救药的浪漫"。有一次他的哥哥将饼干盒盖子拿进育婴室，上面放了青苔，用嫩枝和小花装饰起来，看上去就像一个玩具花园，或一个玩具森林。真正的花园没能够做到，一个玩具花园却为路易斯带来了第一次美的体验："它使我意识到了自然的存在——并不是蕴含形状和颜色的自然，而是某种凉凉的、沾着露水、新鲜又茂盛的自然。"[8]此后，他对天堂的想象总会带着这个玩具花园的痕迹。路易斯在此特意强调，这种审美经验并没有直接将他引向宗教经验。事实上，在后来的自述中我们可以看见，他的皈依之旅更多源自智性思考，其中也包含着对这一审美经验的反思。此处，他以自己的经验直接否定了柯尔律治和华兹华斯早年诗歌中的一种强烈倾向，即认为自然本身具有某种启示性。正是因为认为自然本身具有启示性，浪漫主义才得出结论，认为对自然的感悟不仅有益于人的感性发展，而且也会顺利地导向具有宗教情操的德性培育。华兹华斯和柯尔律治是启蒙思想熏染下成长的欧洲知识分子，以对感性的倡导弥补理性主义的不足，从而为现代人的自我认同作出了新的典范。事实上，是浪漫主义，而不是理性主义，为西方现代人的心灵提供了一套不同于中世纪的话语系统。但同时，他们对自然的理解也染上了泛神论的色彩，此时诗歌与自然的关系还没有经历 20 世纪的符号学转向，一种具有自主性的灵或者说精神，或是某种柏拉图主义意义上的理性，成为诗与自然形成本质勾连之所在。而这一并非绝对必要的预设，路易斯作为 20 世纪的知识分子，在理性上，也在信仰上，清醒地识别并躲过了。

　　进入《惊悦》的文本，会发现作为题眼的"喜悦"常常是惊鸿一瞥，文本发展的另一条更连续的线索却是路易斯在智性上的成长，"喜悦"作为一种稍纵即逝的审美经验，仿佛一种具有指向性的符号，引起路易斯的困扰，也隐隐地推动他的寻索。在文中，"喜悦"，作为一种"审美类宗教"经验，表达出浪漫主义某些内核与边界，展示了文艺与自然之间的关系。

8　《惊悦》，第 6-7 页。

让我们继续跟随他回顾他年少时的"惊悦"时刻。

"第一段经历是关于记忆的记忆。"一天路易斯突然回忆起玩具花园，激起了强烈而又转瞬即逝的渴望，这种感受挖骨噬魂，他却不明确渴望的是什么。

第二瞥来自阿克丽特丝·波特的短篇童话《小松鼠纳特金》，它带来了某种秋天的概念（the Idea of Autumn），造成了震惊和困扰；路易斯强调惊悦的维度完全不同于日常生活，正是人们在阅读中所追寻的。

第三次经历来自诗歌。一段无韵的《萨迦》英文翻译："我听见一个声音在喊，／美丽的巴尔德尔／死了，死了。"路易斯感到自己被立刻拎起，投入北方巨大的天空之中，怀着病态般的强烈感受，渴望某种从没有被描述过的东西（除了冰冷、巨大、严厉、苍白以及遥远这些词儿）。

回叙完这三个片段之后，路易斯说，这就是这本书的核心，"我的人生最主要的故事舍此无他。"[9]他认为这三种经验的共同性是：一种无法满足的渴望，自身比任何其他满足都更使人感到渴望。他将它命名为喜悦（Joy），不同于与幸福、愉悦、快乐。虽然任何经历过的人都会想再次经历它，但是它也可以称之为一种特殊的不幸或者悲伤，是我们想要的那种不幸或者悲伤。"喜悦在本质上不同于一般的愉悦（pleasure）甚至审美愉悦。它必须包含那种刺痛感，那种疼痛，无法被安慰的向往。"[10]事实上，当代读者能够轻而易举地识别这种"无可救药的浪漫"的阅读体验，浪漫主义传统中的"对诗和远方"的向往，已经融入现代人的审美经验。在这种现代美学中，古典美学的和谐、自足与内敛被打破，人成为不稳定、不完美的存在者；先知听见上帝话语时的满足，以及万物相亲的欣悦，成为可望而不可即，可感却无法淹留之物。

《惊悦》昭示出，"喜悦"必须以诗或艺术为媒介，换句话说，艺术或诗作为媒介唤起人们的自然或社会经验，而且这种经验具有深刻的时间维度，无论是"美人已逝"，秋天的观念，还是对记忆的记忆。人不是在直接经验当下的环境，而是借助艺术，从当下的环境暂时拔离出来，面对自己过去的经验。透过艺术的镜像，主体仿佛在不同的时空中穿梭，主体得以观照自我，从而获得面对时间的深刻性。在易于凋零的自然，而非永恒的上帝面前，人面对生命之瞬息与流逝，一去不复返的时间赋予了这一经验无法避免的悲怆性质。此时

9　《惊悦》，第 15-17 页。

10　《惊悦》，第 82 页。

的自我是孤独的，主体空前强大，因为暂时超越了时间，站在了时间之外。

20 世纪初期英国知识分子圈中信仰加剧退化，各种降神会风靡一时，目睹这些畸形的（尤其在道德或理性层面）"精神追求"，同时受到新心理学的影响，路易斯一度怀疑他的"群山"与"花园"不过是情欲的幻想，于是他决定依赖理智，与"一直依赖主导我人生的浪漫主义撇清关系"。

但是在智性思考的过程中，路易斯发现这一决定是自欺欺人。比如，受到《空间、时间与神》（*Space, Time and Deity*）一书的启发，路易斯将精神活动（如爱、恨、思考……）区分为无意识的、欣赏的和思考的——区别于弗洛伊德主义的意识和无意识。"喜悦"显然属于"欣赏"的精神活动。从这里，路易斯开始出现与我们的明显分歧——因为今天我们受精神分析的影响更深；即他进一步认识到，喜悦是一种渴望，而渴望总是有目标的。不仅如此，它一切的特点都来自它的对象。"渴望是苦涩或甜美，是庸俗还是精致，是'高'还是'低'，这都取决于渴望的目标"。路易斯遍寻自己的心灵与身体，找不到自己渴望的对象。最后，他也问喜悦自身是否是我想要的，将它贴上'审美体验'的标签，假装可以回答'是'。但是这个答案也很快就破产了。"喜悦"宣布：'我是你的"我想要"，你想要的是别的东西，是外在的，不是你自己，也不是你自己的某个状态。'"[11]在这里，我们可以决定是否继续跟随路易斯。因为将审美体验返回自身经验作为解释，是当代文艺批评的政治性正确的边界，这也是查尔斯·泰勒在《一个世俗时代》中指出的现代人独有的形象——无孔隙的人（imporous）。而在历史上有一些其他传统，并不认为主体是最终的和唯一的答案。路易斯背后的模板可能是柏拉图，在他的哲学中，理式（Form）是更高的更真实的存在；也可能是奥古斯丁，在后者的信仰中，心灵只有在上帝里面才能安歇。

路易斯如此表达他由此步入的"歧路"："我已经明白了，在最深的孤独中，有一条可以让你走出自己，与某个东西开始交流。这个交流的对象……宣布自己是彻底客观的存在，远比身体更客观，因为它不是像身体一样，包裹在我们的感官之中。这个赤裸裸的**他者**没有形象，（虽然我们的想象用成百上千的意象向它致敬），未知、不确定、被渴望着。"

这是至关重要的一步，路易斯与现代哲学的主流在此处分道扬镳。某种尝试取代哲学的心理学倾向于从人的内在需求解释关于人的一切，但是路易斯

---

11 《惊悦》，第 233 页。

拒绝这一设定，理由就是他不认为刹那间的"喜悦"就是主体最终的渴望。原因很简单，喜悦作为难以召唤的短暂体验，虽然激发了主体的渴望，却无法使主体获得持续的满足。一种艺术或文学唤起的喜悦很快就会消逝，而下一次同一部作品未必能够再唤起同样的喜悦。人不会视这种明知朝秦暮楚的体验为终极渴望。人渴望的必定是更加恒定、真实的东西。既然不是源于内在，则必定源自外在。路易斯就此写道：现在喜悦已经可以融入他的哲学体系，人不过是"表象"（appearances），但却是绝对者（the Absolute）的表象。我们都植根于绝对者之中，而这就是全部的现实。这就是为什么我们会感受到喜悦：我们渴望一种永远都无法企及的完整，"喜悦"并非错觉，它的造访是我们拥有最清晰的意识的时刻，我们意识到自己碎片与昙花一现的本质，觉醒自己是一场梦。路易斯的结论是，这在理智上看上去令人满意，甚至在情感上也是如此，因为天堂的存在比我们到达那儿更重要。[12]

在书的最后，已经皈依国教的路易斯将"喜悦"视作旅途的符标，而不是终点，甚至"喜悦"变得对他而言不再重要。这种文艺与人生的关系也成为他的文学创作理论，因此他的"纳尼亚传奇"和"太空三部曲"都是改头换面的基督教故事。约伯呼求神在天平上称量自己的烦恼，陀思妥耶夫斯基挣扎于上帝的公义，相比而言，路易斯的虚构文学中似乎太多凯旋。但是，《惊悦》却在一个意义上超越了他的虚构文学，继承了另一个悠长的传统。所有带着强烈自传色彩的作品都是一部隐形的教育小说。在古代晚期，奥古斯丁第一次写下人类历史上的心灵自传《忏悔录》，为信徒提供认识自我和上帝的路径。18世纪末，华兹华斯写作长篇诗作《序曲》，柯尔律治写成《文学传记》，他们都瞩目未来英国青年心智的整全，用诗歌与自然唤醒自觉的感性，为现代人提供不同于机械论的心灵版图。而路易斯结合了这两条道路，在现代文化的语境中探寻基督教伦理是否可能与美相适应，并揭示这一道路切近得令人惊讶，因为就在每张诗页的翻动之间。

---

12 《惊悦》，第 234 页。

双圣徒传与切斯特顿的中世纪语法[1]

    读过不少切斯特顿的文章和圣方济各的传记，但是翻开橡树出版的《方济各传·阿奎那传》刚两页，就被打脸了。读切斯特顿的书容易惊喜，但是读多了之后也会对他的文风审美疲劳，更何况《方济各传》几年前曾经读过英文原版，似乎应该激动不起来。但是感谢译者王雪迎精准而典雅的学者式翻译。用切斯特顿书中的话说，哲学不仅是逻辑的问题，也是语言的问题。译者理解切斯特顿的哲学，因此译文准确传神。中文版的问世让我有机会用母语再次走近这位文字巨人，感受他带来的震撼。

    说起被打脸是因为，切斯特顿开篇列举了三种写方济各传的方法，说明他要用第三种，而我在翻开书页之前却预设我会读到的正是前面两种：1. 把方济各作为一个超越时空的俗世模范，伟大的博爱主义者乃至人道主义者，或者2. "以一种令现代人倒胃口的虔诚的宗教精神写一篇纯粹的灵修文学作品"。[2]难道除此以外，还有其他办法为这位中世纪名人树碑立传吗？刚读了开头，我就心服口服了：切斯特顿的写法不仅独树一帜，而且是唯一正确的写法。多少次我对学生讲解中世纪，都急切地希望颠覆他们对中世纪的刻板印象，但是，PPT 中的彩色玻璃窗、高耸的尖顶和满目的圣徒像，无不在说中世纪和我们是如此不同。而在切斯特顿的笔下，方济各和阿奎那就仿佛是我们在大街上偶遇的人。方济各是行走街头的吉他歌手，阿奎那是蜗居隔壁的秃顶博士，虽然他们的造诣在各自的意义上非同凡响，但却是活生生的人，他们的问题离我

---

1 《方济各传·阿奎那传》，G·K·切斯特顿，王雪迎译，三联书店，2016。

2 G.K. 切斯特顿，《方济各传·阿奎那传》，王雪迎译，北京：三联书店，2016，第15 页。

们并不远。切斯特顿拒绝将中世纪的人作为"异类"或者另一种生活可能性参照系，在他的笔下，中世纪和生活在当时的人一样，是我们完全可以理解的。这是切斯特顿了不起的地方，他以自己的方式在所有世纪里看见了普遍的人和万变不离其宗的人类社会。很久以来，我都不了解他的文章如何能够轻松无比、层出不穷地制造各种犀利洞见、绝妙悖谬（paradox）。在读了双圣徒传之后，我有些明白了，哲学不仅是逻辑的问题，也是语言的问题。换句话说，语言也不仅是逻辑的问题，也是哲学的问题。切斯特顿的洞见生长于他的立场和独特的哲学，那就是，他坚定地选择站在中世纪一边，认为那个时代比现代更明智。

一般来说，我们很难不认为现代社会优于古代社会，与此相应的，不论是不是达尔文主义者，我们也很难不赞同一种社会进步说。因为我们看见并享受着科技进带来的巨大便利和安全感。现代社会的工业文明第一次使平民有机会远离自然，在彻头彻尾的人造环境中享受健康、长寿，有可能远避各种灾害和风险。城市是人"征服"自然的明证。尽管同时我们也在受着这种"进步"带来的折磨：现代战争与核武器，环境污染与大都市居民的巨大精神压力。现代的物质生活是极度丰富的，我们只需要喝一些橙汁，货架上却有几十种不同牌子的橙汁，迫使我们花无尽的心力去选择和消费。现代通讯之发达是耸人听闻的，以致我们讨厌智能手机对生活的干扰和控制，却没有勇气删去微信；或者和素不相识的人称兄道弟，但是却不知道怎么应付配偶的抱怨和孩子的逆反。

而切斯特顿对资本主义社会的批评是彻底的，以致他也不会站在社会主义的一边。他对现代社会的批判的逻辑强大到这样的地步，以致他大力鼓吹有别于以上两种制度的第三种社会制度：分产主义（Distributism）。这种多少有点一人一块地一头牛的社会构想充满了道德乌托邦色彩，但是切斯特顿真诚地相信它有益且可行。

不论我们是否赞成他"陈腐"或"倒退"的中世纪立场，这无疑是理解他的思想出发点之一。我认为，在某种意义上，正是为了充分披露这一特殊"癖好"，切斯特顿才选择了两位具有典型的中世纪代表性人物进行写作。只有通过他们的人生，他多少有些决绝和不可思议的立场才能放射出奇异的光彩，使我们不得不掩卷沉思，面对自己原本不假思索的立场设定。

首先来看《圣方济各传》。切斯特顿对圣方济各的定位是，他是一个真正的诗人。对切斯特顿而言，所谓诗人，不是指"像炉灶一样叹着气，写了一首悲哀的诗歌咏着他恋人的眉毛"（莎士比亚《皆大欢喜》杰奎斯语），而是使自己的生活成为行走的诗篇。我们需要赶紧在圣方济各和小清新之间划一道清晰的界限。因为切斯特顿认为，圣方济各的成就建立在中世纪前期几百年的酝酿之上，建立在基督教对异教的抗争和胜利之上，众神在山林中出没的身影终于被遗忘了，人得以重返一个驱魅的自然。人和自然的关系进入了一个新的阶段，可以谱写新的篇章。方济各建立了人对自然的热爱与和谐，而这一次是在创造的世界观之下。他为数不多的传世诗歌中最著名的一首《太阳兄弟，月亮姐妹》，将风、水、火焰、死亡称呼作家人，这对中世纪人和对今人一样奇异，但其中的逻辑与他服侍麻风病人，与"贫穷女士"联姻，建立小弟兄会，带着殉道之心向苏丹传教是一致的。更惊人的是，这一奇异的逻辑被中世纪社会和教会自然地接受并传颂至今。神学家帕利坎在《历代耶稣形象》中曾经说，如果做一个统计调查，2000 年以来最像耶稣的人是谁，得票最高的一定是圣方济各。他被天主教会誉为"第二基督"，不是因为他和耶稣一样在十字架上完成了救赎的工作，而恰恰在于他没有上十字架，却点燃了普通人对基督信仰的热诚。人们在他身上看见基督是宇宙中真实的中保。方济各守贫、守贞，不是因为厌恶物质世界，恰恰是因为他热爱生活，而他热爱世界和生活的原因只有一个，就是耶稣基督的救赎。中世纪的人已经知道耶稣，但是还需要一些其他的介质使他们可以走得离他更近，这一次，通过圣方济各，或者用切斯特顿的话说，"通过友谊，世界学会了信仰"。

海子辞世不久以前在《面朝大海，春暖花开》中写道，"给每一座山，每一条河取一个温暖的名字"，"陌生人，我也给你祝福"，那是诗人向往的生活，与自然和解，与人和好，甚至是素不相识的人。而切斯特顿这样描绘方济各眼中的自然："隐士可能把自然当作一种背景来爱，但是对于圣方济各来说，没有任何东西是仅停留在背景里的。我们可以说，他的头脑中没有背景，唯一的例外可能是把受造物一件一件地从神圣的黑暗中呼召出来，并赋予它们着了色的圣爱。方济各把所有事物都看作戏剧化的，它们都从背景中跳出来，变成立体的。它们不像一幅画里的物体，而像在戏剧里，是活动的。小鸟像一只箭一样从他的身旁飞过。在他看来，小鸟也是有目的、有故事的。小鸟的目的是活着，而不是死。一片丛林像一帮强盗一样挡住他的去路，当然，他也会像欢迎一帮强盗一样欢迎一片丛林。"[3]可以说，在方济各眼中，每一座山，每一条河诚然有一个温暖的名字，他也喜悦地祝福每一个与他相遇的陌生人，因为他相信，因着耶稣的受难与复活，人们已经迁徙到了一个面朝大海、春暖花开的地方，他的一生都在竭力向人们指出这一事实。

莎士比亚晚年在《暴风雨》中借主人公之口写道："我们都是一首短促的诗，被完成在睡眠里。"这是一种负面的说法，却指出了人生的诗性。诗人的本质是物质界的情人，一位真正的诗人的爱会如此强烈，如果不借着诗唱出来，就会被淹死。在《傲慢与偏见》中，有一场达西和伊丽莎白关于诗歌的争论。达西认为"诗是爱情的食粮"，而伊丽莎白反驳："那必须是一种优美、坚贞、健康的爱情才行……要是只不过有一点儿蛛丝马迹，那么我相信，一首十四行诗准会把它断送掉。"我们知道，在关于何为诗的问题上，简·奥斯丁和切斯特顿都站在伊丽莎白这一边。只够用来编排文字的爱情是切斯特顿长期讥讽的对象。借着写作圣方济各传，他的呼吁是，让我们和圣方济各一样像诗人般生活，为上帝而癫狂，为每一个生活小细节惊讶叹息，让泪水和欢笑浸润日常。在每一个时刻因着无以言表的深沉之爱，以彻底的谦卑伴随这种癫狂。这是一种从来饱含热泪却绝不自怜的浪漫，因为这个诗人真的走向远方。

如果要在中世纪找一个人，和方济各彻底不同，但却镜像般映照出相同的中世纪语法规则，大概只能是阿奎那了。虽然很少人知道阿奎那也写过诗，但是他和方济各实在完全不同。方济各是个快活的小个子，擅长将生活随时转变成戏剧现场，而他是内向的大个儿"笨牛"，一生中有限地几次让人们看见他表露情感。方济各让中世纪的信仰更自然，而阿奎那使它更理性，从而也使基督教徒更正统。在切斯特顿看来，只有成为正统基督教徒，才有可能变得更自然和理性。

阿奎那的出身也和方济各完全不同，方济各是富裕市民的儿子，而阿奎那出身贵族世家，他的堂兄曾经是神圣罗马帝国皇帝。切斯特顿一针见血地指出，但是他们两个人却选择了一条类似的路，都成为了托钵僧，不过阿奎那是多明我会的修士。虽然在阿奎那的时代，托钵僧已经不是新鲜事，但是因为这一决定实在有辱门楣，他的亲兄弟甚至拘禁他，把妓女放进他的囚室，想迫使他放弃这个决定，家族期待他至少成为修道院长或主教。但是阿奎那从家里逃

3　G.K. 切斯特顿，《方济各传·阿奎那传》，王雪迎译，北京：三联书店，2016，第73 页。

走，坚持了这个决定。他后来也成为托钵修士运动的护卫者。对这一群体的皈依说明阿奎那和方济各有类似的认同。"托钵僧运动在相对意义上是一场很受欢迎的运动，旨在培养兄弟般的情谊和追求自由。"[4]

切斯特顿认为，虽然中世纪的人因为很少有机会旅行，实验的能力有限，因而会抱持一些荒诞的迷信，但是他们整体而言比现代人更拥有常识。这是他写作阿奎那传最主要的原因之一，讲述阿奎那的理论和常识的关系。这常识是人们世代赖以为生的：那就是看见的东西是存在的，而我也是存在的，好的东西就是好的。方济各的一生证明了他比诗人更浪漫，因为他比诗人更相信诗的真实性。而阿奎那的著作证明了他比"科学"的现代人更理性，更有逻辑。他绝不至于因为相信三一上帝的存在，就否定自己存在的事实；上帝是被启示的，而这种启示是可以被理解的。事实上阿奎那探索了信仰和理性的关系的方方面面，比如他一条一条认认真真探讨信仰是不是一种科学，因为科学是普遍的，而信仰却具有偶然性；又如，上帝之名是本质的昭示，还是一种类比的语言，我们在多少程度上能够认识上帝，不可知与可知的范围和原则是什么。

阿奎那划分了理性和信仰的疆界，但并没有将真理分开。他的理性从不排除感性，而是"从感官和理性被当作自明之理的部分开始"。在他与摩尼教的辩论中，焦点是自然究竟为善还是为恶。阿奎那的回答和方济各惊人地一致，虽然他通过完全不同的路径达到这一结论，这再次证明弃绝尘世生活的托钵僧是热爱世界的人。他的学说始于对存有的肯定，"要么没有哲学，没有哲学家，没有思想家，没有思想，没有任何事情，要么人的头脑和事实之间有一座真正的桥梁。"[5]切斯特顿如此评论这种自然的善观念："唯有上帝的创造物可以是物质的，整个物质世界的创造都是上帝的工作，而地狱则是纯精神领域的。"[6]这种说法实在挑战我们观念里的中世纪，即使它不能等同于灭绝人性的宗教大法官，难道它不是只注重精神而忽略了世界的隐修士吗？在颂扬中世纪的同时，切斯特顿毫不讳言他眼中"现代人的蒙昧主义"，我们缺乏理性、常识和历史意识，却接受情绪的权威性，因而不可避免地忧郁哀伤。而阿奎那

---

4 G. K. 切斯特顿，《方济各传·阿奎那传》，王雪迎译，北京：三联书店，2016，第194页。

5 G. K. 切斯特顿，《方济各传·阿奎那传》，王雪迎译，北京：三联书店，2016，第249页。

6 G. K. 切斯特顿，《方济各传·阿奎那传》，王雪迎译，北京：三联书店，2016，第217页。

的学说使对最卑微、最物质的物质的研究有了新的动机。面对着后康德时代甚器尘上的怀疑论,阿奎那掌握的微妙平衡决定了 19 世纪新阿奎那主义的诞生,被天主教会作为抵制现代主义的堡垒,尽管有人批评这是一种退步,但是面对现代社会泛滥成灾的怀疑主义和道德相对主义,阿奎那的连接常识和理性的信仰无疑是解毒剂之一。

尽管是抱着写书评的想法看书的,但是读完以后我久久不能成文,直到有一天夜里,书上划的横线和做的笔记全都忘了,只留下模糊的印象,我才突然知道该怎么写。有些作者的语法是用最抽象的文字表达的,以防止文字打扰了他的思路和内涵,而切斯特顿的语法是用最惊艳的文字表达的,有时候我们不得不脱离他的表述,以防自己被这种美吞没,把书评变成书抄。具有这种文字能力的,除了莎士比亚和简·奥斯丁,我还真想不出其他人,或许还有柏拉图最精彩的几篇对话录。有些还不错的书,在读了一篇负责的书评之后,就不需要再读了,但是本文却一直在绕开这本书的精彩之处,以防止被它吞没而无法成形。

这两位圣徒,一个因为过于传奇而难以理解,另一位因为太过博学而令人生畏,但是切斯特顿的写作使他们不复是传说,或者天赋异禀之人。通过这两部传记,切斯特顿再次表达了他带有宇宙性的乐观主义及其源头。他的独特语法（或者说哲学、逻辑）使一些已经被淡化的词汇（比如说自由、圣徒）从背景中重新浮现出来,闪闪发光,显出其意义来,催促我们去思考自己的语法是否合理。

2017 年于南湾

参考文献

一、普通图书

1. 《圣经（和合本）》。
2. （英）乔治·麦克唐纳，李聆译，北风的背后［M］，上海：上海译文出版社，2009。
3. （英）乔治·麦克唐纳，罗婷以译，轻轻公主［M］，昆明：云南人民出版社，2003。
4. （英）乔治·麦克唐纳，周立民、包华译，公主与妖魔［M］，合肥：黄山书社，2009。
5. （英）乔治·麦克唐纳，赖余等译，公主与柯迪［M］，合肥：黄山书社，2011。
6. （英）乔治·麦克唐纳，韩慧强、梁惠译，飘飘公主 太阳和月亮的孩子［M］，北京：人民文学出版社，2007。
7. （英）刘易斯·卡罗尔，李汉昭译，爱丽丝漫游仙境［M］，天津：天津教育出版社，2006。
8. （英）C·S·路易斯，汪咏梅译，返璞归真：纯粹的基督教［M］，上海：华东师范大学出版社，2007。
9. （英）C·S·路易斯，林菡译，痛苦的奥秘［M］，上海：华东师范大学出版社，2007。
10. 汪永梅，理想、浪漫主义和基督教——C·S·路易斯神学思想研究［M］，上海：上海人民出版社，2010。

11.（法）约翰·加尔文，钱曜诚等译，基督教要义上册［M］，北京：三联书店，2010。

12.（英）J·R·R·托尔金，丁棣译，魔戒：魔戒再现［M］，江苏：译林出版社，2002。

13.（英）J·R·R·托尔金，姚锦铭译，魔戒：双塔奇兵［M］，江苏：译林出版社，2002。

14.（英）J·R·R·托尔金，汤定九译，魔戒：王者无敌［M］，江苏：译林出版社，2002。

15.（英）J·R·R·托尔金，李尧译，魔戒前传：霍比特人［M］，江苏：译林出版社，2002。

16.（英）J·R·R·托尔金，李尧译，魔戒起源：精灵宝钻［M］，江苏：译林出版社，2004。

17.（英）约翰·加恩，陈灼译，托尔金与世界大战——跨过中土世界的门槛［M］，上海：文汇出版社，2008。

18.（英）迈克尔·怀特，吴可译，魔戒的锻造者——托尔金传［M］，上海：上海译文出版社，2005。

19.（英）安德鲁·布莱克，鲍德望、高黎译，托尔金：用一生锻造魔戒［M］，辽宁：大连理工大学出版社，2008。

20.（美）格雷戈里·巴沙姆、埃里克·布朗森编，金旼旼译，指环王与哲学［M］，上海：上海三联书店，2005。

21.（英）G·K·切斯特顿，庄柔玉译，回归正统［M］，北京：三联书店，2011。

22.（英）G·K·切斯特顿，乐轩译，代号星期四［M］，海口：南海出版公司，2013。

23.（英）G·K·切斯特顿，汪咏梅译，异教徒［M］，北京：三联书店，2011。

24.（英）刘易斯·卡洛尔，《爱丽丝漫游奇境记》［M］，季羡林、黄建人译，中国书籍出版社，2005。

25.（英）刘易斯·卡洛尔，许季鸿译，爱丽丝镜中奇遇记［M］，文化艺术出版社，1986。

26. 王孺童编，道德经［M］，北京：中华书局，2013。

27. 林鸿信，点与线：人论［M］，香港：道风书社，2008。

28. 万丽华、蓝旭校注，孟子 [M]，北京：中华书局，2016。

29. （英）弗吉尼亚·伍尔夫，吴晓雷译，一间自己的房间 [M]，陕西：陕西师大出版社，2014。

30. 华兹华斯，丁宏为译，序曲或一位诗人心灵的成长 [M]，北京：中国对外翻译出版公司，1999。

31. （英）霍布斯，黎思复、黎廷弼译，利维坦 [M]，北京：商务印书馆，1985。

32. 李枫，诗人的神学：柯勒律治的浪漫主义思想 [M]，北京：社会科学文献出版社，2008。

33. 孙毅，转向：走在成圣的路上——加尔文〈基督教要义〉解读 [M]，台湾：花木兰文化出版社，2016。

34. 温伟耀，成圣、成仙、成佛、成人：正视人的高贵与丑恶 [M]，香港：明凤出版，2015。

35. AIDAN NICHOLS. G. K. Chesterton[M]. Theologian, 105-106.

36. ALAN RICHARDSON. Literature, Education, and Romanticism: Reading as Social Practice, 1780–1832[M]. Boston College, Massachusetts, 2004.

37. ALISON MILBANK. Chesterton and Tolkien as Theologians: The Fantasy of the Real[M]. London: Bloomsbury T&T Clark, 2007.

38. ANNE C. PETTY. One Ring to Bind Them All: Tolkien's Mythology [M] .Tuscaloosa : University of Alabama Press, 2002.

39. BONNIE GAARDEN.The Christian Goddess: Archetype and Theology in the Fantasies of George MacDonald [M].Government Institutes,2011.

40. C. S. LEWIS. "Tolkien's the Lord of the Rings", Of this and other Worlds[M]. Ed. Walter Hooper, London: Fount, 1982.

41. C. S. LEWIS. George Macdonald: An Anthology[M]. New York: Macmillan, 1948.

42. C. S. LEWIS. Image and Imagination[M]. Ed. Walter Hooper, Cambridge University Press, 2013.

43. CHESTERTON, Robert Browning, BiblioLife[M]. 2008.

44. CLARENCE DE WITT THORPE. The Aesthetic Theory of Thomas Hobbes[M]. 1940.

45. Collected Letters of Samuel Taylor Coleridge[M]. vol. III, 152. Cited in Coleridge: Darker Reflections, 1804-1834.

46. D. L. SAYER. The Surprise (London, 1952), Preface. 转引自 Aidan Nichols, G. K. Chesterton, Theologian[M]. Manchester: Sophia Institute Press, 2009.

47. DALE AHIQUIST. Christianity and the Detective Story[M]. Cambridge Scholars Publishing, 2013.

48. DAVID DAY. The World of Tolkien : Mythological Sources of The lord of the rings[M].New York : Gramercy Books, 2003.

49. DAVID HOLBROOK.A Study of George MacDonald and the Image of Woman[M].The Edwin Mellen Press,2000.

50. DAVID SANDNER. Critical Discourses of the Fantastic, 1712–1831[M]. Ashgate Pub Co, 2011.

51. DAVID SANDNER. The Fantastic Sublime: Romanticism and Transcendence in Nineteenth-Century Children's Fantasy Literature[M]. Greenwood Publishing Group, 1996.

52. DOUGLAS HEDLEY. Coleridge, Philosophy and Religion: Aids to Reflection and the Mirror of the Spirit[M]. Cambridge: Cambridge University Press, 2000.

53. Ed. BARBARA E. ROOKE. The Friend, 2 vols, Bllingen Series[M]. Princeton University Press and Routledge, 1969. Cited in Coleridge: Darker Reflections, 1804-1834.

54. F. FINCH. G. K. CHESTERTON [M]. New York: Harper & Row, 1986.

55. G. K. CHESTERTON. The Man Who Was Thursday[M]. London, 1907.

56. G. K. CHESTERTON. What's Wrong with the World[M]. Dover Publications, 2007.

57. G. K. CHESTERTON. What's Wrong with the World[M]. Cosimo Classics, 2007.

58. G. K. Chesterton. Saint Francis of Assisi[M]. CreateSpace Independent Publishing Platform, 2012.

59. G. K. CHESTERTON. The Autobiography of G. K. Chesterton[M]. Ignatius Press, 2006.

60. G. K. CHESTERTON. The Ballad of the White Horse[M]. New York: John Lane Company, 1911.

61. GEORGE MACDONALD. The Heart of George Macdonald[M]. Ed. Rolland Hein, Wheaton: Harold Shaw Publishers, 1994

62. GEORGE MACDONALD.Lilith[M].Ballantine Books,INC,1969.

63. GRAHAM NEVILLE. Coleridge and Liberal Religious Thought: Romanticism, Science and Theological Tradition[M]. London: I.B. Tauris, 2010.

64. GREGORY BASSHAM, ERIC BRONSON. The Lord of the rings and philosophy : one book to rule them all [M]. Chicago: Publishers Group West, 2003.

65. GREVILLE MACDONALD.George Macdonald and His Wife [M].Allen &Unwin,1924.

66. H.PAUL SANTMIRE. The Travail of Nature: The Ambiguous Ecological Promise of Christian Theology[M]. Minneapolis: Fortress, 2000.

67. HANS BOERSMA. Heavenly Participation: The Weaving of a Sacramental Tapestry[M]. Grand Rapids: Wm B. Eerdmans, 2011.

68. HENRY CRABB ROBINSON. Blake, Coleridge, Wordsworth, Lamb: Selections from the Remains of Henry Crabb Robinson[M]

69. ISAIAH BERLIN. The Roots of Romanticism[M]. Chatto & Windus, 1999.

70. J.R.R. TOLKIEN. The Lord of the Rings[M]. Boston.New York: Houghton Mifflin Company, 1994.

71. J.R.R. TOLKIEN. The Lord of the Rings[M]. London: George Allen & Unwin, Foreword to the Second Edition, 1966.

72. J.R.R. TOLKIEN. The Monsters and the Critics[M]. London: George Allen & Unwin, 1983.

73. J.R.R. TOLKIEN. Tree and Leaf. [M] .Great Britain, George Allen&Unwin, 1964.

74. JAMES ENGELL. The Creative Imagination: Enlightenment to Romanticism [M]. Bloomington: Universe, 1981.

75. JANE CHANCE. Tolkien the Medievalist[M].London;New York: Routledge,

2002.

76. JANET BRENNAN CROFT. War and the works of J.R.R. Tolkien[M]. Westport, Conn. : Praeger, 2004.

77. JEFFREY W. BARBEAU. Coleridge, the Bible, and Religion[M]. New York: Palgrave Macmillan, 2008.

78. Susan Schreiner, The Theater of His Glory: Nature and Natural Order in the Thought of John Calvin (Baker Books, Grand Rapids), 1995.

79. JUDITH GERO JOHN. The Pictures and the Negatives in the Fantasies of George MacDonald[J].The Lion and the Unicorn, Volume 18,Number 2,December 1994.

80. KERRY DEARBORN.Baptized Imagination: The Theology of George MacDonald [M].Ashgate Publishing, 2006.

81. LESLIE ELLEN JONE. J.R.R. Tolkien: A Biography[M]. Westport, Conn. : Greenwood Press, 2003.

82. LINDA C. DOWLING. Language and Decadence in the Victorian Fin de Siècle[M]. Princeton University Press, 1987.

83. LOUIS MACNEICE. Varieties of Parable[M]. Cambridge: Cambridge University Press, 1963.

84. LUCAS H. HARRIMAN. Lilith in a New Light: Essays on the George MacDonald Fantasy Novel[M]. McFarland,2008.

85. MAISIE WARD. Gilbert Keith Chesterton[M]. London and New York: Sheed and Ward, 1944.

86. MALCOLM GUITE. FAITH, Hope and Poetry: Theology and the Poetic Imagination[M]. Burlington: Ashgate Pub Co, 2012.

87. MARTIN ABRKER, ERNEST MATHIJS. Watching the Lord of the Rings: Tolkien's World Audiences[M]. Peter Lang Publishing Inc., 2007.

88. MIHO YAMAGUCHI.George MacDonald's Challenging Theology of the Atonement, Suffering, and Death[M].Published by Wheatmark,2007.

89. MURRAY J. EVANS. Sublime Coleridge: the Opus Maximum[M]. New York: Palgrave Macmillan, 2012.

90. OWEN BARFIELD. What Coleridge Thought[M]. Middletown: Wesleyan

University Press, 1983.

91. R. DE J. JACKSON. Coleridge: The Critical Heritage[M]. Routledge, 1970.

92. RALPH C. WOOD. The Gospel According to Tolkien: Visions of the Kingdom in Middle-earth[M]. Westminster John Knox Press, 2003.

93. RICHARD HOLMES, Coleridgc: Darker Reflections[M]. 1804-1834, London: HarperCollins Publishers, 1998.

94. RICHARD HOLMES. Coleridge: Early Visions[M]. New York: Viking Penguin, 1989.

95. ROBERT EAGLESTONE. Reading The Lord of the Rings: New Writings on Tolkien's Trilogy[M] . London ; New York : Continuum, 2005.

96. ROBERT SOUTHEY. New Letters of Robert Southey[M]. 2 vols, Ed. Kenneth Curry, New York, 1965, I, 537. Cited in Coleridge: Darker Reflections, 1804-1834, London: HarperCollins Publishers, 1998.

97. ROBIN STOKITT. Imagination and the Playfulness of God: The Theological Implications of Samuel Taylor Coleridge's Definition of the Human Imagination, Eugene[M]. Or.: Pickwick Publications, 2011.

98. RODERICK MCGILLIS. For the Childlike [M]. The Scarecrow Press, 1992.

99. RODERICK MCGILLIS. For the Childlike: George MacDonald's Fantasies For Children[M]. Children's Literature Association, 1992.

100. RODERICK MCGILLIS. Literary Heritage and Heirs [M]. Zossima Press, 2008.

101. ROLLAND HEIN. Rolland.George MacDonald: Victorian Mythmaker [M].Star Song Publishing Group, 1993.

102. ROLLAND HEIN.Christian Mythmakers[M].Chicago: Cornerstone Press, 1998.

103. ROLLAND HEIN.The Harmony Within: The Spiritual Vision of George MacDonald[M].Sunrise Books Publishers, 1982.

104. ROSE A. ZIMBARDO and NEIL D. ISAACS. Understanding The Lord of the Rings: the Best of Tolkien Criticism[M] .Boston, MA : Houghton Mifflin, 2004.

105. ROSEMARY JACKSON. Fantasy: The Literature of Subversion[M].

Routledge, 1981.

106. ROWAN WILLIAMS. Dostoevsky: Language, Faith, and Fiction[M]. Waco: Baylor University Press, 2009.

107. SAMUEL TAYLOR COLERIDGE. Coleridge's Assertion of Religion: Essays on the Opus Maximum[M]. Ed. Jeffrey W. Barbeau, Dudley, Mass.: Peeters, 2006.

108. SAMUEL TAYLOR COLERIDGE. Collected Letters of Samuel Taylor Coleridge[M]. 6 vols, Ed. E. L. Griggs, Oxford, 1956-71.

109. SAMUEL TAYLOR COLERIDGE. On Religion and Psychology, Ed. John Beer, Houndmills, Basingstoke[M]. Hampshire: Palgrave, 2002.

110. SAMUEL TAYLOR COLERIDGE. The Collected Works of Samuel Taylor Coleridge: Vol. 16. Poetical Works: Part 1. Poems[M]. Ed. J. C. C. Mays, 2001.

111. SAMUEL TAYLOR COLERIDGE. The Early Letters of William and Dorothy Wordsworth[M]. Ed by E. de Selincourt, Oxford, 1935; revised 1970.

112. STEPHEN PRICKETT.Victorian Fantasy [M].Baylor University Press,2005.

113. SUZANNE E. WEBSTER. Body and Soul in Coleridge's Notebooks, 1827-1834: 'What is Life?' [M]. Basingstoke, New York: Palgrave Macmillan, 2010.

114. T. A. SHIPPEY. J. R. R. Tolkien: Author of the Century[M]. New York: Houghton Mifflin Company, 2000.

115. T.A. SHIPPEY, J.R.R. TOLKIEN: Author of the Century [M]. Boston: Houghton Mifflin, 2000.

116. The Autobiography of G. K. Chesterton, San Francisco: Ignatius Press, 2006.

117. The Friend, 2 vols. Edited by Barbara E. Rooke, Bllingen Series[M]. Princeton University Press and Routledge, 1969.

118. The Notebooks of Samuel Taylor Coleridge, 4 double vols[M]. 1794-1826, edited by Kathleen Coburn and (vol. 4) Merten Christensen, Bollingen Series, Princeton University Press, 1957-90.

119. The Notebooks of Samuel Taylor Coleridge[M]. III, 3743. Cited in Coleridge: Darker Reflections, 1804-1834, 204.

120. THOMAS MCFARLAND. Coleridge and Pantheist Tradition[M]. Clarendon Pr, 1969.

121. WAYNE G. HAMMOND. Christina Scull. J.R.R. Tolkien: Artist & Illustrator [M]. London: HarperCollins, 1995.

122. WILLIAM GRAY. Fantasy, Myth, and the Measure of Truth: Tales of Pullman, Lewis, Tolkien, MacDonald, and Hoffman[M]. Houndmills, Basingstoke, Hampshire; New York: Palgrave Macmillan, 2009.

二、论文集、会议录

1. Ed. ANYA MORLAN, WALTER RAUBICHECK. Christianity and the Detective Story[C]. Cambridge Scholars Publishing, 2013.

2. Ed. C. S. LEWIS. Essays presented to Charles Williams[C]. Oxford University Press, 1947.

3. Ed. HAROLD BLOOM. J. R. R. Tolkien, Daniel Grotta-Kurska, "The Author" [M]. 1953-1965.

4. Ed. IASAACS and ZIMBARDO. Tolkien: New Critical Perspecives[M]. Lexington: University Press of Kentucky, 1981.

5. Ed. LELAND RYKEN. The Christian Imagination: The Practice of Faith in Literature and Writing[M]. 2002.

6. Ed. KATHLEEN COBURN. The Philosophic Lectures of Samuel Taylor Coleridge [M]. London, 1949.

7. Ed. R. J. WHITE. The Stateman's Manual, in Lay Sermons, vol. 6 of The Collected Work of Samuel Taylor Coleridge[M]. Princeton, 1972.

三、学位论文

1. 范晔，圣胡安·德·拉，克鲁斯的神秘主义诗歌［D］，北京：北京大学博士论文，2006。

四、专著中析出的文献

1. DON LOCKE. A Fantasy of Reason: The Life and Thought of William Godwin, Routledge[C] //Coleridge: Early Visions, 258.

五、期刊中析出的文献

1. 高宣扬，法国现象学运动的新转折（下）［J］，同济大学学报，2007（10）。

2. CYNTHIA MARSHALL.Allegory, Orthodoxy, Ambivalence: MacDonald's "The Day Boy and the Night Girl" [J].Children's Literature, Volume 16, 1988.

3. CYNTHIA MARSHALL.Reading "The Golden Key": Narrative Strategies of Parable[J].Children's Literature Association Quarterly, Volume 14, Number 1, Spring, 1989.

4. ERIN SHELEY.From Eden to Eternity: The Timescales of Genesis in George MacDonald's "The Golden Key" and Lilith.Children's Literature Association Quarterly[J]. Volume 29, Number 4, Winter 2004.

5. RODERICK MCGILLIS. "A Fairytale Is Just a Fairytale": George MacDonald and the Queering of Fairy [J].Marvels & Tales, Volume 17, Number 1, 2003.

6. RUTH Y. JENKINS. "I am spinning this for you, my child": Voice and Identity Formation in George MacDonald's Princess Books[J].The Lion and the Unicorn, Volume 28, Number 3, September, 2004.

7. RUTH Y. JENKINS.Imagining the Abject in Kingsley, MacDonald, and Carroll: Disrupting Dominant Values and Cultural Identity in Children's Literature[J].The Lion and the Unicorn. Volume 35, Number 1, January, 2011.

8. W. H. Auden. "At the End of the Quest, Victory" [J], the New York Times, January 22, 1956.

后　记

　　本文的主体部分，柯尔律治和麦克唐纳研究，是 2011 年国家社科基金青年项目：《英国基督教浪漫主义的文学理论与实践：从柯尔律治到托尔金》的一部分，2016 年底结项。其余三篇书评，应橡树出版之邀而作，分别涉及切斯特顿和路易斯的代表性著作。他们都是英国基督教浪漫主义谱系的一份子，故一并收入。这里最晚的文字完成于 2017 年初，我刚刚开始在美国圣母大学神学系访学之际。因此，这些文字也代表了我转向教父学之前的研究成果。今日看来，不少地方因为神学素养不足，难以深入。基督教浪漫主义是 19、20 世纪欧洲神学在现代思潮的冲击下，逐渐失去公共空间和话语权的一次信仰和神学冲动。它的方案虽然不完美，但给我们留下了永远难以磨灭的文学遗产。且它对当时以致今日神学的激发和挑战，却未见得获得了神学足够的反思和回应。回首是为记。

《基督教文化研究丛书》

主编：何光沪、高师宁

（1-9 编书目）

初 编

（2015 年 3 月出版）

ISBN：978-986-404-209-8

定价（台币）$28,000 元

册　次	作　者	书　名	学科别（／表示跨学科）
第 1 册	刘　平	灵殇：基督教与中国现代性危机	社会学／神学
第 2 册	刘　平	道在瓦器：裸露的公共广场上的呼告——书评自选集	综合
第 3 册	吕绍勋	查尔斯·泰勒与世俗化理论	历史／宗教学
第 4 册	陈　果	黑格尔"辩证法"的真正起点和秘密——青年时期黑格尔哲学思想的发展（1785 年至 1800 年）	哲学
第 5 册	冷　欣	启示与历史——潘能伯格系统神学的哲理根基	哲学／神学
第 6 册	徐　凯	信仰下的生活与认知——伊洛地区农村基督教信徒的文化社会心理研究（上）	社会学
第 7 册	徐　凯	信仰下的生活与认知——伊洛地区农村基督教信徒的文化社会心理研究（下）	
第 8 册	孙晨荟	谷中百合——傈僳族与大花苗基督教音乐文化研究（上）	基督教音乐
第 9 册	孙晨荟	谷中百合——傈僳族与大花苗基督教音乐文化研究（下）	

册次	作者	书名	学科别
第 10 册	王 媛	附魔、驱魔与皈信——乡村天主教与民间信仰关系研究	社会学
	蔡圣晗	神谕的再造，一个城市天主教群体中的个体信仰和实践	社会学
	孙晓舒 王修晓	基督徒的内群分化：分类主客体的互动	社会学
第 11 册	秦和平	20 世纪 50－90 年代川滇黔民族地区基督教调适与发展研究（上）	历史
第 12 册	秦和平	20 世纪 50－90 年代川滇黔民族地区基督教调适与发展研究（下）	
第 13 册	侯朝阳	论陀思妥耶夫斯基小说的罪与救赎思想	基督教文学
第 14 册	余 亮	《传道书》的时间观研究	圣经研究
第 15 册	汪正飞	圣约传统与美国宪政的宗教起源	历史／法学

二 编 　（2016 年 3 月出版）

ISBN：978-986-404-521-1　　　　　　定价（台币）$20,000 元

册　次	作　者	书　名	学科别（／表示跨学科）
第 1 册	方　耀	灵魂与自然——汤玛斯·阿奎那自然法思想新探	神学／法学
第 2 册	劉光順	趋向至善——汤玛斯·阿奎那的伦理思想初探	神学／伦理学
第 3 册	潘明德	索洛维约夫宗教哲学思想研究	宗教哲学
第 4 册	孙　毅	转向：走在成圣的路上——加尔文《基督教要义》解读	神学
第 5 册	柏斯丁	追随论证：有神信念的知识辩护	宗教哲学
第 6 册	李向平	宗教交往与公共秩序——中国当代耶佛交往关系的社会学研究	社会学
第 7 册	張文舉	基督教文化论略	综合
第 8 册	趙文娟	侯活士品格伦理与赵紫宸人格伦理的批判性比较	神学伦理学
第 9 册	孙晨薈	雪域圣咏——滇藏川交界地区天主教仪式与音乐研究（增订版）（上）	基督教音乐
第 10 册	孙晨薈	雪域圣咏——滇藏川交界地区天主教仪式与音乐研究（增订版）（下）	
第 11 册	張　欣	天地之间一出戏——20 世纪英国天主教小说	基督教文学

三　编 （2017 年 9 月出版）

ISBN：978-986-485-132-4　　　　　　　　　　定价（台币）$11,000 元

册　次	作　者	书　名	学科别（／表示跨学科）
第 1 册	赵　琦	回归本真的交往方式——托马斯·阿奎那论友谊	神学／哲学
第 2 册	周兰兰	论维护人性尊严——教宗若望保禄二世的神学人类学研究	神学人类学
第 3 册	熊径知	黑格尔神学思想研究	神学／哲学
第 4 册	邢　梅	《圣经》官话和合本句法研究	圣经研究
第 5 册	肖　超	早期基督教史学探析（西元 1~4 世纪初期）	史学史
第 6 册	段知壮	宗教自由的界定性研究	宗教学／法学

四　编 （2018 年 9 月出版）

ISBN：978-986-485-490-5　　　　　　　　　　定价（台币）$18,000 元

册　次	作　者	书　名	学科别（／表示跨学科）
第 1 册	陈卫真 高　山	基督、圣灵、人——加尔文神学中的思辨与修辞	神学
第 2 册	林庆华	当代西方天主教相称主义伦理学研究	神学／伦理学
第 3 册	田燕妮	同为异国传教人：近代在华新教传教士与天主教传教士关系研究（1807~1941）	历史
第 4 册	张德明	基督教与华北社会研究（1927~1937）（上）	社会学
第 5 册	张德明	基督教与华北社会研究（1927~1937）（下）	
第 6 册	孙晨荟	天音北韵——华北地区天主教音乐研究（上）	基督教音乐
第 7 册	孙晨荟	天音北韵——华北地区天主教音乐研究（下）	
第 8 册	董丽慧	西洋图像的中式转译：十六十七世纪中国基督教图像研究	基督教艺术
第 9 册	张　欣	耶稣作为明镜——20 世纪欧美耶稣小说	基督教文学

五 编 （2019 年 9 月出版）

ISBN：978-986-485-809-5　　　　　　　定价（台币）$20,000 元

册　次	作　者	书　名	学科别（／表示跨学科）
第 1 册	王玉鹏	纽曼的启示理解（上）	神学
第 2 册	王玉鹏	纽曼的启示理解（下）	
第 3 册	原海成	历史、理性与信仰——克尔凯郭尔的绝对悖论思想研究	哲学
第 4 册	郭世聪	儒耶价值教育比较研究——以香港为语境	宗教比较
第 5 册	刘念业	近代在华新教传教士早期的圣经汉译活动研究（1807～1862）	历史
第 6 册	鲁静如 王宜强 编著	溺女、育婴与晚清教案研究资料汇编（上）	资料汇编
第 7 册	鲁静如 王宜强 编著	溺女、育婴与晚清教案研究资料汇编（下）	
第 8 册	翟风俭	中国基督宗教音乐史（1949 年前）（上）	基督教音乐
第 9 册	翟风俭	中国基督宗教音乐史（1949 年前）（下）	

六 编 （2020 年 3 月出版）

ISBN：978-986-518-085-0　　　　　　　定价（台币）$20,000 元

册　次	作　者	书　名	学科别（／表示跨学科）
第 1 册	陈倩	《大乘起信论》与佛耶对话	哲学
第 2 册	陈丰盛	近代温州基督教史（上）	历史
第 3 册	陈丰盛	近代温州基督教史（下）	
第 4 册	赵罗英	创造共同的善：中国城市宗教团体的社会资本研究——以 B 市 J 教会为例	人类学
第 5 册	梁振华	灵验与拯救：乡村基督徒的信仰与生活（上）	人类学
第 6 册	梁振华	灵验与拯救：乡村基督徒的信仰与生活（下）	
第 7 册	唐代虎	四川基督教社会服务研究（1877～1949）	人类学
第 8 册	薛媛元	上帝与缪斯的共舞——中国新诗中的基督性（1917～1949）	基督教文学

七 编 （2021 年 3 月出版）

ISBN：978-986-518-381-3　　　　　　　　　定价（台币）$22,000 元

册　次	作　者	书　名	学科别（／表示跨学科）
第 1 册	刘锦玲	爱德华兹的基督教德性观研究	基督教伦理学
第 2 册	黄冠乔	保尔.克洛岱尔天主教戏剧中的佛教影响研究	宗教比较
第 3 册	宾静	清代禁教时期华籍天主教徒的传教活动（1721～1846）（上）	基督教历史
第 4 册	宾静	清代禁教时期华籍天主教徒的传教活动（1721～1846）（下）	
第 5 册	赵建玲	基督教"山东复兴"运动研究（1927～1937）（上）	基督教历史
第 6 册	赵建玲	基督教"山东复兴"运动研究（1927～1937）（下）	
第 7 册	周浪	由俗入圣：教会权力实践视角下乡村基督徒的宗教虔诚及成长	基督教社会学
第 8 册	查常平	人文学的文化逻辑——形上、艺术、宗教、美学之比较（修订本）（上）	基督教艺术
第 9 册	查常平	人文学的文化逻辑——形上、艺术、宗教、美学之比较（修订本）（下）	

八 编 （2022 年 3 月出版）

ISBN：978-986-404-209-8　　　　　　　　　定价（台币）$45,000 元

册　次	作　者	书　名	学科别（／表示跨学科）
第 1 册	查常平	历史与逻辑：逻辑历史学引论（修订本）（上）	历史学
第 2 册	查常平	历史与逻辑：逻辑历史学引论（修订本）（下）	
第 3 册	土澤偉	17～18 世紀初在華耶穌會士的漢字收編：以馬若瑟《六書實義》為例（上）	语言学
第 4 册	王澤偉	17～18 世紀初在華耶穌會士的漢字收編：以馬若瑟《六書實義》為例（下）	
第 5 册	刘海玲	沙勿略：天主教东传与东西方文化交流	历史
第 6 册	郑媛元	冠西东来——咸同之际丁韪良在华活动研究	历史

第 7 册	刘影	基督教慈善与资源动员——以一个城市教会为中心的考察	社会学
第 8 册	陈静	改变与认同：瑞华浸信会与山东地方社会	社会学
第 9 册	孙晨荟	众灵的雅歌——基督宗教音乐研究文集	基督教音乐
第 10 册	曲艺	默默存想，与神同游——基督教艺术研究论文集（上）	基督教艺术
第 11 册	曲艺	默默存想，与神同游——基督教艺术研究论文集（下）	
第 12 册	利瑪竇著、梅謙立漢注 孫旭義、奧覓德、格萊博基譯	《天主實義》漢意英三語對觀（上）	经典译注
第 13 册	利瑪竇著、梅謙立漢注 孫旭義、奧覓德、格萊博基譯	《天主實義》漢意英三語對觀（中）	
第 14 册	利瑪竇著、梅謙立漢注 孫旭義、奧覓德、格萊博基譯	《天主實義》漢意英三語對觀（下）	
第 15 册	刘平	明清民初基督教高等教育空间叙事研究——中国教会大学遗存考（第一卷）（上）	资料汇编
第 16 册	刘平	明清民初基督教高等教育空间叙事研究——中国教会大学遗存考（第一卷）（下）	

九 编 （2023 年 3 月出版）

ISBN：000-000-000-000-0 　　　　　　　　定价（台币）$56,000 元

册 次	作 者	书 名	学科别（／表示跨学科）
第 1 册	郑松	麦格拉思福音派神学思想研究	神学
第 2 册	任一超	心灵改变如何可能？——从康德到齐克果	基督教哲学
第 3 册	劉沐比	論趙雅博基本倫理學和特殊倫理學之串連	基督教伦理学
第 4 册	王务梅	论马丁·布伯的上帝观	基督教与犹太教

第 5 册	肖音	明末吕宋之中西文化交流（上）	教会史
第 6 册	肖音	明末吕宋之中西文化交流（下）	
第 7 册	张德明	基督教五年运动与民国社会（上）	教会史
第 8 册	张德明	基督教五年运动与民国社会（下）	
第 9 册	陈铃	落幕：美国新教在华传教事业的终结（1945～1952）	教会史
第 10 册	黄畅	全球史视角下基督教在英国殖民统治中的作用——以 1841～1914 年的香港和约鲁巴兰为例	教会史
第 11 册	杨道圣	言像之辩：基督教的图像与图像中的基督教	基督教艺术
第 12 册	張雅斐	晚清聖經人物漢語傳記研究——以聖經在華接受史的視角	基督教艺术
第 13 册	包兆会	缪斯与上帝的相遇——基督宗教文艺研究论文集	基督教文学
第 14 册	张欣	浪漫的神学：英国基督教浪漫主义略论	基督教文学
第 15 册	刘平	明清民初基督教高等教育空间叙事研究——中国教会大学遗存考（第二卷：福建协和神学院）	资料汇编
第 16 册	刘平、赵曰北主编	传真道于中国——赫士及华北神学院百年纪念文集（第一册）	论文集
第 17 册	刘平、赵曰北主编	传真道于中国——赫士及华北神学院百年纪念文集（第二册）	
第 18 册	刘平、赵曰北主编	传真道于中国——赫士及华北神学院百年纪念文集（第三册）	
第 19 册	刘平、赵曰北主编	传真道于中国——赫士及华北神学院百年纪念文集（第四册）	
第 20 册	刘平、赵曰北主编	传真道于中国——赫士及华北神学院百年纪念文集（第五册）	